I0876535

V&R unipress

Erich Maria Remarque Jahrbuch / Yearbook

XXXIV/2024

Herausgegeben von Claudia Junk
im Auftrag des Erich Maria Remarque-Friedenszentrums

Claudia Junk / Sven Jürgensen /
Martin Siemsen (Hg.)

Aufbruch 1924

Erich Maria Remarque und die Moderne

Mit 55 Abbildungen

V&R unipress

Universitätsverlag Osnabrück

UNIVERSITÄT OSNABRÜCK

MIX
Papier aus verantwortungsvollen Quellen
FSC® C083411

Bibliografische Information der Deutschen Nationalbibliothek
Die Deutsche Nationalbibliothek verzeichnet diese Publikation in der Deutschen Nationalbibliografie; detaillierte bibliografische Daten sind im Internet über https://dnb.de abrufbar.

Veröffentlichungen des Universitätsverlages Osnabrück erscheinen bei V&R unipress.

Umschlagabbildung: Titelblatt des Kataloges zur Ausstellung der *Gruppe K in* den Räumen der Kestner Gesellschaft Hannover, 1924 (© Museum Wiesbaden, Archiv Vordemberge-Gildewart).
Redaktion: Claudia Junk
Satz: Claudia Junk
Druck und Bindung: CPI books GmbH, Birkstraße 10, D-25917 Leck
Printed in the EU.

Vandenhoeck & Ruprecht Verlage | www.vandenhoeck-ruprecht-verlage.com

ISSN 0940-9181
ISBN 978-3-8471-1819-0

Inhalt

Sven Jürgensen / Claudia Junk / Hans Peterse / Martin Siemsen

Aufbruch 1924
Erich Maria Remarque und Friedrich Vordemberge-Gildewart
Zwei Wegbereiter der Moderne – eine Ausstellung*

Erich Maria Remarque (*1898) und Friedrich Vordemberge-Gildewart (*1899) kannten einander aus Osnabrück und trafen sich 1924 in Hannover wieder. Dieses Jahr hatte für die turbulenten Ereignisse der Weimarer Republik eine besondere Bedeutung: Die Nachkriegskrisen mit den Angriffen auf die junge Demokratie von links und rechts schienen ebenso bewältigt wie die Hyperinflation, so dass eine Phase der Stabilisierung eintrat, die zugleich eine Explosion künstlerischer, kultureller und wissenschaftlicher Kreativität ermöglichte.

1924 ist nicht nur das Todesjahr Franz Kafkas und das Jahr, in dem Thomas Manns *Der Zauberberg* erscheint, es ist auch das Jahr, das für den in Osnabrück geborenen Schriftsteller Erich Maria Remarque und den ebenfalls in Osnabrück geborenen Künstler Friedrich Vordemberge-Gildewart (VG) einen Wendepunkt markiert.

Die Jahre in Hannover stehen im Mittelpunkt der Ausstellung *Aufbruch 1924: Erich Maria Remarque und Friedrich Vordemberge-Gildewart. Zwei Wegbereiter der Moderne.*[1] Hannover war in den 1920er Jahren ein bedeutendes Kunst- und Kulturzentrum der Weimarer Republik. Für Remarque war die Stadt eine Station zwischen Osnabrück und Berlin, wo er wenige Jahre später mit dem Antikriegsroman *Im Westen nichts Neues* die Bühne der Weltliteratur betrat. Als Werbetexter und

* Im Erich Maria Remarque-Friedenszentrum wurde die Ausstellung vom 24. März bis 18. August 2024 gezeigt und ist nun als Wanderausstellung verfügbar. In diesem Beitrag wird lediglich eine kleine Auswahl der Abbildungen verwendet.

1 Die Ausstellung war ein Kooperationsprojekt des Erich Maria Remarque-Friedenszentrums und der Stiftung kunst.konkret.konstruktiv – vordemberge-gildewart. Mitarbeit: Sven Jürgensen, Claudia Junk, Hans Peterse, Martin Siemsen für das Erich Maria Remarque-Friedenszentrum; Siegfried Hoffmann, Thomas Heinrich, Rolf Wiethäuper, Elk Franke für die Stiftung kunst.konkret.konstruktiv – vordemberge-gildewart.Unser Dank geht an: Continental-Werke (Hannover), Ullstein Verlag (Berlin), New York University (USA), Museum Wiesbaden, Kestner Gesellschaft (Hannover), Niedersächsisches Landesarchiv – Abteilung Osnabrück, Deutsches Literaturarchiv Marbach.

Redakteur beim Unternehmen Continental verdiente er sein Geld, schrieb aber auch Prosa und Lyrik und unterhielt Kontakte in die Hannoveraner Künstlerwelt.

Vordemberge-Gildwart studierte in Hannover Architektur, Innenarchitektur und Plastik an der Kunstgewerbeschule und an der Technischen Hochschule, nachdem er in Osnabrück eine Tischlerlehre absolviert hatte. Das Studium in Hannover sollte dazu dienen, seine handwerklichen Fähigkeiten zu erweitern, brachte ihn jedoch zur modernen Kunst und zur Gründung der *Gruppe K*. In Hannover etablierte Vordemberge-Gildewart sich als konkret-konstruktiver Künstler und zeigte 1924 seine ersten Werke in der Kestner Gesellschaft.

Die Ausstellung beleuchtet die Lebenswege dieser so unterschiedlichen Osnabrücker, die dennoch in der Kunst und in der gegenseitigen Unterstützung des Gelderwerbs zueinander fanden.

Remarque und »Fritz«

> Weder zu Hause noch in der Schule fand ich Verständnis für meine Träume von einer Welt außerhalb meines Kreises oder Anleitung bei meinen Versuchen, mich unter den Büchern zurechtzufinden. Man konnte sich keine andere Zukunft vorstellen, als vielleicht die eines Postmeisters, Lehrers oder Apothekers.[2]

Das sollte sich ändern, nachdem Remarque um 1914/15 Friedrich Hörstemeier kennenlernte, einen Künstler, Musiker und Literaten, der ganz in der Nähe der damaligen Wohnung der Familie Remark wohnte. Sechzehn Jahre älter als Remarque, bestritt Hörstemeier seinen eher kärglichen Lebensunterhalt als Portrait- und Landschaftsmaler und -fotograf sowie mit dem Verkauf von Postkarten, die er nach seinen Gemälden anfertigte. Bereits vor dem Ersten Weltkrieg publizierte er Gedichte im *Osnabrücker Tageblatt* und in der Dresdner Zeitschrift *Die Schönheit*, in der auch Remarque später veröffentlichte.

Hörstemeier lebte in einer kleinen Atelierwohnung über den Verkaufsräumen und der Werkstatt der Möbeltischlerei seines Bruders und führte ein zurückgezogenes Leben, nicht zuletzt aufgrund seiner Erkankung an Lungentuberkulose. Dennoch gruppierte sich um ihn ein Kreis aus kunst- und kulturinteressierten jungen Menschen, die für Hörstemeier sicherlich auch so etwas wie Familie darstellten.

Für Remarque war Hörstemeier eher ein väterlicher Mentor, der ihm das bislang vermisste Verständnis und die gewünschte Orientierungshilfe geben konnte. Es war

2 Wilhelm Scherp. »Der Gefangene seines Ruhms. Remarque spricht über sich selbst«. *Kölnische Zeitung*, 26.11.1929.

Fritz Hörstemeier, Friedel Vordemberge (der Cousin von VG) und Erich Maria Remarque in der Wohnung Hörstemeiers, Liebigstraße 17, Osnabrück, ca. 1915/16 (© Erich Maria Remarque-Friedenszentrum).

Hörstemeier, der Remarque neue Horizonte eröffnete, ihn mit der klassischen und zeitgenössichen Musik, mit den Werken aktueller Schriftsteller und Schriftstellerinnen und den Tendenzen in Kunst und Philosophie bekannt machte.

Hörstemeier selbst gab weder seinem Atelier noch der Gruppe einen Namen. Erst durch die Publikation von Remarques erstem Roman *Die Traumbude*[3] entstand die Bezeichnung »Traumbuden-Kreis«. Zu ihm gehörten u.a. Friedel Vordemberge (der Cousin von Friedrich Vordemberge-Gildewart), Fritz Erpenbeck, Pauline Spencker, Erika Haase und Rudolf Kottmann. Durch Hörstemeier fanden die jungen Menschen zu eigenem künstlerischen Ausdruck, indem er ihnen Empfänglichkeit für Schönheit in Kunst und Natur vermittelte, sie an Dichtung und Prosa, bildende Künste, Theater und Fotografie heranführte, was einige von ihnen nachhaltig prägte. So wurde Fritz Erpenbeck nach dem Ersten Weltkrieg Schauspieler und Dramaturg und in der späteren DDR erfolgreicher Schriftsteller. Friedel Vordemberge studierte Kunst in Weimar, Berlin und Düsseldorf und lehrte ab 1947 bildende Künste in Köln, ab 1961 als Professor für Kunst. Pauline Spencker schrieb Gedichte, die sie in kleinen, mit Zeichnungen illustrierten Büchern veröffentlichte.

3 Erich Remark. *Die Traumbude. Ein Künstlerroman*. Dresden: Verlag der Schönheit, 1920.

Remarque am Tisch, ca. 1916 (© Erich Maria Remarque-Friedenszentrum).

Die Bedeutung, die das Zusammentreffen und die Freundschaft mit Hörstemeier für Remarque hatte, lässt sich durch die Lektüre des Romans *Die Traumbude* wohl nur erahnen. Der Roman ist sowohl für den geistigen Mentor selbst als auch für die durch Hörstemeier gelegten Grundlagen künstlerischen Denkens eine Art Denkmal. Nicht ohne Grund nennt Remarque das Werk »Künstlerroman«, sucht er hier doch nach einem passenden Ausdruck für die Vereinigung von Leben und Kunst.

Nicht materielle und alltägliche Dinge sind für ihn Gegenstand des künstlerischen Ausdrucks, sondern metaphysische, immaterielle Erfahrungen und Erkenntnisse und schließlich die Versöhnung von »Leben« und »Kunst« im Kunstwerk. Das lässt sich »romantisch« nennen.

Schon hier beginnt der sogenannte »rote Faden« im Werk Remarques: die Beschreibung des Zwischenmenschlichen, des nicht Greifbaren und doch so Elementaren wie Liebe, Hass, Rache, Versöhnung und Leben. Und immer wieder die Bedeutung alles Künstlerischen, sei es Musik, Literatur oder bildende Kunst.

Remarque bei Continental

Bereits im März 1921 begann Remarque für die »Continental Caoutchouc- und Gutta-Percha-Compagnie« in Hannover zu arbeiten. Der erste bekannte Beleg für diese Tätigkeit ist der hier abgebildete Brief, der auch zugleich der erste Beleg für den geänderten Namen ist – von Remark zu Remarque. Diese Namensschreibung

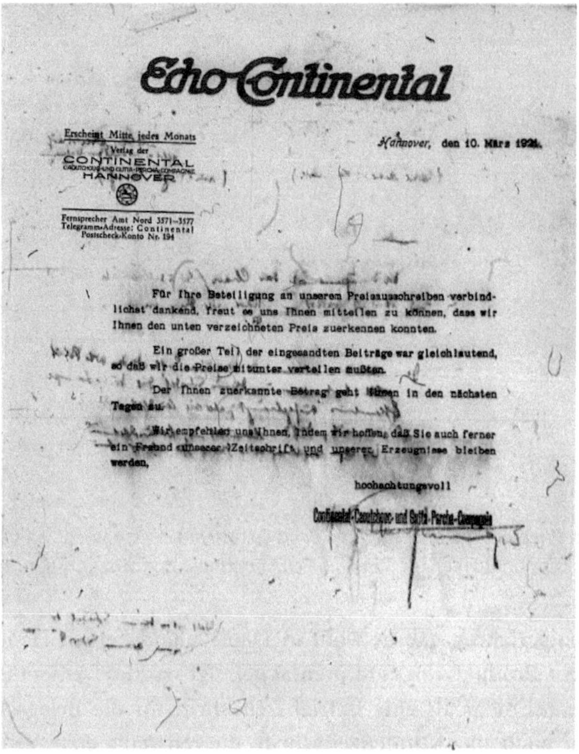

Echo-Continental

Erscheint Mitte jedes Monats
Verlag der
CONTINENTAL
CAOUTCHOUC- UND GUTTA-PERCHA-COMPAGNIE
HANNOVER

Fernsprecher Amt Nord 3571–3577
Telegramm-Adresse: Continental
Postscheck-Konto Nr. 194

Hannover, den 10. März 1921.

Für Ihre Beteiligung an unserem Preisausschreiben verbindlichst dankend, freut es uns Ihnen mitteilen zu können, dass wir Ihnen den unten verzeichneten Preis zuerkennen konnten.

Ein großer Teil der eingesandten Beiträge war gleichlautend, so daß wir die Preise mitunter verteilen mußten.

Der Ihnen zuerkannte Betrag geht Ihnen in den nächsten Tagen zu.

Wir empfehlen uns Ihnen, indem wir hoffen, daß Sie auch ferner ein Freund unserer Zeitschrift und unserer Erzeugnisse bleiben werden,

hochachtungsvoll

Continental-Caoutchouc- und Gutta-Percha-Compagnie

Erich Maria Remarque für *Echo-Continental*. Standardbrief für Gewinner eines Preisausschreibens, 10.03.1921 (© New York University, Fales Library, Remarque-Collection).

geht auf die Vorfahren Remarques zurück, die aus dem deutsch-französischen Sprachgrenzgebiet bei Aachen stammten und den Familiennamen Remarque bzw. Remacle führten. Remarque unterschrieb hier mit »Erich Maria Remarque«. Auf der Rückseite befindet sich ein Entwurf für einen poetischen Artikel mit der Bemerkung »muß bis 22.6. fertig sein«. Auch diese Handschrift kann eindeutig Remarque zugewiesen werden. In den folgenden Monaten finden sich diverse Unterschriften unter Briefen und Artikeln wie z.B. »Erich Maria Remark« oder »Erich Remark«, bis er sich schließlich ab 1922 für »Erich Maria Remarque« entscheidet.

Der Weltkriegssoldat und ehemalige Lehrer, der eigentlich Schriftsteller werden wollte, arbeitete sich bei Continental in Hannover ebenso schnell wie erfolgreich in sein neues Aufgabengebiet ein. Er wußte, dass die Werbung dem Fisch und nicht dem Angler schmecken muss und erfand dementsprechend neue Werbestrategien für das Unternehmen, das vor allem Reifen, aber eben auch noch andere Dinge für den alltäglichen Gebrauch (z.B. Regenmäntel, Duschvorhänge, Schlauchboote) und die Industrie (z.B. Dichtungsringe) produzierte.

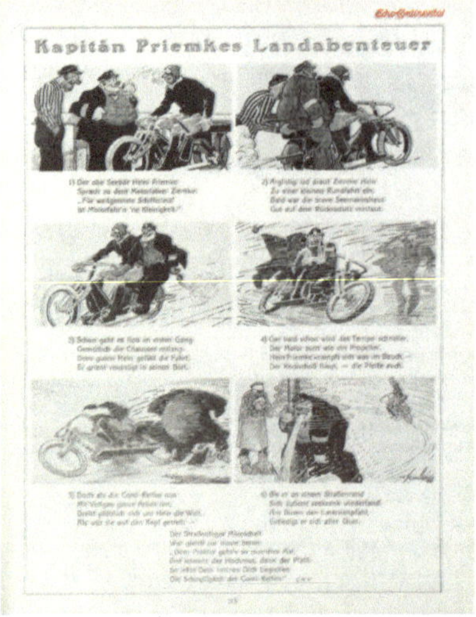

E.M.R. »Kapitän Priemkes Landabenteuer«. *Echo Continental* 10 (1922), 11/12 (Nov./Dez. 1922), 213; E.M.R. »Der Contibuben erster Streich«. *Echo Continental* 13 (1925), 1 (Jan. 1925), 23.

In den Zwanzigerjahren gab es wohl in Deutschland keinen Haushalt, in dem nicht irgendein Produkt von Continental genutzt wurde. Dementsprechend war *Echo Continental* mehr als eine Betriebszeitschrift für die Belegschaft, nämlich in erster Linie auch eine Kundenzeitschrift, die zeitweilig eine Auflage von über 100.000 Stück erreichte.

Sie spiegelte den Geschmack der Kunden, indem über Themen aus den Bereichen Sport und Technik berichtet wurde, um die Relevanz der Continental-Produkte zu verdeutlichen. Die Botschaft: Der moderne Mensch braucht die Produkte von Continental. In diesem Medium verkündete Remarque den »Tod der Romantik«, was immerhin ein Hinweis auf den kulturellen Anspruch dieser Zeitschrift ist. Remarque wurde im Juni 1923 ihr Chefredakteur. Die Comicfiguren »Kapitän Priemke« und auch die »Conti-Buben« waren seine Erfindungen. In den gereimten Vier- und Fünfzeilern Remarques erleben sie aberwitzige Abenteuer, geraten in zahlreiche Bredouillen, aus denen Conti-Produkte sie retten.

Durch Werbung verdienten zahlreiche Künstler ihr Brot, das sie durch ihre Kunst nicht verdienen konnten. Remarque brauchte noch fünf Jahre und einen weiteren Ortswechsel, bis er nicht mehr nur für, sondern auch von seiner Kunst leben konnte.

Der moderne Stil

Mit *Im Westen nichts Neues*, seinem Roman über den zurückliegenden Epochenbruch des Ersten Weltkrieges, kam Remarque als Schriftsteller 1928 in der Gegenwart an. Schon in Hannover zeigte er sich aber als Zeitgenosse und verabschiedete sich von etwaigen Sehnsüchten in die Vorkriegsvergangenheit.

So veröffentlichte er 1923 in *Echo Continental* einen bemerkenswerten Text unter dem Titel: »Vom Stil unserer Zeit«, in dem er urteilte: »Die Romantik ist tot.« Mit ihren Dichtern, Bildern und Gedichten sei sie nur noch in der geliebten, aber wehmütigen Erinnerung gegenwärtig. Dieser Wehmut setzte er harsch entgegen:

> Aber dies alles ist doch von einer vergangenen Zeit geschaffen, es ist Nachklang, nicht Gegenwart, es kennzeichnet nicht mehr den Stil unserer Zeit.[4]

Typisch für »unsere Zeit«, das »Zeitalter der Maschinen«, sei die Empfindung, keine Zeit zu haben. Dementsprechend sei die Zeit nie so kostbar gewesen wie heute. Der angemessene Ausdruck der Zeit habe sich aus diesem Grund auf das Wesentliche zu konzentrieren und müsse entsprechend auf jedes Beiwerk verzichten. Diesen Anspruch könnten allein Linie und Fläche erfüllen.

Ein Musterbeispiel dafür sah er in dem neuen Verwaltungsgebäude von Continental, einem Bau des Architekten Peter Behrens:

> Große, ruhige Flächen in edler Architektonik, gegliedert durch die Fensterausschnitte. Massig und schwer die Bronzefiguren am Eingang, prächtig, aber in den einfachsten Linien, das Material der großen Empfangshalle. Das Gebäude selbst nur für den Zweck gebaut; aber deshalb gerade ideal und äußerst bequem [...] überall nur sparsame Linien, ohne etwas Nebensächliches, kein Stuck, keine üppige Ornamentik; und deshalb ruhig, harmonisch, zweckmäßig und schön.[5]

Remarque zeigte mit diesem Text, dass sein Arbeitgeber Produkte herstellte, mit denen er die Schnelllebigkeit der Gegenwart prägte: Continental war somit ein modernes Unternehmen mit »Stil«, ein Trendsetter. Remarque stellte im Hinblick auf die bevorstehende Automobilausstellung in Berlin Continental als ein Unternehmen vor, das den Puls der Zeit nicht nur aufnimmt, sondern auch dessen Rhythmus mitbestimmt.

---

4 Erich Maria Remarque. »Vom Stil unserer Zeit«. *Echo Continental* 11 (1923), 9/10 (Sept./Okt. 1923), 128–129.

5 Ebd.

Echo Continental

Das Verwaltungsgebäude der Continental-Caoutchouc- und Gutta-Percha-Compagnie, ein Musterbeispiel für den Stil unserer Zeit.

VOM STIL UNSERER ZEIT

Jede große Zeitepoche hatte auch ihren großen Stil, dem sich alles Geschaffene mehr oder minder streng nach einheitlichen Gesetzen einordnete. Die himmelanstrebende Gotik schuf Dome und Münster, die heute noch, wie der Kölner Dom, für die Ewigkeit gebaut erscheinen, das überquellende Lebensgefühl der Renaissance ließ reiche Paläste und stolze Wohnhäuser entstehen, wie Hildesheim sie in großer Zahl aufweist; die prunkvollen Barockbauten in Dresden geben Kunde von dieser darauf folgenden bizarren Stilepoche; Sanssouci läßt uns das Rokoko und die Rückkehr zum klassischen Empire ahnen; nur unsere Zeit hatte bis vor kurzem keinen einheitlichen Stil gefunden.

Man gefiel sich in mehr oder minder geschmacklosen Spielereien mit alten Vorbildern, ahmte nach, erfand den greulichen Jugendstil, aber man traf nie den Geist der Zeit, bis endlich eine Ahnung davon aufdämmerte im modernen Zweckstil.

Die Romantik ist tot. Wir lieben noch mit leicht wehmütiger Erinnerung an goldene Jugendtage und frühere Schwärmerzeit den altvertrauten Klang des Posthorns; wir können mit Eichendorff immer noch den Zauber der stillen Mondnacht, der plätschernden Brunnen, der geflüsterten Liebesworte in Bosketts und Rabatten empfinden; wir versetzen uns mit Storm und Raabe zurück in die kleine Stadt, in der das Leben geruhsam und gemächlich dahingeht, — es gibt immer noch Dichter in Dachzimmern und Spitzweg-Originale, die friedlich im geblümten Schlafrock ihren Tobak rauchen, Fuchsien begießen und Kakteen pflegen, es gibt immer noch malerische Winkel in Höfen und alten Häusern, die überglänzt sind von Frieden und Klarheit: Aber dies alles ist doch von einer vergangenen Zeit geschaffen, es ist Nachklang, nicht Gegenwart, es kennzeichnet nicht mehr den Stil unserer Zeit.

Unsere Zeit ist eiliger und hastiger geworden. Der merkantile Zug ist vorherrschend. Eine Stunde hat zwar noch immer 60 Minuten und eine Minute 60 Sekunden; dennoch ist sie uns ungleich wertvoller geworden als früher. Nie war die Zeit so kostbar wie heute; nie das Leben so diszipliniert wie jetzt. Der typische Ausspruch für den Menschen von heute ist: »Ich habe keine Zeit« Während früher ein Tag nur das Glied einer Kette ruhig dahinfließender Monate war, ist er heute vollgestopft mit Ereignissen, die einst für einen Monat genügten.

Ein großer Teil der Technik unserer Tage baut sich darauf auf, die Vorbedingungen für diesen aufreibenden, aufregenden Daseinskampf zu schaffen. Er gliedert sich wesentlich nach zwei Gesichtspunkten: Einmal, Hilfsmittel für den Daseinskampf an Hand zu geben, zum anderen, Zeit zu sparen.

Die ganze Verkehrsindustrie und Technik ist auf dem letzten Problem aufgebaut. Nach der Postkutsche kam die Eisenbahn, nach der Eisenbahn der Kraftwagen. Mußte man früher noch bestimmte Zeiten innehalten, um von Ort zu Ort kommen zu können, waren Fahrplan und Zuggrad noch ein gewisses Hemmnis, so fällt auch dieses fort durch die Entwicklung des Kraftwagens zum modernen Verkehrsfahrzeug.

Das Kraftrad ist in seiner auf höchste Leistung gestellten Zweckmäßigkeit ein typischer Ausdruck unserer Zeit.

Selbstverständlich ist es nicht möglich, bei einer so hochgespannten Tätigkeit, wie sie heute allenthalben herrscht, eine Sache, eine Angelegenheit, überhaupt das ganze Dasein so in der Breite und der Gründlichkeit, mit allen Details und allem Drum und Dran zu erfassen wie früher. Mehr denn je kommt es auf das Wesentliche, auf den Kern an, für das andere hat man keine Zeit. Und die Entwicklung der Fähigkeit, überall das Wesentliche zu erkennen, ist heute das Haupterfordernis für jeden, der vorwärts kommen will. Das Nebenbei kann man nicht mehr brauchen; klipp und klar wird das Hauptsächliche herausgeschält, — dann drängt schon ein Neues heran.

Knappheit, sparsamer Ausdruck, große Linie, Beschränkung auf das Wesentliche, das sind die Hauptmomente für den Stil unserer Zeit. Früher baute man Dome und Paläste; heute Warenhäuser und Fabriken. Wir leben im Zeitalter der Maschinen.

So manche empfindsame Seele hat um die sterbende Poesie getrauert, als die Maschinen überall zu stampfen begannen, als Industriewerke entstanden, Hochöfen glühten und

128

Erich Maria Remarque. »Vom Stil unserer Zeit«. *Echo Continental* 11 (1923), 9/10 (Sept./Okt. 1923), 128–129; Fortsetzung auf der nächsten Seite.

Echo Continental

Schornsteine qualmten. Mit Unrecht: Denn gerade diese nüchternen Dinge offenbarten einen seltsamen Reiz; ein aufreizender Rhythmus ging von dem Gestampfe der Hämmer, dem Gedröhn der Maschinen, dem Geheul der Motoren, den scheinbar kahlen Fronten der Fabriken aus: Der Rhythmus unserer Zeit.

Die Linie und die Fläche, nicht das Beiwerk, geben den Ausdruck. Bezeichnend dafür sind die Bauten von Peter Behrens; hervorragend als Musterbeispiel das Verwaltungsgebäude der Continental. Große, ruhige Flächen in edler Architektonik, gegliedert durch die Fensterausschnitte. Massig und schwer die Bronzefiguren am Eingang, prächtig, aber in den einfachsten Linien, das Material der großen Empfangshalle. Das Gebäude selbst nur für den Zweck gebaut; aber deshalb gerade ideal und äußerst bequem. Die einzelnen Räume groß, luftig, mit allen Mitteln neuzeitlicher Hygiene angelegt, überall nur sparsame Linien, ohne etwas Nebensächliches, kein Stuck, keine üppige Ornamentik; und deshalb ruhig, harmonisch, zweckmäßig und schön.

Besonders bemerkbar prägt sich der moderne Stil auch im Kraftfahrwesen aus. Von den Anfangsversuchen der Fahrzeugindustrie kam man bald zu immer einfacheren Linien, indem man sich darauf beschränkte, alles überflüssige Beiwerk fortzulassen. Von den hochbordigen Wagen, die im Anfangsaufsatz dieses Heftes abgebildet sind, gelangte man mehr und mehr zu dem schnittigen Wagentyp, der augenblicklich den Markt beherrscht. Die emporschwingende Linie vom Kühler über die Haube, durchgeführt in fast wagerechter Richtung über die Karosserie hinweg, gegen deren betonte Grade die Eleganz der geschwungenen Linie von den vorderen Kotflügeln über das Trittbrett zur Einbuchtung der hinteren Kotflügel läuft, schafft einen harmonischen Ausgleich.

Die langgestreckte Form des modernen Kraftwagens kennzeichnet den Zweckstil von heute. Der schnittige Rassewagen hat den eleganten Reifen »*Conticord*«.

Der lange, gestreckte Wagen, dessen Schnitt geradezu raffiniert zweckmäßig und elegant ist, erhält allerhöchstens eine Betonung durch satte, leuchtende Farbe; aber unbedingt gehören zu dem wirklich eleganten, stilgemäßen Wagen die schwarz-weißen Continental-Cordreifen, die, ebenfalls auf höchste Zweckmäßigkeit und Dauer gearbeitet, dem Wagen erst den letzten Schmiß geben. Es ist außerordentlich, wie sehr ein Auto dadurch im Aussehen gewinnt.

Noch mehr aber ist die Leistungsfähigkeit dieser Reifen zu bewundern, wenn der Wagen auf schwierigsten Straßen in rasender Schnelligkeit unbedingt sicher auf den treuen »Conticords« dahinsaust, und der Fahrer wie aus Erz gegossen eisern die Hand am Steuer hält, eingehüllt in die praktische und zum Wagen passende Auto-Bekleidung (wie sie äußerst bequem und in sehr modernen Schnitten von der »Continental« hergestellt wird), wenn die Bäume und Telegraphenstangen nur so vorüberpurzeln und die Reifen die Landstraße nur so in sich hineinfressen, sodaß im Gefühl des sicheren Dahinstürmens das Lebensgefühl hochschwellt und den vollen Genuß des Autofahrens prachtvoll fühlbar macht.

Typisch für den Stil der Zeit ist auch der Bau der Lastkraftwagen. Der scharf betonten Horizontale des Lastraumbodens halten die Senkrechten des Vorderbaues die Wage. Der Bau hat jetzt durch die Verwendung der »Continental-Elastic-Vollreifen« und der »Continental-Riesenluftreifen« neue Möglichkeiten zur Anpassung und Vervollkommnung erhalten.

Ganz auf Zweck gestellt, ein bebendes, nervöses Ineinandergreifen von Eisen, Stahl und Gummi ist das Kraftrad. Es ist der Ausdruck unserer vorwärtsdrängenden Zeit; eine Höchstmenge Kraft auf einen Mindestraum zusammengepreßt. Durch den »Continental-Block-Kraftradreifen« sind die Vorbedingungen für das atemraubende Tempo dieser rassigen Gefährte geschaffen: Vollendeter Gleitschutz und größte Geschmeidigkeit.

Als Anzug noch einen Straßenanzug zu tragen, ist allein schon aus Gründen der Zweckmäßigkeit verpönt; abgesehen davon sieht es wirklich nicht gut aus, jemand im Cutaway mit fliegenden Rockschößen auf seinem Benzinroß dahinbrausen zu sehen. In Frage kommt die Continental-Bekleidung, die für alle Zwecke vom dünnsten Staubfänger bis zur dicksten Lederjacke hergestellt wird. Den Rausch der Geschwindigkeit, dieses allen Kraftfahrern wohlbekannte Gefühl, wenn man über dem Rade hängt und einem die Welt förmlich entgegenstürzt, empfindet der Kraftradfahrer am unmittelbarsten.

Die Überwindung der Zeit: Mehr denn je ist dieses Problem in den Vordergrund des Interesses gerückt; ebenso wie die Verkehrstechnik wichtiger denn je geworden ist. Die diesjährige Automobil-Ausstellung in Berlin gibt eine gedrängte Übersicht über ihren augenblicklichen Stand, über neuerzielte Erfolge und Verbesserungen. Sie ist Rückblick und Ausblick. Und sie zeigt, daß das Jahrhundert der Technik und des Verkehrs doch nicht so nüchtern ist, wie es von zurückgebliebenen Geistern gern dargestellt wird. Wohl ist es das Jahrhundert der Arbeit und der Motoren. Aber auch die Arbeit hat ihre Poesie, auch die Maschinen haben ihre Romantik, auch die Motoren klopfen im Zeitpulse mit; und auch unser hart gehämmertes Jahrhundert der höchstgespannten Energie, des gesteigertsten Nervenkampfes, der Schlote, Fabriken, Riesenbahnhöfe, Expreßzüge, Automobile hat seine strenge Schönheit und seine dunkle Phantastik, auch es hat großen Stil und einheitlichen Ausdruck gefunden: Das beweist die Automobil-Ausstellung 1923, Berlin.

129

»Leben ist alles« – Der Roman *Gam*

Nach seinem Roman *Die Traumbude*, den er 1920 veröffentlichte, arbeitete Remarque in Hannover vom Jahreswechsel 1922/23 bis zum Sommer 1924 intensiv an seinem zweiten Roman *Gam*.

Für das Manuskript nutzte er sogar die Rückseiten von *Echo Continental*-Druckfahnen. Beruf und Berufung verknüpfte der noch suchende Schriftsteller und Marketingfachmann aufs Engste miteinander.

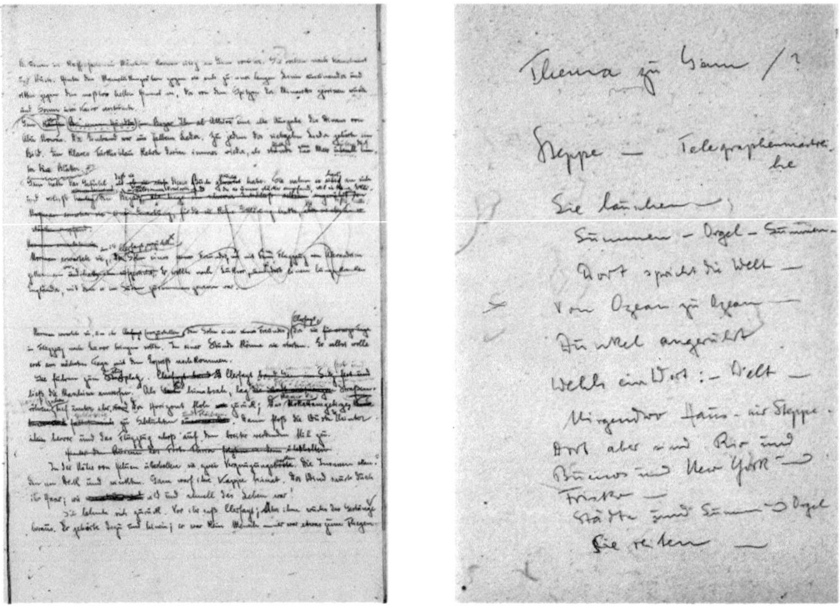

Manuskriptseite und Notizen zum Roman *Gam* (© New York University, Fales Library, Remarque-Collection).

Trotz aller konzeptionellen Überlegungen und Charakterisierungen, die die Arbeit am Manuskript begleiteten, bekam er seine Geschichte nicht richtig ›in den Griff‹. Er konnte die zahlreichen Ortswechsel, die Reisen zu exotischen Plätzen (unerhört: mit dem Flugzeug!) nicht zu einer konsistenten Erzählung verbinden.

Remarque schildert die Abenteuer der Jetsetterin und Femme fatale Gam, die es an keinem Ort länger aushält. Immer wieder bricht sie auf und aus. Auf ihrer Suche nach sich selbst reist sie um die Welt und zeigt sich dabei als ein Antityp zur Welt des Spießers: wild, geheimnisvoll und erotisch. Und vor allem: unabhängig. Remarque notiert ihre letzten Gedanken:

> Leben ist alles – Ich empfinde – göttlichstes Gefühl – die Welt ist jung wie ich – Solange ich mich empfinde, steht die Welt – Solange ich mich lebe, lebe ich Alle – [6]

Im Rausch der Geschwindigkeit sucht sie außerhalb der konventionellen Ordnung das Einmalige und darin sich selbst. Die Modernität dieser exzentrischen Frauengestalt, die ihre Ungebundenheit zelebriert, zeigt sich im Vergleich zu den grotesken

6 Erich Maria Remarque. *Gam*. Köln: Kiepenheuer & Witsch, 2019, 249.

Frauengestalten in Thomas Manns 1924 erschienenem Roman *Der Zauberberg*, in dem dieser die Handlung soweit verlangsamt, dass sie bisweilen in Bewegungslosigkeit erstarrt. Bewegungsarm ist hingegen keiner von Remarques Romanen.

In seinem Antikriegsroman *Im Westen nichts Neues* und auch in *Der Weg zurück* kommt eine solche Frauengestalt wie Gam nicht vor. Remarque nimmt sie erst mit Pam in *Drei Kameraden* und seinen folgenden Romanen wieder auf: so etwa mit Joan Madou in *Arc de Triomphe*, in der die Züge von Marlene Dietrich hervortreten.

Natasha Paley, Gypsy Markoff, Ilse Jutta Zambona, Paulette Goddard und Marlene Dietrich – schon im Roman *Gam* war sein später favorisierter Frauentyp erkennbar.

Füttert man einen Chatbot mit den Informationen, die Remarque in *Gam* über seine Hauptfigur mitteilt, dann generiert die KI unter unendlichen Möglichkeiten nebenstehendes Bild. Vergleicht man dieses Bild ohne Urheber wiederum mit den Frauen, für die sich Remarque interessierte und die sich für Remarque interessierten, dann entspricht dieses Bild exakt seinem Ideal von Weiblichkeit.

Gam – Wiederkehr der Personen

Mit dem zu Lebzeiten unveröffentlicht gebliebenen Roman *Gam* begann eine neue Phase des Romanschriftstellers Erich Maria Remarque. Das Manuskript ist trotz der bereits 1920 erfolgten Publikation des Romans *Die Traumbude* mit »1. Roman« gekennzeichnet. An *Gam* arbeitete Remarque von der Zeit des Jahreswechsels 1922/23 bis zum Sommer 1924.

Der Autor schilderte in atemberaubendem Tempo die Suche der gleichnamigen Protagonistin nach sich selbst, nach den Urgründen des Daseins, und zeichnete zugleich ein Bild der Frau als ein grundsätzlich vom Mann unabhängiges Geschlecht, das ein selbstbestimmtes Leben führen kann. Der Roman entsprach damit nicht nur dem damaligen Zeitgeist, auch die exotischen Handlungsorte sollten ein Gegenbild zur funktionalen, technisierten, modernen Welt schaffen und folgten somit den zeitgenössischen kolonialen Vorstellungen und Sehnsüchten.

Einige der im Roman beschriebenen Figuren – oder zumindest ihre Namen – tauchten später sowohl in Briefen an z.B. Marlene Dietrich als auch in Romanen oder als Pseudonym unter Artikeln von Remarque wieder auf. Sie verselbständigten sich und standen somit auch als Erinnerung an eine frühere Schriftstellerexistenz, die sich stark vom späteren exilierten und verfolgten, pazifistischen und humanistischen Autor unterschied.

Unter dem Pseudonym »Lavalette« oder »J. de Lavalette« oder »Juan de Lavalette« veröffentlichte Remarque mehrere Artikel in unterschiedlichsten Zeitschriften:

- Juan de Lavalette. »Die Vielgelesenen«. *Das Magazin* (Berlin), 1925, 8 (April 1925), 56–58.
- Juan de Lavalette. »Das Glück der stählernen Pferde«. *Hermann Hoffmann's Monatshefte* 1 (1925), 5 (Mai), 4–5.
- Lavalette. »Praktisches Reisen. Was man beachten sollte!«. *Hannoverscher Kurier.* [Beilage] *Reisen im Auto*, 28.06.1925.
- Lavallette. »Die Vielgelesenen II«. *Das Magazin* (Berlin), 1925, 11 (Juli 1925), 48–50.

Den Namen »Clerfayt« verwendete Remarque für die Hauptfigur im Roman *Der Himmel kennt keine Günstlinge* (1961), in dem sich der Autor wieder der Rennfahrerthematik zuwandte, die ihn in den 1920er Jahren bereits faszinierte und die auch schon den Hintergrund für den Fortsetzungsroman *Station am Horizont* (in *Sport im Bild* 1927/28) sowie für zahlreiche Erzählungen bildete.

In *Station am Horizont* heißt die Figur »Kai«, ein Name, den er auch bereits in *Gam* benutzt. Hier eine Auswahl an Veröffentlichungen mit Personen, die dieselben Namen tragen wie in *Gam* und deren Handlungen und Orte (zumeist exotisch) starke Parallelen aufweisen:

- »Silhouette vom Jang-tse-kiang«. *Jugend* (München) 28 (1923), 13 (01.07.1923), 388–389.
- »Inshalla«. *Jugend* (München) 28 (1923), 18 (15.09.1923), 533–534.
- »Kai«. *Jugend* (München) 29 (1924), 1 (10.01.1924), 6–7.
- »Der Tamilenboy«. *Jugend* (München) 30 (1925), 18 (02.05.1925), 427–430.

In der Korrespondenz mit Marlene Dietrich verwendete Remarque zahlreiche Namen, u.a. »Ravic«. Der Protagonist im Roman *Arc de Triomphe* trägt ebenfalls diesen Namen, was Marlene etwas verärgerte, da sie nicht mehr wußte, »wie ich

Das Glück der stählernen Pferde

Wenn der Himmel wie eine strahlende Glocke aus Lapislazuli über der Welt hängt und die Horizonte weich, voll Lockung und Verheißung auf den Wäldern und Bergketten ruhen, dann klingt das Geräusch des Motors im Lärm der Häuserreihen anders als sonst, er murrt und knurrt und raunzt und faucht wie eine unwillige Katze, – und wenn man aus dem Wagen springt, um den gewohnten Turnus der Arbeit zu beginnen, dann glänzt magisch am Nummernschild das internationale „D" auf, fängt den Blick und läßt flüchtige Visionen erstehen: Breite, holländische Straßen zwischen Tulpenfeldern, soweit das Auge reicht, mit der atemlosen Helligkeit des Meeres am Horizont, – halsbrecherische Alpenpässe, bei denen wenige Schritte neben dem Wagen der Abgrund droht, während die Schneehäupter der Berge wie mit Silberstift in den verblassenden Himmel gezeichnet scheinen, – das warme, verhangene Braun der umbrischen Ebene, durch die der gedrosselte Motor langsam in den glockendurchwehten italienischen Abend gleitet. – –

Und diese Bilder bohren sich fest, hartnäckig, unwiderstehlich, bis endlich eines Tages die schweren Lederkoffer herangeschleppt und am Kofferplatz des Wagens festgeschnürt werden, der Reisedreß sorgfältig ergänzt wird, und es hinausgeht, um wieder einmal zu sehen, wie die Welt aussieht hinter sechzig stampfenden Motorpferden.

Große Aufmerksamkeit muß der Kleidung gelten. Autoreisen stellen besondere Ansprüche; Spezialkleidung ist deshalb erforderlich.

Es ist ein originelles Paradoxon, daß die Technik, von der empfindsame Gemüter auch heute noch behaupten, sie morde mit ihrer Nüchternheit jede poetische Stimmung, eine neue Romantik des Reisens ermöglicht hat, wie sie vollkommener nicht gedacht werden kann.

Die Eisenbahn ist nur ein Beförderungsmittel; reisen im eigentlichen Sinne des Wortes kann man mit ihr nicht. Reisen heißt durch die Lande schweifen, ganz wie Geschmack und Neigung es vorschreiben, Stimmung, Laune und Umgebung entsprechend.

Der Kraftwagen dagegen ist das Fahrzeug der bunten Reiseimpressionen. Er gestattet die Freiheit ohne Grenzen, ein köstliches Vagabondieren, das ständig vom Reiz

4

des Unmittelbaren, Unvermuteten, Abenteuerlichen umwittert ist. Man bricht auf, wann man will, man hält und verweilt, wo man will, man fährt so schnell oder bummelt so langsam, wie man will, man kann jedem Einfall nachgeben, man hat keine festen Richtlinien, man braucht keine Anschlüsse zu erreichen oder abzuwarten, man kann – o köstlichste Wirklichkeit – wieder einfach ins Blaue hineinreisen und sich von seinen Erlebnissen die Route bestimmen lassen; man braucht sich ja um nichts zu kümmern, tanken kann man in jedem kleinsten Weiler, ein Quartier findet man überall, – und selbst davon kann man sich loslösen, wenn man ein Zelt mitnimmt, und ein ungebundenes Campingleben beginnen, das alle Ideale indianerspielumträumter Knabenzeit lebendig macht. Welch prickelnder Gegensatz, im großen Frieden der Natur abends am See die frisch geangelten Fische über dem Lagerfeuer zu braten, die Erbssuppe zu löffeln, Stroh für die Nacht ins Zelt zu schaffen, primitiv und herrlich urwüchsig, während eine rasch auf dem Wagen angebrachte Antenne die raffinierten Saxophonklänge einer morbiden Kultur in dieses Idyll zaubert.

Der große Aktionsradius macht den Kraftwagen zum Gefährt für den Menschen unserer Zeit, der gezwungen ist, eiliger, gedrängter, wesentlicher und umfassender zu empfinden und zu erleben als frühere Generationen. Durch Kontraste und Wechsel wird eine Steigerung möglich, wie sie mit jedem anderen Fahrzeug undenkbar ist. In der Frühe gleitet der Wagen noch über das Holperpflaster der Kleinstadt, – man ist mitten darin und fährt nicht im Abteil auf einem Schienendamm hindurch, wie bei der Bahn –; eine Stunde später lauscht man in der Heide sonnenüberschüttet dem Bienengesumm, und die ganze Welt scheint vor der unendlichen Ebene versunken – aber mittags speist man bereits erlesene Dinge im fashionablen Luxus des eleganten Kurortes; – nachmittags hält man hart am See zum Bade, – abends gleitet der Wagen vom Strandkorso hinweg in das Dunkel der Waldwege, ein vorweltliches, summendes Fabelwesen mit den Lichtfühlern der Scheinwerfer, die gespensterhaft die Schatten abtasten. Das Mosaik der Landschaft wächst in seiner Mannigfaltigkeit unter den wirbelnden Rädern zu umfassender Schau zusammen und wird zu einem phantastischen Wirbel, wenn die Nadel des Tachometers zu steigen beginnt, und die Welt auf dem weißen Bande der Landstraße abläuft wie ein rasender Film.

JUAN DE LAVALETTE

Zeichnungen: Benno v. Arent

Juan de Lavalette. »Das Glück der stählernen Pferde«. *Hermann Hoffmann's Monatshefte* 1 (1925), 5 (Mai), 4–5.

dich anreden soll – Ravic ist jetzt Allgemeingut.«[7] *Arc de Triomphe* sollte ursprünglich ein Buch für und über Marlene Dietrich werden, doch Remarque änderte die Prioriäten hin zu einem der wichtigsten Exil-Romane. Auch das ein Ärgernis für Marlene, deren Charakterzüge sicherlich dennoch in die weibliche Hauptfigur Joan Madou eingeflossen sind.

Die Figur Ravic ist schon im Roman *Gam* ein Ästhetiker wie auch in weiteren Texten der 1920er Jahre. Und auch im letzten, unvollendet gebliebenen Roman *Das gelobte Land* taucht Ravic wieder auf und wird Teil der in diesem Roman ausführlich geschilderten New Yorker Emigrantenszene.

Remarques moderne Frauen

Gam ist der einzige Roman Remarques, in dem er eine weibliche Hauptfigur in den Mittelpunkt stellt. Die auktoriale Erzählperspektive wahrt gleichwohl eine Distanz zur Hauptfigur: Nicht Gam berichtet dem Leser ihre Erlebnisse, sondern

7 Marlene Dietrich in Paris an Erich Maria Remarque in New York, Brief vom 01.12.1945, zitiert nach: Thomas F. Schneider, Werner Fuld (Hgg.). *»Sag mir, daß Du mich liebst ...«. Erich Maria Remarque – Marlene Dietrich. Zeugnisse einer Leidenschaft.* Köln: Kiepenheuer & Witsch, 2001, 177.

links: Robert Taylor als Ernst Lohkamp, Margaret Sullavan als Patricia Hollmann und Robert Young als Gottfried Lenz in *Three Comrades*. USA: MGM, 1928; Regie: Frank Borzage. rechts: John Gavin als Ernst Gräber und Liselotte Pulver als Elisabeth Kruse in *A Time to Love and A Time to Die*. USA: Universal, 1957; Regie: Douglas Sirk.

ein Erzähler berichtet über sie und ihre Abenteuer. Remarque hütet sich davor, die Erlebnisse Gams in der Ich-Perspektive zu erzählen.

In den Romanen *Im Westen nichts Neues* und *Der Weg zurück* treten die weiblichen Figuren in den Hintergrund. Episodenhaft begegnen die deutschen Frontsoldaten um Paul Bäumer jungen Französinnen, das Kriegsgeschehen beeinflussen können diese Begegnungen aber nicht. Und im Heimaturlaub wartet der Tod: Paul Bäumers Mutter stirbt an Krebs.

Auch in *Der Weg zurück* lädt Remarque keine Frau so geheimnisvoll auf wie in *Gam*. Der Nachkriegsalltag ist ein Kampf ums Überleben, in dem das Bordell ein Geschäftsmodell für den kurzen Lustgewinn mit eindeutiger Rollenverteilung ist. Und die Ehe ist ein gebrochenes Versprechen, das den Erwartungen und Hoffnungen der Heimkehrer nicht standhalten kann.

In seine Romane verwebt Remarque Begegnungen und Liebesbeziehungen aus seinem eigenen Leben. So hat er Joan Madou in *Arc de Triomphe* erschaffen vor dem Hintergrund seiner ebenso intensiven wie unglücklichen Liebe zu Marlene Dietrich. Und seine erste Frau Ilse Jutta Zambona spiegelt sich in der Offizierstochter Pat, der weiblichen Hauptfigur in dem Roman *Drei Kameraden*.

Remarque zeigt in seinen Romanen moderne Frauen, die den bürgerlichen Erwartungen und Rollenzuweisungen widerstehen: Selbstbewusst, unabhängig und ohne Kinder halten sie die Fäden in der Hand, in denen sich die männlichen Protagonisten verwirren. In diesen Frauen verdichtet er die Tragik des 20. Jahrhunderts.

Alle folgenden Romane zentriert Remarque um Liebesgeschichten, die er aus der männlichen Perspektive seiner Protagonisten erzählt: *Arc de Triomphe* erzählt die Erlebnisse des deutschen Chirurgen Ravic in Paris kurz vor Ausbruch des Zweiten Weltkriegs. Er sinnt auf Rache für seine von Nationalsozialisten ermordete

Frau. Er begegnet der geheimnisvollen Sängerin Joan Madou. Sie verlieben sich ineinander, aber der Tod durchkreuzt ihre Hoffnung auf eine gemeinsame Zukunft.

In dem Emigrantenroman *Liebe Deinen Nächsten* verliebt sich der Flüchtling Ludwig Kern in Ruth Holland, die einander zunächst verlieren, sich wiedertreffen und schließlich nach Mexiko flüchten können. Und in *Der Funke Leben* stirbt zwar die Hauptfigur, der Häftling mit der Nummer 509, dessen Name Friedrich Koller ist. Das KZ verlassen aber Bucher und Ruth zusammen in der Hoffnung, sich gemeinsam ein neues Leben aufbauen zu können. In *Zeit zu leben und Zeit zu sterben* wird die junge Elisabeth zur Hoffnungsträgerin, erwartet sie doch ein Kind von Ernst Gräber.

Friedrich Vordemberge-Gildewart (1899 – 1962)

Friedrich Vordemberge-Gildewart wurde am 17. November 1899 als Sohn des Tischlermeisters Heinrich August Vordemberge in Osnabrück geboren. Die Werkstatt seines Vaters befand sich in der Großen Gildewart 27, heute Sitz der *Sievert Stiftung für Wissenschaft und Kultur.* Nachdem er in Osnabrück bei Julius Schütze eine Tischlerlehre absolviert hatte, studierte er Architektur, Innenarchitektur und Plastik an der Kunstgewerbeschule und an der Technischen Hochschule in Hannover. Das Studium in Hannover sollte dazu dienen, seine handwerklichen Fähigkeiten zu erweitern, brachte ihn jedoch zur modernen Kunst.

Hannover war in den 1920er Jahren ein bedeutendes Kunst- und Kulturzentrum der Weimarer Republik. In dieser Stadt etablierte er sich als konkret-konstruktiver Künstler. Um sich von seinem Cousin Friedrich Vordemberge, wie er Künstler, zu unterscheiden, nannte er sich Vordemberge-Gildewart oder auch »VG«. Er lernte Kurt Schwitters und Theo van Doesburg kennen, die seine Freunde wurden. 1924 gründete er in Hannover gemeinsam mit Hans Nitzschke die *Gruppe K.*

Im Haus der Kestner Gesellschaft in Hannover übernahm Vordemberge-Gildewart das Atelier des russischen Konstruktivisten El Lissitzky und liess sich von dessen Kunst inspirieren. Theo van Doesburg machte ihn 1925 zum Mitglied der niederländischen Künstlerbewegung *De Stijl* und vermittelte Kontakte nach Paris, wo er noch im gleichen Jahr ausstellte. Zusammen mit Kurt Schwitters, Hans Nitzschke und Carl Buchheister gründete er 1927 *die abstrakten hannover.*

Neben seiner Tätigkeit als Künstler arbeitete Vordemberge-Gildewart als Typograph und Werbegestalter. Sein Bild *K33* (1927) schickte er als Leihgabe an das Städtische Museum in Osnabrück. Es rief heftige Kontroversen hervor und wurde zeitweilig abgehängt. Später sollten die Nationalsozialisten das Bild als »entartet« beschlagnahmen und nach Berlin schicken. Seit dem Ende des Zweiten Weltkriegs gilt es als verschollen.

Friedrich Vordemberge-Gildewart, Zeichnung von Hans Nitzschke 1925 in VGs Gästebuch Hannover 1925–29 (© Museum Wiesbaden, Archiv Vordemberge-Gildewart).

Vordemberge-Gildewart und seine jüdische Frau Ilse Leda verließen 1938 Deutschland und fanden einen Zufluchtsort in Amsterdam, wo beide den Zweiten Weltkrieg überlebten. In Amsterdam traf er sich regelmäßig mit dem Maler Max Beckmann, der sich dort ebenfalls im Exil befand. Vordemberge-Gildewart kehrte im Jahre 1954 nach Deutschland zurück, wo er bis zu seinem Tode am 19. Dezember 1962 die Abteilung für visuelle Kommunikation an der Hochschule für Gestaltung in Ulm leitete.

Die *Gruppe K*

> […] 1924 ist eine Zeit grosser Ereignisse. Mit dem Maler Hans Nitzschke gründete ich zunächst die »Gruppe K« (K von Konstruktivismus), aus der später die in der Welt bekannt gewordene Gruppe »die abstrakten hannover« entstand. Im Hause der Kestner-Gesellschaft Hannover, Königstrasse 8, richteten wir uns drei Ateliers ein (wovon ein Bildhauer- und ein Wohn- und Malatelier für mich). Ein ideales Arbeiten und Wohnen in

In Hans Nitzschkes Atelier 1925: Friedrich Vordemberge-Gildewart, Nelly van Doesburg, Kurt Schwitters, Theo van Doesburg, Käthe Steinitz und Hans Nitzschke (© Museum Wiesbaden, Archiv Vordemberge-Gildewart).

einem Kunsthaus, wo die Spitze der internationalen modernen Kunst uns nur förderlich sein konnte. Bevor wir mit unserer ersten Ausstellung der »Gruppe K« im Mai 1924 in der Kestner-Gesellschaft erschienen, machte meine erste Auslandsreise den Kontakt mit der Aussenwelt (London, Wembley Exhibition). Ein würdiger Abschluss des Inflations-Debakels.

Dass die erste Ausstellung der »Gruppe K« in der Kestner-Gesellschaft stattfinden musste, war eine selbstverständliche und ehrenvolle Sache! In Remarque (den ich von unserer gemeinsamen Vaterstadt Osnabrück her kannte und der damals in Hannover lebte und wirkte) fand ich denjenigen, der für den Katalog das Vorwort schrieb.

Diese Ausstellung wurde ein Erfolg für uns: Aufruhr auf der einen Seite, Anerkennung auf der anderen; die Ausstellung brachte viele neue Verbindungen mit anderen Städten und Gruppen. Der »Sturm«, Berlin, lud uns zur Ausstellung ein (1925) und machte uns schon vorher zu »Sturm«-Mitgliedern. […][8]

8 Friedrich Vordemberge-Gildewart. »Fragment einer Autobiographie«. *»nichts – und alles«. Der De Stijl-Künstler Friedrich Vordemberge-Gildewart.* Hg. vom Museum Wiesbaden. Bielefeld: Kerber Verlag, 2013, 11–12.

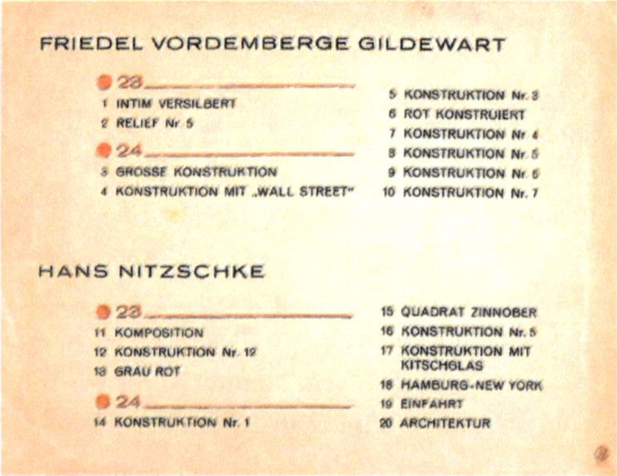

FRIEDEL VORDEMBERGE GILDEWART

23
1 INTIM VERSILBERT
2 RELIEF Nr. 5

24
3 GROSSE KONSTRUKTION
4 KONSTRUKTION MIT „WALL STREET"

5 KONSTRUKTION Nr. 3
6 ROT KONSTRUIERT
7 KONSTRUKTION Nr. 4
8 KONSTRUKTION Nr. 5
9 KONSTRUKTION Nr. 6
10 KONSTRUKTION Nr. 7

HANS NITZSCHKE

23
11 KOMPOSITION
12 KONSTRUKTION Nr. 12
13 GRAU ROT

24
14 KONSTRUKTION Nr. 1

15 QUADRAT ZINNOBER
16 KONSTRUKTION Nr. 5
17 KONSTRUKTION MIT KITSCHGLAS
18 HAMBURG-NEW YORK
19 EINFAHRT
20 ARCHITEKTUR

Titelblatt und Bildverzeichnis des Kataloges zur Ausstellung der *Gruppe K* in den Räumen der Kestner Gesellschaft Hannover, 1924 (© Museum Wiesbaden, Archiv Vordemberge-Gildewart).

Vordemberge-Gildewart und Nitzschke gehörten 1927 zu den Gründungsmitgliedern der *abstrakten hannover*, doch in späteren Jahren sollten sich ihre Wege trennen. Hans Nitzschke wurde 1903 in Hannover geboren. Er studierte Innenarchitektur an der Kunstgewerbeschule Hannover und absolvierte 1922 und 1923 ein Praktikum im Atelier des Berliner Architekten Michael Rachlis. Anschließend kehrte er nach Hannover zurück. Er beteiligte sich an der *International Exhibition of Modern Art* im Brooklyn Museum in New York (1926). Neben der Malerei war er als Architekt, Graphiker und Designer tätig. Seine Stahlrohrstühle fanden eine breite Anerkennung. 1936/1937 hielt er sich in London auf und ließ sich nach seiner Rückkehr in München nieder. Als Wehrmachtsangehöriger fiel er am 26. August 1944 bei Paris.

Vordemberge-Gildewart dokumentierte seine künstlerische Produktion detailliert in »Werkstattbüchern«, so auch Kunstwerke, die im Mai 1924 in der Kestner

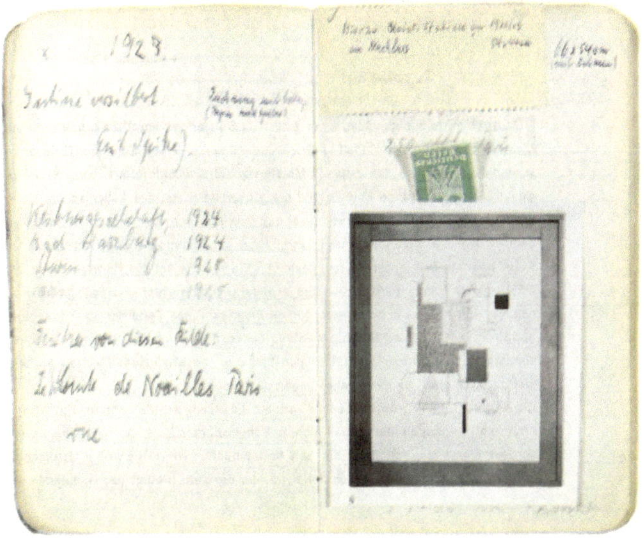

Die Abbildung zeigt Seiten aus einem »Werkstattbuch« von Friedrich Vordemberge-Gildewart (© Museum Wiesbaden, Archiv Vordemberge-Gildewart).

Gesellschaft gezeigt wurden, wie z.B. *Intim versilbert*, *Grosse Konstruktion*, *Konstruktion mit Wallstreet* und *Rot konstruiert.*

Vordemberge-Gildewart und Remarque

Vordemberge-Gildewart und Remarque kannten einander bereits aus Osnabrück. Der Cousin Vordemberge-Gildewarts, Friedrich Vordemberge, war mit Remarque zusammen im so genannten »Traumbuden-Kreis« um Fritz Hörstemeier. In Hannover trafen sich beide wieder und Erich Maria Remarque steuerte zu dem Katalog der *Gruppe K* das programmatische Vorwort bei.

Wie viele andere Künstler auch war Vordemberge-Gildewart auf Einkünfte aus nichtkünstlerischer Arbeit angewiesen – u.a. schuf er 1924 Entwürfe für Werbematerial der Firma Continental (Remarques Arbeitgeber) und gestaltete beispielsweise die Inneneinrichtung des Autohauses Bischoff & Hamel in Hannover. Wie intensiv die Zusammenarbeit zwischen Vordemberge-Gildewart und Remarque tatsächlich war, lässt sich nicht mehr ermitteln.

Noch 1928 schickte Vordemberge-Gildewart Fotografien an Remarque nach Berlin, die für eine Publikation in *Sport im Bild* gedacht waren. Remarque antwortete am 10.11.1928:

Der geklärte Niederschlag einer Zeit heißt Stil; er bestimmt die große Richtung der Kunst und des Kunsthandwerks jeder Epoche. Die Inbrunst der Gotik schuf strebende Dome und das ragende Meisterwerk Grünewalds; die Lebensfreude der Renaissance prunkende Paläste und die glanzvolle Kunst der italienischen Maler. Wir leben im Zeitalter der Warenhäuser und Fabriken, der Hochöfen und Untergrundbahnen, der Riesenbahnhöfe und Expreßzüge, der Automobile und Flugzeuge. Die Kunst unserer Zeit ist streng und sachlich. Sie verschmäht das Beiwerk; Linie und Fläche geben Form und Ausdruck. Sie ist in der Gestaltung mathematisch herbe; aber dahinter fühlt man die sausende, dunkle Phantastik des Zeitalters der Maschinen und Motoren aufzucken. Daß die meisten Künstler nichts vom Stil unserer Zeit wissen, sondern nach ererbten Überlieferungen biederepigonenhaft Kunst fabrizieren, sagt nichts gegen die Kunst, aber alles gegen die Künstler unserer Zeit.

Die Ägypter und die frühen Griechen kannten die Mystik der Mathematik. Pythagoras schuf die Philosophie der Zahl — nicht der angewandten Zahl, die zum Zählen dient, sondern der absoluten Zahl, die den Raum bannt. Hinter den oberflächlichsten Dingen lauern die tiefsten Erkenntnisse; hinter der Zahl brodelt das Geheimnis des Begriffes: Raum. Kosmisches Räderwerk. Achse der Dinge. Magie des Raumes. Hier setzt die Kunst unserer Zeit ein. Ergriffen vom Raum, bannt und gestaltet sie ihn. Eine Diagonale ist ihr maßloses Gefühl, nicht Halbierung, wie dem Ober-Flächlichen. Sie kennt den klaren Krampf der Linien, die erschütternde Wucht der Flächen. Sie schafft nicht in den fruchtbaren Tälern der Gestaltung; auch nicht in ihren blühenden Ebenen; sie arbeitet am äußersten Rande, an der Grenze. Die Urgesetze werden ihr neu, sie erlebt die letzte Tiefe der Form, die Begriffe Linie und Fläche.

Diese Kunst ist mehr als abstrakte Raumaufteilung; denn sonst bewiese sie nur ein hübsches Gefühl für ästhetische Gruppierung. Sie will zur platonischen Idee der Dinge und zur R h y t h m i k des Raumes.

Die scheinbar nüchternen Werke gewinnen, je länger man sie anschaut. Man entdeckt immer mehr in ihnen, sie werden immer voller, persönlicher und lebendiger. Eine ungemeine Beschwingtheit liegt in ihrer präzisen Exaktheit. Sie lassen der Phantasie weitesten Spielraum, greifen nicht vor, drängen nichts auf; sie schwingen in sich selbst. Sie sind kristallinisch geschlossen und werfen das Gefühlsbild des Beschauers klar zurück; — ist es da besonders merkwürdig, wenn sie manchem nichts sagen? —

ERICH MARIA REMARQUE

Erich Maria Remarques Vorwort zum Ausstellungskatalog der *Gruppe K*, 1924.

Friedrich Vordemberge-Gildewart. *Continental Ballon*, ca. 1924, Plakatentwurf, Zeichnung und Collage (© Museum Wiesbaden, Archiv Vordemberge-Gildewart).

> Ich finde die Photos ganz außerordentlich hübsch. Leider kann ich aber im Moment bei »Sport im Bild« nichts mehr dafür tun, da ich meine Zelte hier abbreche. Ausserdem hat sich der gesamte Charakter der Zeitschrift im Laufe der letzten Zeit so gewendet, dass wir so extreme Arbeiten nicht mehr bringen. Wenn ich eine andere Möglichkeit weiss, will ich Ihnen gern schreiben und noch einmal um die Photos bitten.[9]

Durch Edith Doerry nach Berlin

Silvester 1923 kam es auf dem Berliner Presseball zu einem Gespräch zwischen Kurt Doerry und dem Vertreter der Continental-Gummi-Werke Hannover, Wilhelm Holtzheuer. Kurt Doerry, Olympiateilnehmer 1896, hatte um die Jahrhundertwende die erste deutsche Sportzeitschrift *Sport im Bild* gegründet, die später vom Scherl-Verlag im Hugenbergkonzern aufgekauft wurde. Doerry galt in der Weimarer Republik als einer der führenden Sportjournalisten.

9 Erich Maria Remarque in Berlin (Briefkopf *Sport im Bild*) an Friedrich Vordemberge-Gildewart in Hannover. Brief vom 10.11.1928. Museum Wiesbaden (Hg.): *Vordemberge-Gildewart Briefwechsel* Bd. II. Nürnberg: Verlag für moderne Kunst, 1997, 135.

Edith Doerry 1925 in der Redaktion von *Sport im Bild*, von Remarque fotografiert (© Erich Maria Remarque-Friedenszentrum).

Das Gespräch kam auf die journalistischen Ambitionen der Tochter Doerrys, Edith (geb. 17. Februar 1900), und Holtzheuer schlug eine Mitarbeit an der Continental Haus- und Werbezeitschrift *Echo Continental* vor, die Holtzheuer als Vorgänger von Erich Maria Remarque bis Juni 1923 als verantwortlicher Redakteur betreut hatte.

Bereits am 19. Januar 1924 erhielt Edith Doerry die Bitte Remarques, Artikel für *Echo Continental* zu übersenden. Die dann folgende Zusammenarbeit zwischen Remarque und Edith Doerry war für beide Seiten fruchtbar: Edith Doerrys Artikel (im wesentlichen über Sport-Themen) erschienen regelmäßig in *Echo Continental* und Remarque erhielt im Gegenzug die Möglichkeit, Kurzgeschichten in *Sport im Bild* zu platzieren.

Der erste von Edith Doerry vermittelte Artikel aus der Feder Remarques dürfte »Das Rennen Vanderveldes« gewesen sein, der im Juni 1924 in *Sport im Bild* erschien.

In Berlin: Edith & Remarque – eine Freundschaft

Remarque und Edith Doerry begegneten sich das erste Mal persönlich im Frühjahr 1924 in Hannover. Bei einem zweiten Treffen am 9. Oktober desselben Jahres bat Remarque sie um die Vermittlung einer Stelle bei *Sport im Bild*.

Noch im Oktober erschien Remarque bei Kurt Doerry in Berlin zu einem Vorstellungsgespräch und wurde ab Januar 1925 als zweiter Redakteur für *Sport im Bild* eingestellt.

Edith half Remarque auch bei der Suche nach einer geeigneten Wohnung. Nach seinem Umzug nach Berlin vertiefte sich das freundschaftliche Verhältnis zwischen ihnen, bis sie im März 1925 für mehrere Monate nach Capri reiste. Hier lernte sie durch die Vermittlung ihrer Mutter den Engländer Leslie Roseveare kennen. Remarque war bereits seit Hannover mit Ilse Jutta Zambona liiert, die ihn auch nach Berlin begleitete, dennoch empfand Edith Doerry das Kennenlernen von Roseveare beinahe als Komplott ihrer Mutter gegen Remarque.

Edith Doerry heiratete am 12. September 1925 Leslie Roseveare und Remarque einen Monat später, am 14. Oktober, Ilse Jutta Zambona. Die Korrespondenz zwischen Remarque und Edith kühlte merklich ab und wurde auch sporadischer. In einem Bericht über ihr Leben resümierte Edith Roseveare:

> Seine [Remarques] Lage den Kollegen gegenüber kann nicht beneidenswert gewesen sein. Sie hatten uns bestimmt schon verlobt und verheiratet gesehen. Auch in der Hinsicht hat er sich tadellos benommen und mir nicht die Freundschaft gekündigt. Nur etwas später, in der leider unauffindbaren Kurzgeschichte »Quasi una Fantasia« hat er sich Luft gemacht und mich als das herzlose Naturkind und Sportmädel hingestellt, während sich die elegante Luxusfrau [Ilse Jutta Zambona] als anhänglich und treu erwiesen hatte.[10]

Sport im Bild

Die Zeitschrift *Sport im Bild* wurde 1894 von dem Sportjournalisten Kurt Doerry gegründet und war anfangs als reine Sportzeitschrift gedacht. Im Laufe der Jahre wandelte sie sich in ein Hochglanzmagazin und trug den Untertitel »Das Blatt der guten Gesellschaft«. *Sport im Bild* erschien 14-tägig im Scherl-Verlag, der zum Hugenberg-Konzern gehörte. Neben reiner Sportberichterstattung wurden zunehmend Gesellschaftsnachrichten, Modetipps und literarische Texte, die sich mit Sport befassten, publiziert.

Als Erich Maria Remarque 1925 zu *Sport im Bild* wechselte, bestand das Zielpublikum aus gehobenem Bildungsbürgertum, verbliebenem Adel, Industriellen und Förderern von Kunst und Kultur. Weder »die gute Gesellschaft« noch den

10 Edith Roseveare. *Es war Silvester 1923...* Unveröffentlichtes Typoskript 1983, 13 (© Erich Maria Remarque-Friedenszentrum).

1558 / Nr. 25 SPORT IM BILD

QUASI UNA FANTASIA

Von ERICH MARIA REMARQUE

Warm leuchtet hinter ihnen das Pompeianische Rot der Wände. Von der Decke stürzen Lichtfluten um sie herab, zersprühen im Lackglanz ihrer Motorhauben zu glitzernden Kaskaden und überschäumen das ewige Hin und Wider der Großstadt vor den breiten Fenstern der Verkaufsräume mit funkelnden Wirbeln.

Nur durch den Kristall der Scheibe sind sie wenige Schritte von ihren lebenden, sausenden, summenden Brüdern auf dem Asphalt getrennt — und dadurch schon verwandelt, anders, seltsam fremd und begehrenswert geworden. Der Zauber des Unberührten umgibt sie — des Schlummernden, Geahnten, das noch nicht Wirklichkeit geworden ist. Nie noch sangen diese Motoren ihr brausendes Lied über die Landstraße, nie noch rissen diese Scheinwerfer den hellen Weg aus den Fängen der Nacht, nie noch peitschten diese Räder die Luftstrudel der heranstürmenden Welt zu schimmernden Staubfahnen.

Eine kühle, aufreizende Vollkommenheit sind diese neuen Wagen — noch nicht eingeordnet in den Rhythmus der Zeit —, schlafend, wartend, lockend — geschmeidige Verführer in ihrem betörenden Dreiklang aus Nickel, Stahl und blinkendem Lack —, umwittert von Wünschen, Sehnsüchten und Träumen —.

Das Schaufenster schwebt langsam empor. Ein Anlasser summt wie eine gereizte Biene. Der Wagen gleitet hinaus in den Dezemberabend, durch den weihnachtlichen Verkehr, über Straßen und Plätze. Dann erlischt der Motor, der Schlag klappt, und eilige Schritte verlieren sich im Hause.

Aber nur Minuten darauf kommt es schon die Stufen heruntergetanzt, mit hastigen kleinen Ausrufen und unterdrücktem Jubel, springt durch die Haustür und steht fassungslos vor dem funkelnden Christwunder dieser Bescherung. Die schmalen Hände können kaum erwarten, daß die

SPORT IM BILD

Nr. 25 / 1559

Originalzeichnungen für
„Sport im Bild" von B. REUTERS

fünfzig stählernen Pferde zu stampfen beginnen, sie umkrampfen das Steuerrad wie eine köstliche Beute, die schlanken Glieder dehnen sich in den Polstern, und tief in den Führersitz geduckt, empfindet der ganze Körper das leise Vibrieren des Motors als erregendste Musik bei der Seligkeit der ersten Ausfahrt.

★

Der Kraftwagen ist die moderne Folie der Dame. Zu ihrer grazilen Knabenhaftigkeit paßt die Eleganz raffiniertester Zweckmäßigkeit dieser zu ästhetischem Genuß gewordenen Technik, die ihrem Dasein das Spielerische zurückgibt, seine Möglichkeiten erweitert, es ungebundener macht und die Vorbedingungen schafft zu aparten Einfällen und Improvisationen.

★

Man fährt zum Einkaufen — man fährt zum Tee — man macht Besuche — man packt die Skier in den Wagen, schlüpft in Wolle und Leder und fährt ein wenig irgendwohin, wo Sprungschanzen und Abfahrten locken — — man zigeunert unabhängig durch die Welt — — Romantik des zwanzigsten Jahrhunderts —

★

Vor der Nadel des Tachometers schrumpfen die Entfernungen zusammen. Wenn sie zitternd ansteigt, strafft sich die Kontur des Gesichtes herber, die Lippen werden schmaler, die Nasenflügel atmen gieriger, und die Augen trinken den Rausch der bewegten Welt, bis Wagen und Fahrerin eins werden, und die Grenzen von Maschine und Mensch verschwinden im Erlebnis dieses klingenden Sturmes, dieses maßlosen Verschwendens, dieses unendlichen göttlichen Rasens von Horizont zu Horizont.

Erich Maria Remarque. »Quasi una fantasia«. *Sport im Bild* (Berlin) 31 (1925), 25 (04.12.1925), 1558–1559.

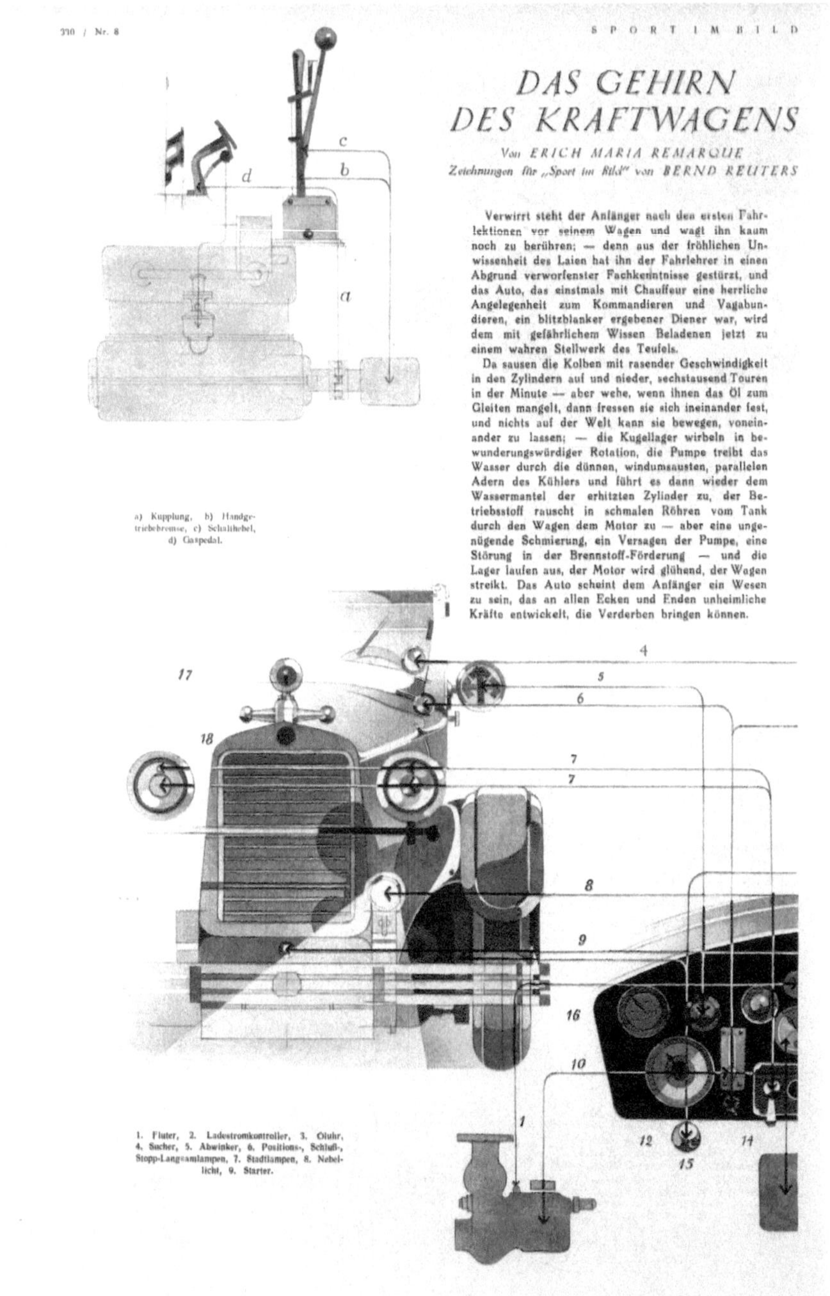

330 / Nr. 8 SPORT IM BILD

DAS GEHIRN DES KRAFTWAGENS

Von ERICH MARIA REMARQUE
Zeichnungen für „Sport im Bild" von BERND REUTERS

Verwirrt steht der Anfänger nach den ersten Fahrlektionen vor seinem Wagen und wagt ihn kaum noch zu berühren; — denn aus der fröhlichen Unwissenheit des Laien hat ihn der Fahrlehrer in einen Abgrund verworfenster Fachkenntnisse gestürzt, und das Auto, das einstmals mit Chauffeur eine herrliche Angelegenheit zum Kommandieren und Vagabundieren, ein blitzblanker ergebener Diener war, wird dem mit gefährlichem Wissen Beladenen jetzt zu einem wahren Stellwerk des Teufels.

Da sausen die Kolben mit rasender Geschwindigkeit in den Zylindern auf und nieder, sechstausend Touren in der Minute — aber wehe, wenn ihnen das Öl zum Gleiten mangelt, dann fressen sie sich ineinander fest, und nichts auf der Welt kann sie bewegen, voneinander zu lassen; — die Kugellager wirbeln in bewunderungswürdiger Rotation, die Pumpe treibt das Wasser durch die dünnen, windumsausten, parallelen Adern des Kühlers und führt es dann wieder dem Wassermantel der erhitzten Zylinder zu, der Betriebsstoff rauscht in schmalen Röhren vom Tank durch den Wagen dem Motor zu — aber eine ungenügende Schmierung, ein Versagen der Pumpe, eine Störung in der Brennstoff-Förderung — und die Lager laufen aus, der Motor wird glühend, der Wagen streikt. Das Auto scheint dem Anfänger ein Wesen zu sein, das an allen Ecken und Enden unheimliche Kräfte entwickelt, die Verderben bringen können.

a) Kupplung, b) Handgetriebebremse, c) Schalthebel, d) Gaspedal.

1. Fluter, 2. Ladestromkontroller, 3. Öluhr, 4. Sucher, 5. Abwinker, 6. Positions-, Schluß-, Stopp-Langsamlampen, 7. Stadtlampen, 8. Nebellicht, 9. Starter.

Erich Maria Remarque. »Das Gehirn des Kraftwagens«. *Sport im Bild* (Berlin) 32 (1926), 8, 16.04.1926, 330–332.

jungen Redakteur Remarque störte, dass die Zeitschrift im Scherl-Verlag des Anti-Demokraten und späteren »Steigbügelhalters« Hitlers, Alfred Hugenberg, erschien.

Weniger sein eleganter Auftritt mit Monokel und Stock – »etwas alberne Markenzeichen«, wie sein Biograf Wilhelm von Sternburg bemerkte[11] – als sein Fleiß half ihm, sich in der harten Konkurrenz der Hauptstadt durchzusetzen, in der fast 150 Zeitungen und Zeitschriften um die Aufmerksamkeit der Leser buhlten.

Sein dritter Roman *Station am Horizont* erschien dann in sieben Fortsetzungen von November 1927 bis Februar 1928 in *Sport im Bild.* Die Hauptperson Kai führt das Leben eines Bohemien, begegnet der betörend schönen Lilian Dunquerke, die immerhin sogar eine Yacht besitzt. Kai fährt Autorennen und spielt in Casinos in Monte Carlo, Cannes und Nizza: Orte, die für die Leserschaft eher unerreichbar waren und daher einen phantastischen Sound hatten.

Remarque war also noch weit weg vom Thema seines nächsten Romans *Im Westen nichts Neues.* In seinen Artikeln in *Sport im Bild* beschäftigte er sich insbesondere mit dem motorisierten Sport, mit Technik und der Attraktivität des modernen Individualverkehrs. Seine Begeisterung für diese Themen wird in jeder Zeile deutlich. Das Thema dieses frühen Romans, den er allerdings nicht als Buch publizierte, nahm er knapp 30 Jahre später mit *Der Himmel kennt keine Günstlinge* noch einmal auf.

Ullstein und *Im Westen nichts Neues*

Nachdem der S. Fischer Verlag das Manuskript von *Im Westen nichts Neues* 1928 abgelehnt hatte, wandte sich Remarque an Ullstein. Später gestand Fischer, dass die Ablehnung dieses Manuskripts sein größter Fehler als Verleger gewesen sei.

Dagegen störte die Verlegerfamilie Ullstein nicht einmal, dass Remarque zu dieser Zeit noch beim Konkurrenz-Verlag Scherl als Journalist arbeitete. Das Manuskript gelangte über Umwege zu Max Krell, dem zuständigen Lektor, der vom packenden Ton beeindruckt war.

Schnörkellos, völlig unpathetisch und lakonisch berichtet Paul Bäumer in der Ich/Wir-Perspektive über seine Erlebnisse. Der Tod ist allgegenwärtig. Einen höheren Sinn für das Sterben gibt es nicht. Und Helden kennt dieser Krieg auch nicht. Der Leser ist nah am Geschehen. Dafür nutzte Remarque sein journalistisches Handwerkszeug.

---

11 Wilhelm von Sternburg. *»Als wäre alles das letzte Mal«. Erich Maria Remarque. Eine Biographie.* Köln: Kiepenheuer & Witsch, 1989, 141.

Das Gebäude des Ullstein-Verlages in Berlin, 1920er Jahre (© Unternehmensarchiv Axel Springer SE).

Am 29. August 1928 hielt Remarque den unterschriebenen Vertrag für Buchausgabe und Vorabdruck in der *Vossischen Zeitung* in der Hand. Auf Seite 1 wurde der Abdruck groß angekündigt. Prominenter geht es nicht. Vom 10. November bis 9. Dezember 1928 erschien *Im Westen nichts Neues* als Fortsetzungsroman, am 31. Januar 1929 als Buch im Propyläen-Verlag, der zu Ullstein gehörte.

Die Erstauflage von 30.000 Exemplaren war sofort vergriffen. Schon Ende des Jahres erreichte das Buch eine Auflage von über einer Million. Damit wurde *Im Westen nichts Neues* zum bestverkauften Buch des Verlags. Bei einem Misserfolg hätte Remarque den Vorschuss für Ullstein abarbeiten müssen. Dazu kam es bekanntlich nicht.

Durch den Abdruck des Romans in der *Vossischen Zeitung* schoss deren Auflage auf über 100.000 Stück. Zahllose Leserbriefe erreichten die Redaktion, insbesondere auch von Frauen, die nun verstanden, was ihre Männer oft verschwiegen.

Durch Werbung u.a. auch an Litfaßsäulen und durch spezielle Prospekte und Kampagnen unterstützte der Verlag den Erfolg des Romans, der wiederum ihm selbst und auch Remarque guttat. Er schrieb am 21. Dezember 1928 an Edith Doerry, die ihn nach Berlin zu ihrem Vater und zur Illustrierten *Sport im Bild* geholt hatte, so wie er sie zuvor zu *Echo Continental* gebracht hatte:

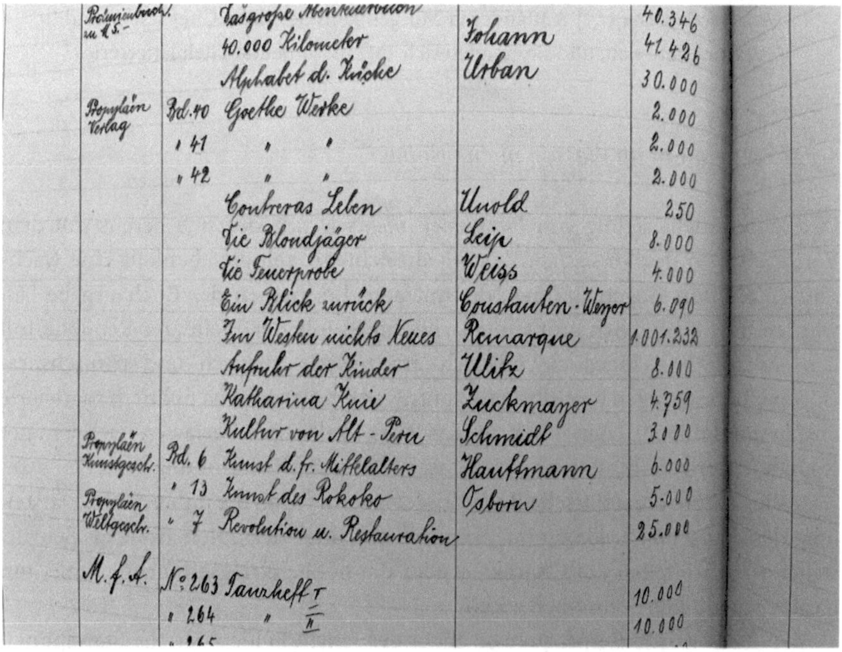

Prämienbuch zu 4.5.-		[illegible]		40.346
		40.000 Kilometer	Johann	41.426
		Alphabet d. Küche	Urban	30.000
Propyläen Verlag	Bd. 40	Goethe Werke		2.000
	" 41	" "		2.000
	" 42	" "		2.000
		Contreras Leben	Unold	250
		Die Blondjäger	Leip	8.000
		Die Feuerprobe	Weiss	4.000
		Ein Blick zurück	Constanten-Wezer	6.090
		Im Westen nichts Neues	Remarque	1.001.232
		Aufruhr der Kinder	Ulitz	8.000
		Katharina Knie	Zuckmayer	4.759
		Kultur von Alt-Peru	Schmidt	3.000
Propyläen Kunstgesch.	Bd. 6	Kunst d. fr. Mittelalters	Hauttmann	6.000
	" 13	Kunst des Rokoko	Osborn	5.000
Propyläen Weltgesch.	" 7	Revolution u. Restauration		25.000
M.f.A.	Nr. 263	Taurkeff I		10.000
	" 264	" II		10.000

Auszug aus einer Ullstein-Chronik, aus dem im Vergleich zu anderen Büchern für *Im Westen nichts Neues* eine gigantische Auflage hervorgeht (© Unternehmensarchiv Axel Springer SE).

> […] ein anderes Leben hat für mich angefangen, aber ich hoffe, auch ein besseres.[12]

Ob Remarque in Berlin auch dem Osnabrücker Künstler Felix Nussbaum begegnete, der 1944 in Auschwitz ermordet wurde? Der Ullstein-Verlag bemühte sich jedenfalls um den Osnabrücker Maler, der mit seinem Bild *Der tolle Platz* 1931 in der Berliner Secession für Wirbel sorgte. Sein Freund Fritz Steinfeld hielt die Begegnung fest:

> Der Sekretär vertröstete ihn von oben herab. Dann nahm er seine Mappe und sagte: »Ich bin kein Bettler und komme nicht hier her mich anzubieten. Man hat mich hierhergebeten. Mein Name ist Nussbaum. Sie tun gut daran sich diesen Namen zu merken. Wenn ihr Chef etwas von mir will – meine

12 Erich Maria Remarque in Berlin an Edith Roseveare in Neapel, Brief vom 21.12.1928 (© Erich Maria Remarque-Friedenszentrum).

> Adresse hat er.« [...] Am anderen Morgen kam der hohe Chef selber und entschuldigte sich, und sie einigten sich auf eine laufende Titelblätterserie.[13]

Kontroversen um *Im Westen nichts Neues*

Der sensationelle Erfolg von *Im Westen nichts Neues*, der sich bereits mit dem Vorabdruck in der *Vossischen Zeitung* abzeichnete, zeitigte ebenfalls eine wachsende Zahl von Gegenstimmen, die mit dem Erscheinen der Buchausgabe laut wurden. Der schließlich größte deutsche Bucherfolg der Weimarer Republik mit u.a. – noch 1929 – chinesisch-, englisch-, französisch-, russisch- und spanischsprachigen Übersetzungen bewirkte eine kontroverse, vornehmlich politisch motivierte Diskussion im Deutschen Reich um das Werk und seinen Verfasser, nachdem der Roman in der Zeitungsfassung zunächst weithin auf Zustimmung gestoßen war.

Insbesondere die politische Rechte polemisierte gegen die unheroische Darstellung des deutschen Soldaten im Weltkrieg und attackierte Remarque als Schriftsteller von zweifelhaftem Charakter, dem die nötige Kriegserfahrung fehle, um darüber qualifiziert schreiben zu können.

Von links wurde Remarque vor allem der fehlende ideologische Standpunkt, auch im Hinblick auf die nicht dezidiert genug thematisierten Kriegsursachen vorgeworfen. Die Kontroverse stand auch im Zusammenhang mit einer zunehmenden Skepsis – selbst bei einzelnen linksliberalen Autoren – an einer »Verullsteinerung« des kulturellen Lebens der Weimarer Republik.

Einen Kernpunkt der Kritik bildete die von Ullstein frisierte Biografie des Verfassers von *Im Westen nichts Neues*. Am 8. November 1928 hatte »J.E.« in der *Vossischen Zeitung* den Vorabdruck angekündigt und behauptet:

> Erich Maria Remarque, kein Schriftsteller von Beruf, ein junger Mensch in den ersten Dreißigern, hat zugegriffen, hat plötzlich vor einigen Monaten den Drang und Zwang empfunden, das in Worte zu fassen, zu gestalten und innerlich zu überwinden, was ihm und seinen Schulkameraden, einer ganzen Klasse von lebenshungrigen Menschen, von denen keiner wiederkehrte, geschehen war.[14]

Natürlich flog die Mär vom einfachen Soldaten, der sich 10 Jahre nach Kriegsende sein Kriegserlebnis von der Seele schreiben musste, sofort auf und rückte

13 Fritz Steinfeld. *Vergast – nicht vergessen: Erinnerungen an den Malerfreund Felix Nussbaum*. Bramsche: Rasch, 1984, 25.

14 J. E. »Nichts Neues im Westen«. *Vossische Zeitung* (Berlin), Nr. 267, 08.11.1928, 1.

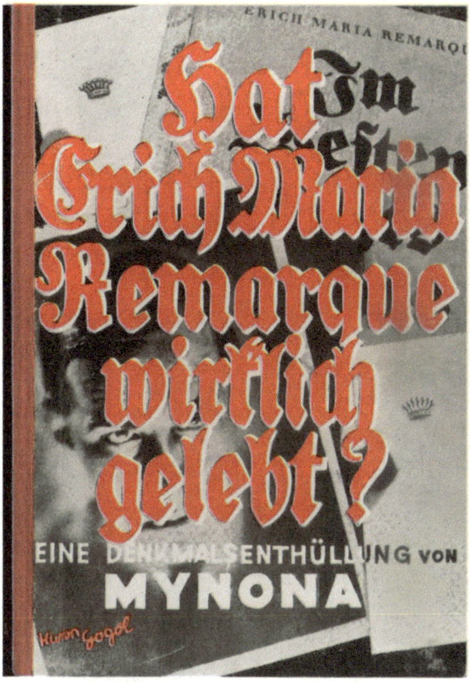

Mynona (d.i. Salomo Friedlaender). *Hat Erich Maria Remarque wirklich gelebt? Eine Denkmalsenthüllung von Mynona.* Berlin: Paul Steegemann Verlag, 1929.

Remarques Biografie unmittelbar in den Fokus. Die Auseinandersetzung, in der Remarques Verteidiger in die Defensive gerieten, während die Verkaufszahlen des Romans in die Höhe schossen, fand nicht nur in Leserbriefen und Rezensionen statt. Von Seiten der Kritiker wurden auch Broschüren und ganze Bücher veröffentlicht – nicht nur politisch motivierte. Als »bei weitem anspruchsvollste und umfangreichste dieser Gegenschriften« gilt das unter dem Pseudonym Mynona erschienene Werk des promovierten Philosphen Salomo Friedlaender *Hat Erich Maria Remarque wirklich gelebt?* Mynona publizierte bei Paul Steegemann, von dem die Initiative zu dem Buch ausging.

Der Berliner Verleger Steegemann kannte Remarque aus gemeinsamen Hannoveraner Tagen, in denen dieser in dessen kurzlebiger Zeitschrift *Störtebecker* sinnige Beiträge: »Über das Mixen kostbarer Schnäpse« und »Leitfaden der Decadence«, veröffentlicht hatte. Steegemann wusste um Remarques Arbeit für *Echo Continental* und *Sport und Bild*, kannte die *Traumbude* und *Station am Horizont*. Sein verlegerischer Instinkt, der schon bei Kurt Schwitters' *Anna Blume* goldrichtig lag, sagte ihm, wie an dem Erfolgsroman mit einem eigenen Verlagsprodukt finanziell partizipiert werden könnte.

176

Nr. 58 Preis 20 Pfg.

Der Stadt-Wächter

Unabhängiges Organ
für freie Meinung in Stadt und Land

Osnabrück Dienstag, den 2. Dezember 1930 2. Jahrgang

...mber 1930 Seite 3

An
Erich Maria Remarque

Du hast des Krieges hehre Flammenzeichen
wohl nicht verspürt,
Du hast in dumpfer Qual mit Deinesgleichen
nur vegetiert!
Dir zeigte dieses Krieges Eisenhammer
nur ein Gesicht:
Du sahst nur Schwäche, Feigheit, Schmutz u. Jammer,
das Edle nicht!
Für deutschen Todesmut und Opferwillen
blieb taub Dein Sinn,
Dir schien des Lebens heißen Durst zu stillen
allein Gewinn!
Du schmücktest selbst Dich mit dem äußern Zeichen
von Heldentum,
Und willst für unsere toten Brüder zeugen,
die längst schon stumm?
Berühre nicht, Remarque, mit frevlem Finger
der Toten Kranz!
Du warst und bist armseligster Verkünder
der Decadence:
Dir fehlt zum Künder jener großen Tage
aus Stahl und Erz,
Was schlicht in unserer Toten Brust geschlagen:
Das tapfere Herz!

Prof. Kurt Schultze-Jena.

Fichte über die Juden

Möchten doch die Juden immer nicht an Jesum Christum glauben, möchten sie sogar an keinen Gott glauben, wenn sie nur nicht an zwei verschiedene Sittengesetze und an einen menschenfeindlichen Gott glauben!

Prof. Kurt Schulze-Jena. »An Erich Maria Remarque«. *Der Stadt-Wächter* 2 (Osnabrück), 01.12.1930, 3.

Mynona wurde in *Die Weltbühne* von Kurt Tucholsky als »Ignaz Wrobel«, der schon zuvor als »Kaspar Hauser« mit »Endlich die Wahrheit über Remarque«[15] für diesen in die Bresche gesprungen war, mit »Hat Mynona wirklich gelebt?«[16] persönlich scharf angegriffen. Dezidiert warf er ihm vor, mit seinem Buch »eine Unanständigkeit begangen« zu haben. Da Tucholsky eine Replik in der *Weltbühne* verweigerte, reagierte Mynona mit *Der Holzweg zurück*.[17]

15 Kaspar Hauser (d.i. Kurt Tucholsky). »Endlich die Wahrheit über Remarque«. *Die Weltbühne* 25 (Berlin), 24, 11.06.1929, 902–904.

16 Kurt Tucholsky. »Hat Mynona wirklich gelebt?«. *Die Weltbühne* 26 (Berlin), 1, 31.12.1929.

17 Mynona (d.i. Salomo Friedlaender). *Der Holzweg zurück oder Knackes Umgang mit Flöhen*. Berlin: Paul Steegemann Verlag, 1931.

In Osnabrück spiegelten die Reaktionen auf *Im Westen nichts Neues* in Zustimmung und Ablehnung die Situation im Deutschen Reich, wobei sich am rechten Rand *Der Stadt-Wächter* besonders exponierte. *Der Stadt-Wächter* war das publizistische Rückgrat der »Stadtwächterpartei«, einem Sammelbecken mit der Demokratie unzufriedener Bürger.

Allerdings waren an der nationalen Kontroverse um *Im Westen nichts Neues* von Beginn an Osnabrücker beteiligt. Vordemberge-Gildewart etwa wurde von Paul Steegemann um Informationen angeschrieben:

> Wissen möchte ich gern folgendes: Wann unser Held Soldat geworden ist, ob freiwillig oder gezogen, wie oft und an welchen Stellen er verwundet wurde, in welchem Regiment er überhaupt gedient hat. Ausserdem wäre es nett, wenn Sie mir sagen könnten, ob Sie den Schriftsteller Paul Hakemeyer (dies wäre wichtigst!) kennen, der in der hannoverschen Landeszeitung einen Aufsatz über unsern Helden schrieb, wonach unser Held Offizier im 91. Infanterie-Regiment gewesen und mit dem E.K.I. abgegangen sei.[18]

Bereits im Dezember 1928 publizierte Werner Pleister in der Berliner Zeitschrift *Jungnationale Stimmen* seine Abrechnung mit Remarques Roman. Hans Gerd Rabe hingegen verteidigte diesen in der *Osnabrücker Zeitung*. Und Ludwig Bäte versuchte zur Unterstützung von Remarque, bei Ullstein einen Artikel zu lancieren.

Im Westen nichts Neues erschien noch in den Goldenen Zwanzigern, die mit dem 29. Oktober 1929 abrupt endeten. Was auf den »Schwarzen Freitag« folgte, war die ökonomische Krisenzeit der Weimarer Republik mit einer zunehmenden politischen Radikalisierung, an deren Ende die national-sozialistische Machtübernahme stand.

Die Bücherverbrennung

Am 10. Mai des Jahres 1933 wurden nicht nur in Berlin die Bücher unerwünschter Autoren angesteckt, auch in 22 anderen, zumeist Universitätsstädten, brannten auf den Scheiterhaufen Bücher lichterloh: allein in Berlin 25.000 Stück, die mit Lastwagen herangefahren wurden. Im strömenden Regen sollen 70.000 Zuschauer diesem Spektakel auf dem Opernplatz jubelnd zugeschaut haben, das von der »Deutschen Studentenschaft« und der »Hitlerjugend« als »Aktion wider den undeutschen Geist« organisiert wurde.

---

18 Paul Steegemann an Friedrich Vordemberge-Gildewart, Brief vom 14.06.1929. Museum Wiesbaden (Hg.). *Vordemberge-Gildewart Briefwechsel* Bd. II. Nürnberg: Verlag für moderne Kunst, 1997, 136.

Berge von Büchern auf dem Weg zur Bücherverbrennung (© Landesbildstelle Berlin).

Begleitet von sogenannten »Feuersprüchen« wurden die Schriften von Marx und Kautsky, von Heinrich Mann, Ernst Glaeser und Erich Kästner, von Tucholsky, Ossietzky, Freud und anderen ins Feuer geworfen – darunter auch Remarques Romane *Im Westen nichts Neues* und *Der Weg zurück*:

> Gegen literarischen Verrat am Soldaten des Weltkriegs, für Erziehung des Volkes im Geist der Wehrhaftigkeit! Ich übergebe der Flamme die Schriften von Erich Maria Remarque! [19]

– so lautete der Feuerspruch, der bei der johlenden Menge lautes Hurra-Gegröle auslöste. Werke, die das Narrativ der Nazis konterkarierten, sollten aus dem Weg geräumt werden.

Sogenannte »Schandpfahle«, wie etwa auf dem Domplatz in Münster, wurden errichtet, auf denen auch Bilder des Schriftstellers Remarque zu erkennen sind.

Gegen Mitternacht erschien der promovierte Germanist Joseph Goebbels am Opernplatz in Berlin und hetzte gegen das sogenannte »Zeitalter eines überspitzten

19 Quelle: https://www.ndr.de/geschichte/chronologie/Feuersprueche-bei-Buecherverbrennungen/buecherverbrennung6.html (27.08.2024).

»Säuberung des Schrifttums: der Schandpfahl der Universität zu Münster, 1933« (© Stadtarchiv Münster).

jüdischen Intellektualismus«, das nun zu Ende gehe. Im Sinne des »neuen Geistes« wurde dieses schauerliche Spektakel mit dem Horst-Wessel-Lied beendet.

Auf dem *Bebelplatz*, der früher *Opernplatz* hieß, erinnert ein Denkmal an dieses Ereignis. Dass *Im Westen nichts Neues* und *Der Weg zurück* von Remarque nicht auch in Osnabrück brannten, lag weniger daran, dass die Osnabrücker solche Scheiterhaufen verhindert hätten, sondern eher daran, dass es in Osnabrück damals noch keine Universität gab.

Remarque, der keine Fahne gelten ließ, hinter der sich uniformierte Reihen hätten schließen können, konnte sich nur angewidert abwenden und das Land verlassen. Er wollte auch weiterhin Figuren ohne Uniform erfinden, um sichtbar werden zu lassen, was Uniformen und Fahnen gerade verbergen: den zerbrechlichen Menschen, der mehr ist als ein kleines Rädchen in einem größeren Getriebe: groß in seinem Leid, in seinem flüchtigen Glück und in seiner Einsamkeit.

Remarque blickt von der Terrasse seiner Villa in der Schweiz auf den Lago Maggiore (Foto: Gustav Pancaldi. © Erich Maria Remarque-Friedenszentrum).

Matthias Bleyl

Zu Gestaltungsvarianten zeitgenössischer konkreter Kunst*

Seit gut 100 Jahren bemühen sich Künstler und Kunsttheoretiker um die Definition konkreter Kunst. Will man den Begriff auf die heutige Kunst anwenden, so scheint es ratsam, ihn in einen historischen und einen allgemeinen Begriff zu differenzieren, auch wenn dies lediglich in der schriftlichen Form möglich ist. Im Folgenden wird daher bei der Verwendung des feststehenden Begriffs *Konkrete Kunst*, gekennzeichnet durch die Verwendung des Großbuchstabens beim Adjektiv, das historisch im Wesentlichen abgeschlossene Phänomen gemeint – ungeachtet, dass seit dem Bauhäusler Herbert Bayer bei Künstlern dieser Richtung, wie besonders Max Bill und in der Nachfolge bis heute, die durchgehende Kleinschreibung obligatorisch wurde –, wohingegen bei Kleinschreibung, *konkrete Kunst*, das Adjektiv die allgemeinen und damit auch heute noch gültigen Grundzüge dieser Richtung kennzeichnet.

Fragt man nun, was an heutiger konkreter Kunst konkret sei, so trifft dies wohl am ehesten auf die Farbe als einem spezifischen, visuell wirksamen Energieträger zu: Farbe ist konkret. Diese grundlegende Erkenntnis hat bereits Theo van Doesburg 1930 in seinen seither immer wieder geradezu als Manifest zitierten *Kommentaren zur Grundlage der konkreten Malerei* eindeutig formuliert:

> Konkrete Malerei, nicht abstrakte, weil nichts konkreter, nichts wirklicher ist als eine Linie, eine Farbe, eine Fläche. […] In der Malerei ist nichts wahr ausser der Farbe. Die Farbe ist eine konstante Energie, sie bestimmt sich durch den Gegensatz zu einer anderen Farbe. Die Farbe ist die Grundsubstanz der Malerei; sie bedeutet nichts als sich selbst.[1]

* Der Vortragstext basiert vorwiegend auf drei Textbeiträgen des Autors: »Farbmalerei, Farbrelationen und Monochromie«. Tobias Hoffmann (Hg.). *Die Idee Konkret: Konkrete Kunst als ideengeschichtliche Entwicklung.* Köln 2012, 87–94; »Farbmalerei als konkrete Malerei heute«. Verein für aktuelle Kunst/Ruhrgebiet e.V. (Hg.). *Symposium Farbmalerei – Oberhausen 2013.* Oberhausen 2023, 10–15; »konstruktiv – konstruktivistisch – konkret: Wegweiser durch das Begriffsdickicht«. Ausstellungs-

Dies ist zunächst völlig korrekt, doch presste van Doesburg diese Grundsubstanz in ein Gedankengebäude, das ein Spätausläufer der Disegno-Theorie des 16. Jahrhunderts zu sein scheint. Den Kommentaren geht der Text *Die Grundlage der konkreten Malerei* voraus, und deren 2. Grundsatz lautet: »Das Kunstwerk muss vor seiner Ausführung vollständig im Geist entworfen und ausgestaltet worden sein«.[2] In der Konsequenz fuhr van Doesburg in den Kommentaren fort:

> Die Malerei ist ein Mittel, um Gedanken visuell zu verwirklichen: Jedes Bild ist ein Farbgedanke. [...] Wir [...] arbeiten auf der Grundlage von (euklidischer und nichteuklidischer) Mathematik und Wissenschaft, d.h. mit intellektuellen Mitteln. Vor seiner materiellen Verwirklichung existiert das Kunstwerk bereits vollständig im Geist.[3]

Sechs Jahre später griff der vormalige Schweizer Bauhaus-Schüler Max Bill den Begriff wieder auf. Weitere Begriffsverfeinerungen nahm er in den nächsten Jahrzehnten anlässlich verschiedener Ausstellungen vor, womit er zum einen nachhaltig das Erscheinungsbild der Konkreten Kunst beeinflusste und diese zum anderen als historisches Phänomen etablierte. Auffallend ist die Betonung der ideellen, das heißt formbezogenen Komponenten in der Gestaltung, sehr zu Lasten der sinnlichen Werte, also vorwiegend der Farbe. In der konsequent in Kleinschreibung publizierten Fassung von 1949 stellte Max Bill fest:

> konkrete malerei und plastik ist die gestaltung von optisch wahrnehmbarem. ihre gestaltungsmittel sind die farben, der raum, das licht und die bewegung. durch die formung dieser elemente entstehen neue realitäten. vorher nur in der vorstellung bestehende abstrakte ideen werden in konkreter form sichtbar gemacht. konkrete kunst ist in ihrer letzten konsequenz der reine ausdruck von harmonischem mass und gesetz. sie ordnet systeme und gibt mit künstlerischen mitteln diesen ordnungen das leben.[4]

Diese Gedankenkunst von nahezu platonischer Rigidität wurde in erster Linie als »[...] ausdruck des menschlichen geistes, für den menschlichen geist bestimmt

katalog *Hellweg Konkret und die internationale Gegenwartskunst – Präzise Gefühle: Werke aus der Sammlung Schroth.* Kunstmuseum Ahlen 2015–16, 18–25.

1 Zitiert nach Margit Weinberg Staber (Hg.). *Konkrete Kunst. Manifeste und Künstlertexte.* Zürich 2001, 26.

2 Ebd., 25.

3 Ebd., 27f.

4 Ebd., 32.

[...]«[5] verstanden, womit Bill unmittelbar an den 2. Grundsatz Theo van Doesburgs von 1930 anschloß.

Dieses Gedankengebäude der frühen Konkreten Kunst hätte jeder Künstler im Umkreis Michelangelos oder des als Maler und Autor in Florenz tätigen Giorgio Vasari im Sinn der Disegno-Theorie unterschreiben können. Disegno, der mit »Zeichnung« nur unzureichend übersetzte zentrale Terminus der Kunsttheorie des 16. Jahrhunderts, meint ungefähr eine bereits vor der Ausführung eines Kunstwerks vollständig entwickelte und nur mittels einer Zeichnung fixierte Formidee, die den Künstler eindeutig vom Handwerker unterscheiden sollte. Mit dieser Theorie reflektierten überwiegend mittelitalienische Künstler ihr eigenes Vorgehen im Unterschied zur theoretisch kaum untermauerten, aber erfolgreichen, prozessualen und farbbezogenen Arbeitsweise der venezianischen Konkurrenten, angeführt von Tizian und Veronese. Zu Giorgio Vasaris *Taufe Christi* in Arezzo von 1549 hat sich die vollständige Vorzeichnung im Louvre erhalten, und von dieser weicht das großformatige Ölgemälde nur noch geringfügig ab (Abb. 1 u. 2).

In der zweiten Auflage seiner Künstlerbiografie *Le Vite de' più eccellenti pittori, scultori et architettori* von 1568 findet sich die theoretische Begründung. Vasari schrieb dort:

> Der Disegno, der Vater unserer drei Künste, der aus dem Intellekt hervorgeht, schöpft aus vielen Dingen ein Allgemeinurteil (giudizio universale), gleich einer Form oder Idee aller Dinge der Natur [...]. Und da aus dieser Erkenntnis ein gewisses Bild und Urteil entsteht, das im Geist die später mit der Hand gestaltete und dann Zeichnung genannte Sache formt, so darf man schließen, daß der Disegno nichts anderes sei, als eine anschauliche Gestaltung und Klarlegung jenes Bildes, das man im Sinn hat und das man im Geist sich vorstellt und in der Idee hervorbringt.[6]

Die geistige Verwandtschaft zwischen einer solchen, anhand seiner Werke belegbaren Aussage und der die frühe Konkrete Kunst betreffenden Äußerungen ist offensichtlich, ganz unabhängig von der jeweiligen Erscheinungsweise der Kunstwerke. Damit wurde in beiden Fällen jeder Art spontaner oder auch nur prozessual entwickelter und nicht aus der präfigurierten Form, sondern aus der Farbe heraus entwickelten Malerei eine klare Absage erteilt.

Wenn aber das Werk als Konkretisierung von Ideen verstanden wird, wird die irrationale Natur der Farbe ignoriert. Van Doesburg stellte sie unter den Primat der

5 Ebd.

6 Zitiert nach Wolfgang Kemp. »Disegno. Beiträge zur Geschichte des Begriffs zwischen 1547 und 1607«. *Marburger Jahrbuch für Kunstwissenschaft* 19 (1974), 219–240, hier 226.

Abb. 1: Giorgio Vasari. *Battesimo di Gesù*, 1549, bemaltes Banner, 192,3 x 134,0 cm, Öl auf Leinwand, Museo Diocesano di Arte Sacra, Arezzo; Quelle https://www.beweb.chiesacattolica.it/benistorici/bene/7028407/Vasari+Giorgio+%281549%29%2C+Battesimo+di+Gesù#action=ricerca%2Frisultati&view=griglia&locale=it&ordine=&ambito=CEIOA&liberadescr=Giorgio+Vasari+battesimo&liberaluogo=Arezzo&dominio=1&highlight=Vasari&highlight=Giorgio&highlight=Battesimo (21.07.2024).

Abb. 2: Giorgio Vasari. *Baptême du Christ*, 1548/49, 20,2 x 14,7 cm, Feder und braune Tinte, braune Lavierung, Spuren von Quadrierung mit schwarzem Stift, Musée du Louvre, Paris, Département des Arts graphiques, INV 2093 Recto; Quelle https://collections.louvre.fr/en/ark:/53355/cl020002823 (21.07.2024).

Idee (»Farbgedanke«), leugnete also im Grunde das von ihm selbst bereits benannte eigenenergetische Potenzial der Farbe (»konstante Energie«) wie auch die Tatsache, dass beispielsweise jeder mit dem Begriff einer Farbe eine je individuelle, eigene Vorstellung verbindet. Jeder »Farbgedanke« entzieht sich damit von vornherein der Ratio. Van Doesburgs Vorstellung einer konkreten Kunst war die einer mittels Farbe umgesetzten Gedankenmalerei, und ebenso wie im 16. Jahrhundert die Disegno-Theorie eine formbetonte Malerei zu Ungunsten der Farbe hervorbrachte, wurde die auf van Doesburg aufbauende Konkrete Kunst in erster Linie von der zumeist mathematisch begründeten Form dominiert. Van Doesburgs eigene, primäre Erkenntnis, dass Farbe die Grundsubstanz der Malerei sei, wurde von ihm selbst im Grunde nicht konsequent durchdacht und geriet durch die Formdominanz geradezu zwangsläufig in den Hintergrund.

Abb. 3: Piet Mondrian. *Composition II mit Rot, Blau und Gelb*, 1930, Öl auf Leinwand, 45 x 45 cm, Kunsthaus Zürich; Quelle https://en.wikipedia.org/wiki/Composition_with_Red,_Blue_and_Yellow#/media/File:Piet_Mondriaan,_1930_-_Mondrian_Composition_II_in_Red,_Blue,_and_Yellow.jpg (21.07.2024).

Piet Mondrian hatte diesen Gedanken sehr viel ernster als van Doesburg genommen. Seine Malerei ist nicht bloß systematisch vorkonzipiert, sondern beinhaltet eindeutig empirische und prozessuale Komponenten, zumal sie letztlich, bei aller Reduktion der Bildmittel, noch den Bedingungen herkömmlicher Komposition im Sinn eines ausbalancierten Organismus entspricht. Auf seinen Bildern sind oft genug noch die Spuren präzisen Austarierens der Gewichtungen und der Farbgebung in Form von Korrekturen in Farbton und -ausdehnung erkennbar, wie etwa bei seiner *Composition mit Rot, Blau und Gelb* von 1930, also aus dem Jahr der theoretischen Ausführungen Theo van Doesburgs (Abb. 3). Dort wurde zum Beispiel der horizontale schwarze Trennbalken links in der weißen Fläche deutlich verbreitert, da er sonst zu wenig Gewicht in der gesamten Komposition gehabt hätte. Sein malerischer Ansatz findet sich in der Folge auch vereinzelt bei deutschen Künstlern wie Erich Buchholz, Walter Dexel oder Friedrich Vordemberge-Gildewart aufgegriffen. Dieser schrieb 1946 in seinem Text *abstrakt – konkret – absolut*:

> da jedoch gleichzeitig […] und als beginn einer neuen periode die kunst läuft und sich entwickelt, die das ›form‹-problem überwunden hat und somit nicht mehr kennt, so ist für diese kunst der ausdruck konkret ganz und gar nicht angebracht. diese kunst ist die gestaltung der reinen, ele-

> mentaren relationen, hervorgerufen und bedingt allein durch das mass, das verhältnis und die spannung der farbtöne.[7]

Josef Albers gebührt das Verdienst, die Farbe als Grundsubstanz der Malerei nicht nur theoretisch benannt, sondern als Maler das energetische Potenzial der konkreten Farbe entschieden ins Zentrum der Malerei gestellt und van Doesburgs Erkenntnis »Die Farbe [...] bestimmt sich durch den Gegensatz zu einer anderen Farbe« ernst genommen zu haben. Ihm wurde klar, dass Farbe nie isoliert, stets nur in Relationen auftritt und sich nicht der Idee unterordnen lässt, sondern dass sich in ihr Eigengesetzlichkeiten äußern, die nicht rational begründ- oder auch nur fassbar sind. Farbe lässt sich nicht ausschließlich mit dem Verstand begreifen, kaum präzise benennen oder gar beschreiben, und sie bedeutet nicht einmal für jeden Betrachter dasselbe, sodass Albers' grundlegendste Erkenntnis zu Recht lautet: »Farbe ist das relativste Medium in der Welt.«[8] Daher unterschied er bei der Farbe auch den tatsächlichen vom wirkenden Sachverhalt (»factual fact« – »actual fact«).

Während die Konkrete Kunst in Europa weitgehend dem Formprinzip folgte, entwarf der in die USA emigrierte Bauhäusler Albers einige prägnante Schemata, wie zuletzt die Quadrate in der um 1950 begonnenen und zeitlebens fortgesetzten Serie *Homage to the Square*. Diese Quadrate sind feststehende Formgerüste, innerhalb derer immer neue Ausdrucksmöglichkeiten des energetischen Potenzials der Farbe entwickelt und veranschaulicht werden konnten. Sein Gemälde *Ascending* zeigt deutlich, dass die Wahrnehmung einer einzelnen Farbe variabel ist, je nach ihrer Nähe zu und ihrer Interaktion mit benachbarten Farben (Abb. 4). Albers behauptete daher zu Recht, dass er nicht Quadrate, sondern Farbbeziehungen male, da ihn primär nicht die Form, sondern die Farbe beziehungsweise ihre Relativität im Verbund der Farben interessierte. Seine recht einfachen Quadratschemata waren für ihn lediglich »Tabletts, auf denen Farbe serviert wird«,[9] also lediglich ein konstantes, formales Gefäß. Die Farbe und ihre unendlichen Beziehungsmöglichkeiten waren dagegen der eigentliche Inhalt seiner Malerei. Zwar bediente er sich, ganz im Sinn Konkreter Kunst, noch vorausentwickelter, a-kompositioneller Formschemata, was ihn der Notwendigkeit stets neu zu findender, relationaler Kompositionen enthob und was man entfernt mit den Tasten einer Klaviatur vergleichen kann, doch war sein eigentliches Anliegen das empirisch gefundene, freie

---

7 Zitiert nach Dietrich Helms (Hg.). *Friedrich Vordemberge-Gildewart: Schriften und Vorträge.* St. Gallen 1976, 29–31, hier 30.

8 Zitiert nach Heinz Liesbrock. »Bewegte Stille. Josef Albers' Ekstase der Farbe, Malerei auf Papier«. Heinz Liesbrock, Michael Semff (Hgg.). *Josef Albers in Amerika.* Museum Quadrat Bottrop, Ostfildern-Ruit 2011, 36.

9 Zitiert nach Nicholas Fox Weber. »Der Künstler als Alchimist«. *Josef Albers – Eine Retrospektive.* Solomon R. Guggenheim Museum, New York u.a., Köln 1988, 14.

Abb. 4: Josef Albers. *Homage to the Square: Ascending*, 1953, Öl auf Hartfaserplatte, 110,3 x 110,3 cm, Whitney Museum of American Art, New York, © The Josef and Anni Albers Foundation/Artists Rights Society (ARS), New York; Quelle https://whitney.org/collection/works/4079 (21.07.2024).

Zusammenstellen der festgelegten Töne – nämlich unvermischt, mit dem Spachtel direkt aus der Farbtube aufgetragen –, ähnlich dem Anschlagen von Akkorden auf dem Klavier. Also schuf er keine Kompositionen, in denen Farb- und Formentscheidungen hätten getroffen werden müssen, sondern formal modular bestimmte Konstellationen von Farben, und keineswegs immer nur harmonische. Dabei muss betont werden, dass Albers' Kunst zwar von einem hohen pädagogischen Ethos geprägt war, die *Homage to the Square* aber seinem freien künstlerischen Ausdruck entsprang, wohingegen seine didaktischen Absichten anhand der Farbe in seinem 1963 erschienenen Lehrwerk *Interaction of Color* Gestalt gefunden haben.

Albers' relationale Ansätze haben gerade in Europa zu einer reichhaltigen Weiterführung des Forschungspotenzials am Phänomen Farbe geführt, angefangen bei älteren Künstlern wie z.B. Günter Fruhtrunk mit fein differenzierten Streifenbildern oder Rupprecht Geiger mit fluoreszierenden Pigmenten seit den 1960er Jahren. Im Vorgriff läßt sich verallgemeinert feststellen, dass die von Albers noch als unabdingbar eingeschätzte präkonzipierte Form zugunsten der Sichtbarmachung der Farb(-Beziehungs)genese deutlich prozessual orientierter Arbeitskonzepte zur Erweiterung von Farbwerten und Farbrelationen, etwa auch unter Einbezug gestischer Qualitäten des Farbauftrags oder des Eigenverhaltens der Farbe als freie Farbsetzungen, immer mehr aufgegeben wurde.

Abb. 5: Antonio Scaccabarozzi. *Essenziale con ombre pittoriche*, 1991, Pigmente, Acryl und Harz, 41,1 x 78,7 cm; Quelle http://www.scaramoucheart.com/images/antonio-scaccabarozzi (21.07.2024).

Prozessuale Verfahren der Erarbeitung von Farbe und Farbbeziehung werden heute weiterentwickelt und thematisiert, etwa in gestischem Farbauftrag, aber nicht im Sinne des Informel der 1950er Jahre, sondern unter Betonung der physischen Bewegung als notwendiger Voraussetzung der Farberzeugung. Zufällige Resultate von höchstens annähernd kontrollierbaren Verfahren wie Gießen, Abschleifen oder Abtragen werden zur Generierung von Farbigkeit einbezogen. Weiterhin wird Farbe mit Bezug zur Dreidimensionalität entwickelt, sowohl im Sinne der Ausdehnung, also mit Objektcharakter, als auch im Sinne des Bezugs auf den gegebenen Raum, also eine Malerei direkt auf Wand, Boden und Decke. Die meisten der im Folgenden, ohne Anspruch auf Vollständigkeit genannten Künstlernamen stehen hier für viele andere, nicht genannte, aber deswegen nicht weniger interessante Positionen, und ihre Werke mögen lediglich die sonst unanschaulich bleibenden entwicklungsgeschichtlichen Leitlinien dieser Skizze verdeutlichen.

Auf materieller Ebene läßt sich eine Erweiterung der klassischen Materialien beobachten. Neue Trägermaterialien sind in Gebrauch gekommen, wie Metalle, Holz (meist in Form moderner MDF-Platten), Stein – die es in der neuzeitlichen Malerei durchaus schon gab, nur seit der Durchsetzung der Leinwand in Vergessenheit gerieten –, auch Glas, Acrylglas oder Spiegel. Seit einigen Jahrzehnten findet sich aber auch trägerlose Farbmaterie, zum Beispiel in den aus homogen pigmentiertem Zellulosebrei gewonnenen Werken Helmut Dirnaichners oder im Werk Antonio Scaccabarozzis, dessen *Essenziali* ab 1990 trägerlose, an beliebigen Stellen applizierbare Malstücke aus Acryl-Harz-Mischungen sind (Abb. 5).

Damit verbunden ist das Ausloten verschiedener neuer Pigmenteigenschaften und daraus resultierende Farbwirkungen. Rupprecht Geigers früher Gebrauch der damals neuartigen fluoreszierenden (fälschlich »Neon«-)Pigmente wurde bereits erwähnt. Zu nennen ist heute etwa Rosa M. Hessling, die den Effekt der mit dem Standort wechselnden Farberscheinungen ihrer Iriodin-Pigmente ausnutzt (Abb. 6 u. 7).

Auch neuartige Kunststoff-Bindemittel kommen zum Einsatz, die sich längst nicht mehr auf Acrylate beschränken, zum Beispiel aufschäumbare Polyurethane, Epoxidharze mit spiegelnder Oberfläche und transparente Silikone. Herbert Hamak erzielt eine Verräumlichung der Farbe durch meist kubische Farbformation, die mittels Guss einer transparenten, pigmentierten Wachs-Kunstharz-Mischung auf eine Trägerleinwand entsteht (Abb. 8).

Zwar suchen und finden einige Künstler noch eine wie schon für Albers verbindliche, präkonzipierte Form (»Tablett«) für die Entfaltung der Farbe, wie Tomma Abts und Tanja Rochelmeyer, wobei sie die geometrischen Formen sehr flexibel und mit ornamentaler, bisweilen ans Design heranführender Qualität

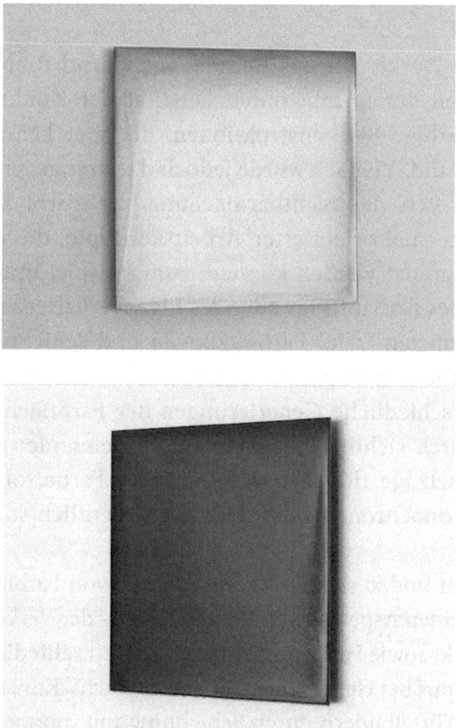

Abb. 6 u. 7: Rosa M. Hessling. *Tenderness I*, 2014, Pigment und Lack auf Aludibond, 30 x 30 cm, Ansicht 1 u. 2; Quelle http://www.farbmalerei.org/hessling.html (21.07.2024).

Abb. 8: Herbert Hamak. *A Bunch of Roses*. Pigmente und Wachs-Kunstharz auf Leinwand, Maße variabel, Installationsansicht 2013 Studio La Città, Verona; Quelle https://studiolacitta.it/en/mostre/herbert-hamak-a-bouquet-of-roses/ (21.07.2024).

verwenden. Diese Werke, wie das Beispiel von Bernd Ribbeck (Abb. 9), sind freie Anwendungen der formbetonten Qualität der Konkreten Kunst durch formdominante farbige Bildkonstruktionen, die aber keiner übergeordneten Ratio verpflichtet sind. Vielfach wurde jedoch die strenge, präkonzipierte Form aufgegeben zugunsten der Sichtbarmachung der Farb(-Beziehungs)genese, also deutlich prozessual orientierter Arbeitskonzepte, die nicht immer strikt voneinander abgegrenzt werden können: zum Beispiel unter Einbezug gestischer Qualitäten des Farbauftrags oder des Eigenverhaltens der Farbe, etwa bei Schüttungen, zugunsten freier Farbsetzungen und schichtweiser Erarbeitung von Farbwerten und -relationen. Dergestalt arbeitende Künstler praktizieren jeweils sehr unterschiedliche Generierungen der Farbflächen, Farbwerte und Farbrelationen durch sichtbar nebeneinander, ineinander oder übereinander geschriebene Pinselzüge flüssiger oder pastoser Farbe, ohne präkonzipierte Form, teils mit monochromer oder aber mit wesentlich stärkerer farbrelationaler Gewichtung.

Neue Tendenzen finden sich in der Verbindung von Farbmalerei und Dreidimensionalität in beiden Aspekten von Räumlichkeit – der Verkörperung von Farbe zum oder am Objekt sowie Farbe im Umraum. Hierzu zählt die »Verdickung« von Farbe bis zum Korpus bei Herbert Hamak durch Wachs-Kunstharz-Guss oder bei Christian Stocks Würfelbildern durch Schichtung mit monochromer Acrylfarbe, deren Dicke schließlich dem Quadrat der Trägerleinwand entspricht. Farbe auf oder an gebauten Körpern zeigen Arbeiten von Elisabeth Vary und Jan Schar-

Abb. 9: Bernd Ribbeck. ‹Ohne Titel›, 2014, Acrylfarbe, Pigmentmarker, Kugelschreiber auf MDF, 40,5 x 30 cm, Michael Heins, Herzogenrath, © VG Bild-Kunst, Bonn 2021 / Foto: Jens Ziehe; Quelle https://www.wilhelmhack.museum/de/ausstellungen/archiv/2016/bernd-ribbeck (21.07.2024).

relmann, die als farbig gefasstes Relief an der Wand appliziert oder als gefasstes Objekt frei im Raum verortet werden können (Abb. 10 u. 11).

Malerei kann raumbezogen, im Ausnahmefall sogar ortsspezifisch Farbe generieren. Bereits seit den 1980er Jahren thematisiert Günter Umberg Farbe durch installative Verortung von Farbflächen im Raum. Später gibt es den Einbezug des Raumes selbst durch und mit Farbe, etwa in Wand- und Bodenarbeiten Leni Hoffmanns, die zum Beispiel eine sonst fast nur aus Kinderzimmern bekannte, farbige Knetmasse (Plastilin) von den Besuchern einer Ausstellung oder vom

Abb. 10: Elisabeth Vary. ‹Ohne Titel›, 2003, Ölfarbe auf Karton, 24,6 x 15,5 x 13,2 cm, Foto Marcus Schneider; Quelle https://kajetan.berlin/elisabeth-vary-3/ (21.07.2024).

Abb. 11: Jan Scharrelmann. *Dirty Bird V*, 2017, Technik und Maße unbekannt; Quelle https://scharrelmann.com/en/skulptur/ (21.07.2024).

Straßenverkehr breittreten beziehungsweise -fahren lässt (Abb. 12), oder auch als recht herrische, raumgreifende Geste expandierender Farbe über das Tafelbild hinaus, etwa bei Katharina Grosse (Abb. 13), oder als dialogische Arbeiten, die Farbe unmittelbar, also nicht nur raumbezogen, sondern sogar ortsspezifisch, das heißt kompositionell genau abgestimmt, mit dem jeweiligen Raum verbindet und

Abb. 12: Leni Hoffmann. *under milkwood*, 2017, Installationsansicht Kunstmuseum Stuttgart, © VG Bild-Kunst, Bonn 2023, Foto Manuel Franke; Quelle https://www.kunstmuseum-stuttgart. de/ausstellungen/kubus-sparda-kunstpreis-2017 (21.07.2024).

Abb. 13: Katharina Grosse. *The Bedroom*, Acryl auf verschiedenen Oberflächen, Maße variabel, Installationsansicht Paris 2023, Galerie Max Hetzler; Quelle https://www.maxhetzler.com/exhibitions/katharina-grosse-the-bedroom-2023 (21.07.2024).

mittels Fundobjekten in einer prekären Balance gehalten wird, wie bei Elisabeth Sonneck (Abb. 14). Hier sei daran erinnert, dass bereits Max Bill 1949 in seiner Definition konkreter Malerei und Plastik deren Gestaltungsmittel Farbe und Raum unmittelbar aufeinander folgen ließ, sodass ihre heutigen Formen einer Verbindung im Sinne konkreter Kunst durchaus konsequent sind.

Abb. 14: Elisabeth Sonneck. *Rollbild118 – dark lux*, Öl auf Papier, Fundstücke, Nylonschnur, Installationsansicht ROSALUX Berlin 2023, @rosalux Berlin 2023. Foto rosalux; Quelle https://koloniewedding.de/projektraeume/rosalux/ (21.07.2024).

Hans Peterse

Vordemberge-Gildewart, Hannover und die Avantgarde*

In seinem *Fragment einer Autobiografie*[1] beschreibt Friedrich Vordemberge-Gildewart (1899–1962) seinen Werdegang als Handwerker und Künstler, der ihn von Osnabrück nach Hannover geführt hat. Das Fragment endet mit seiner Rückkehr aus Paris, wo er in der Ausstellung *L'Art d'Aujourd'hui*[2] mit einigen Werken vertreten war und ein Bild verkauft hat. Es ist vermutlich kurz danach von ihm verfasst worden.

Als Friedrich Vordemberge wurde er in Osnabrück geboren.[3] Sein Vater war ein erfolgreicher Schreinermeister, der Ansehen in der Stadt genoss. Der Name Vordemberge-Gildewart entstand 1920 in Hannover. Große Gildewart, so hieß die Straße in Osnabrück, wo sich das Elternhaus und die Werkstatt befanden. Vordemberge-Gildewart entschied sich für die Ergänzung seines Namens, um sich von seinem Cousin, der auch Friedrich Vordemberge hieß und wie er eine Existenz als Kunstmaler anstrebte, zu unterscheiden. Zugleich bringt er mit der Namensergänzung den Stolz auf seine Herkunft als Sohn eines Handwerkers zum Ausdruck.

Vordemberge-Gildewart absolvierte in Osnabrück eine Tischlerlehre, die als Vorbereitung auf den Einstieg in das Familienunternehmen dienen sollte. Die Tischlerlehre schloss er erfolgreich ab: Sein Gesellenstück war ein Kleiderschrank aus Kirschbaumholz, der bis heute existiert. Um seine Ausbildung zu vervollständigen, zog er im Jahre 1919 nach Hannover, wo er an der Kunstgewerbeschule und

* Der Text basiert auf einem Vortrag, der anlässlich der Ausstellung *Aufbruch: Vordemberge-Gildewart und Remarque: zwei Wegbereiter der Moderne – Zeitgenössische Perspektiven 1924/2024* gehalten wurde.

1 Siehe Dietrich Helms (Hg.). *Friedrich Vordemberge-Gildewart: Schriften und Vorträge.* St. Gallen: Erker, 1976. In diesem Band befinden sich u.a. Beiträge von Vordemberge-Gildewart über Kurt Schwitters, Max Beckmann und *De Stijl* sowie auch sein *Fragment einer Autobiografie.*

2 *L'Art d'Aujourd'hui* in der Galerie de la chambre syndicale des beaux-arts (Paris), 01.–21.12.1925.

3 Zur Biographie Vordemberge-Gildewarts siehe: Stefan Lüddemann. *Friedrich Vordemberge-Gildewart.* Köln: Wienand, 1924 (Wienand's Kleine Reihe der Künstlerbiografien). Das Buch ist die beste Einführung in Leben und Werk des Künstlers und befasst sich auch ausführlich mit der Zeit in Hannover. Es ist exzellent geschrieben und illustriert.

der Technischen Hochschule Innendesign, Skulptur und Architektur studierte. Die Initiative zum Umzug nach Hannover ist, so scheint es, von ihm selber ausgegangen, allerdings mit Genehmigung seines Vaters.

Zu einer Rückkehr nach Osnabrück und einer Übernahme des Familienunternehmens ist es niemals gekommen. Er blieb in Hannover und entwickelte sich zu einem wichtigen Repräsentanten der konkret-konstruktiven Kunst mit einem weitverzweigten, internationalen Netzwerk. Erst die politischen Ereignisse der 1930er Jahre zwangen Vordemberge-Gildewart, Hannover zu verlassen. Mit der Namensänderung im Jahre 1920 dürfte er seinen Entschluss, Künstler zu werden, gefasst haben. Wie seine Eltern darauf reagiert haben, ist nicht bekannt. Auch in späteren Jahren sollte der Kontakt zur Familie jedoch nicht abreißen.

Während der Aufbruchsstimmung in der Zeit nach dem Ersten Weltkrieg wurde Hannover zu einer Hochburg der Avantgarde in Deutschland. Eine maßgebliche Rolle in diesem Zusammenhang hat Kurt Schwitters gespielt. Er gilt als einer der führenden Gestalten des Dadaismus. Mit seinem Gedicht *An Anna Blume* (1919) erregte er literarisches Aufsehen. Als Student in Hannover besuchte Vordemberge-Gildewart 1920 eine Veranstaltung, wo Schwitters sein Gedicht vortrug. Mit dem *Merz-Bau*, einer Rauminstallation, schuf Schwitters sein bekanntestes Kunstwerk. Der Titel referiert an Herz, Schmerz und Kommerz (ganz in dadaistischem Stil), aber auch an den Monat März mit dem Frühlingsanfang.

Während Schwitters künstlerisch als Einzelkämpfer agierte, verfügte Hannover mit der 1916 gegründeten Kestner Gesellschaft über eine Institution, die die moderne Kunst propagierte. Sowohl Schwitters als auch die Kestner Gesellschaft sollten Vordemberge-Gildewarts Biographie prägen. Nachdem er sein Studium in Hannover abgeschlossen hatte, arbeitete er als Meisterschüler im Atelier seines Professors Ludwig Vierthaler und fertigte Plastiken und Reliefs an. Die geometrischen Formen, die er für diese Arbeiten verwendete, führten ihn zur konkret-konstruktiven Malerei. Diese Kunstrichtung sollte sein Markenzeichen werden. Gemeinsam mit seinem Freund Hans Nitzschke bildete er die *Gruppe K*.

Beide Künstler erhielten 1924 die Gelegenheit, ihre erste Ausstellung im Haus der Kestner Gesellschaft zu präsentieren. Die Werke, die Vordemberge-Gildewart für die Ausstellung auswählte, waren Konstruktionen nach geometrischen Prinzipien, einige in Kombination mit Objekten wie Halbkugel aus Holz (als Reminiszenz an die Schreinerei in Osnabrück), die auf die Werke geklebt waren. Erich Maria Remarque verfasste den Einladungstext. Er schreibt: »Die Kunst unserer Zeit ist streng und sachlich. Sie verschmäht das Beiwerk; Linie und Fläche geben Form und Ausdruck. Sie ist mathematisch herbe« und fügt hinzu:

> Die scheinbar nüchternen Werke gewinnen, je länger man sie anschaut. Man entdeckt immer mehr in ihnen, sie werden immer voller, persönlicher

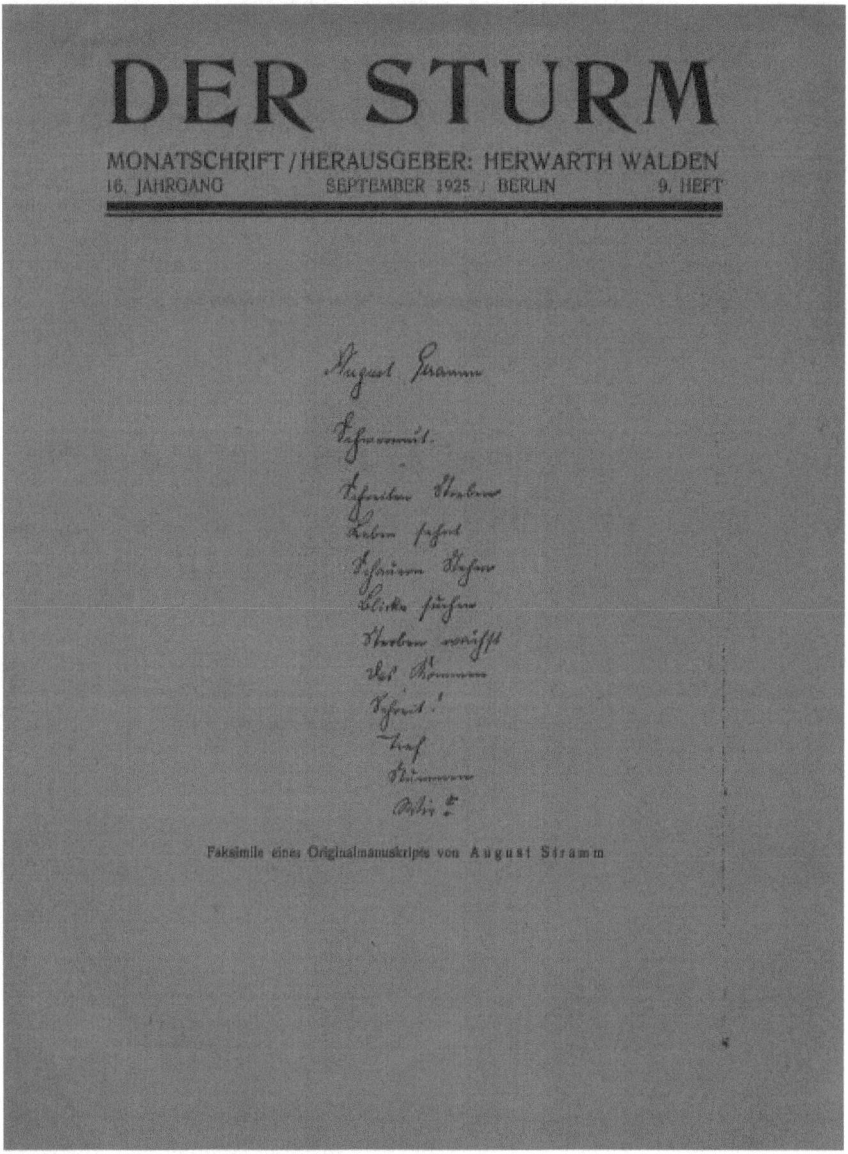

DER STURM

MONATSCHRIFT / HERAUSGEBER: HERWARTH WALDEN
16. JAHRGANG SEPTEMBER 1925 / BERLIN 9. HEFT

August Stramm

Schwermut

Schreiten Streben
Leben sehnt
Schauern Stehen
Blicke suchen
Sterben wächst
Das Kommen
Schreit!
Tief
Stummen
Wir.

Faksimile eines Originalmanuskripts von August Stramm

Vordemberge-Gildewart reüssierte 1925 in Herwarth Waldens (1878–1941) avantgardistischer Kunstzeitschrift *Der Sturm* (© Deutsches Literaturarchiv Marbach).

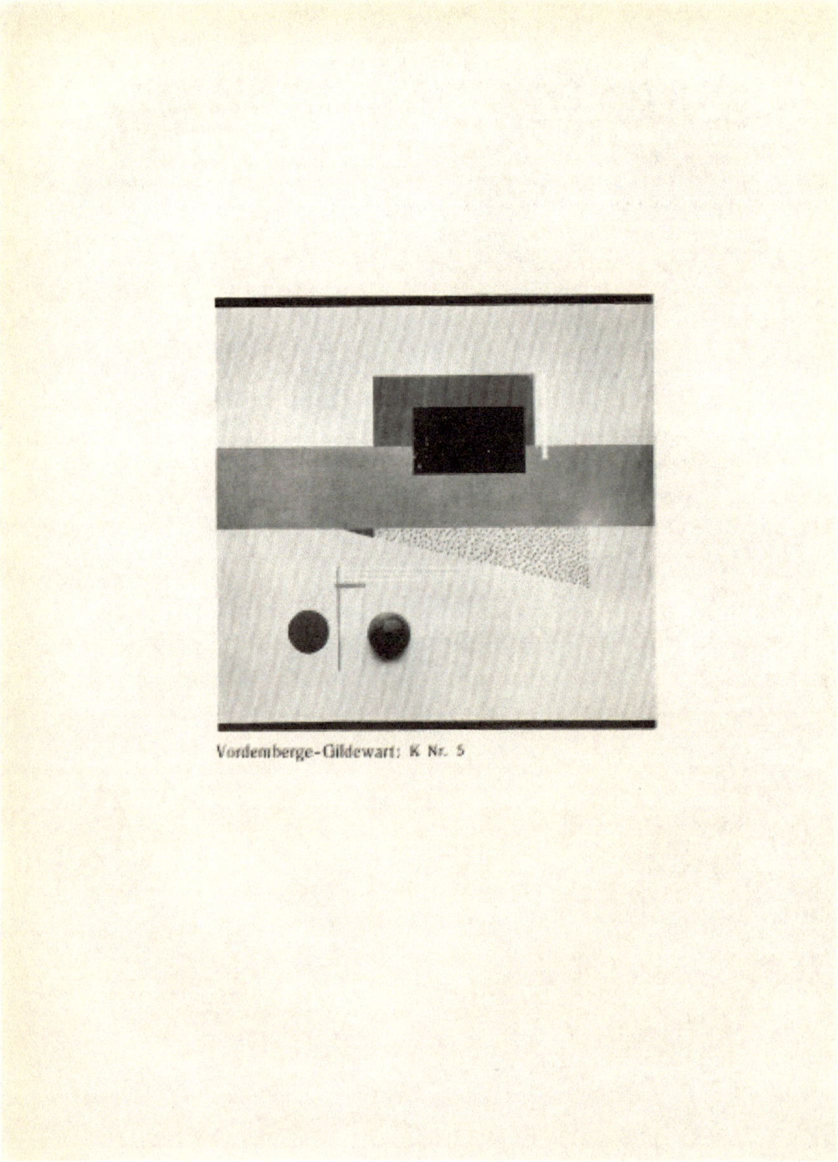

Friedrich Vordemberge-Gildewart. *K Nr. 5*. Abgebildet in *Der Sturm* 16 (1925), Nr. 9 (© Deutsches Literaturarchiv Marbach).

> und lebendiger. Eine ungemeine Beschwingtheit liegt in ihrer präzisen Exaktheit.[4]

Remarque und Vordemberge-Gildewart kannten sich aus Osnabrück und haben in Hannover den Kontakt wieder aufgenommen.

Während der Ausstellung der *Gruppe K* haben sich Vordemberge-Gildewart und Kurt Schwitters persönlich kennengelernt.[5] Beide wurden enge Freunde. Schwitters lud ihn zu einer Besichtigung des *Merz-Baus* ein; die persönliche Führung dauerte viele Stunden. Im Jahre 1927 gehörten beide Männer zu Gründungsmitgliedern der Künstlergruppen *die abstrakten hannover* und *ring neue werbegestalter*.

Die Verbindung zur Kestner Gesellschaft beschränkte sich nicht auf die Ausstellung der *Gruppe K*. Vordemberge-Gildewart übernahm im Haus der Kestner Gesellschaft das Atelier des russischen Konstruktivisten El Lissitzky, der Hannover für einen Kuraufenthalt in der Schweiz verlassen hatte. In dessen Nachlass fand er eine Mappe mit Skizzen und Entwürfen, die er zeitlebens sorgfältig aufbewahrt hat. Als der Kunsthistoriker Justus Bier Kustos der Kestner Gesellschaft wurde und die Leitung des Hauses übernahm, beauftragte er Vordemberge-Gildewart mit dem Lay-out der Kataloge für die Ausstellungen. Wie Schwitters gehörte auch Bier in Hannover zum Freundeskreis von Vordemberge-Gildewart. Weil er Jude war, wurde er 1936 von den Nationalsozialisten entlassen. Als Reaktion darauf trat der Vorstand der Kestner Gesellschaft geschlossen zurück; das Haus sollte erst nach dem Krieg wieder eröffnet werden. Bier verließ Deutschland und floh in die Vereinigten Staaten von Amerika, wo er sich als Professor und Museumsdirektor eine neue Existenz aufbaute.

Vordemberge-Gildewart hat seine Arbeit als Künstler immer strikt von seinen typografischen Auftragsarbeiten getrennt, obwohl er sich der hohen handwerklichen Qualität bewusst war. Das typografische Werk sicherte Vordemberge-Gildewart seine finanzielle Unabhängigkeit in Hannover (von seiner Kunst konnte er nicht existieren) und sollte im Zweiten Weltkrieg das Überleben im Exil in Amsterdam ermöglichen.

Der Kontakt mit Theo van Doesburg kam durch Kurt Schwitters zustande. Theo van Doesburg hatte zusammen mit Piet Mondrian und einigen anderen in den Niederlanden die Zeitschrift *De Stijl* gegründet. *De Stijl* war zur gleichen Zeit der

4 Erich Maria Remarque. [Vorwort zum Ausstellungskatalog der Gruppe K], 1924.

5 Weitere Titel zu Biographie und Werk Vordemberge-Gildewarts: Dietrich Helms (Hg.). *Vordemberge-Gildewart. The Complete Works*. München: Prestel, 1990. Die Beiträge sind wissenschaftlich fundiert und befassen sich mit den verschiedenen Schaffensphasen; Volker Rattemeyer, Dietrich Helms (Hgg.). *Friedrich Vordemberge-Gildewart: Briefwechsel*. 2 Bde. Wiesbaden, Nürnberg: Institut für moderne Kunst, 1997. Die Briefe sind nicht chronologisch, sondern alphabetisch nach den Namen der Korrespondenten und Korrespondentinnen gegliedert.

Name der Künstlergruppe mit Van Doesburg, Mondrian, Rietveld und Oud als prominenten Vertretern. Theo van Doesburg und Kurt Schwitters waren miteinander befreundet und unternahmen Anfang der 1920er Jahre eine Dada-Tournee durch die Niederlande, von Nelly van Doesburg musikalisch begleitet. In Hannover besuchte Theo van Doesburg Vordemberge-Gildewart in seinem Atelier und war von dem jungen Künstler so fasziniert, dass er ihn spontan als neues Mitglied in der Gruppe *De Stijl* aufnahm. Wie aus dem *Fragment einer Autobiografie* und anderen Quellen hervorgeht, hat Vordemberge-Gildewart diesen Moment als den Ritterschlag in seiner Karriere empfunden. Er erledigte als Mitglied der Gruppe redaktionelle Aufgaben für die Zeitschrift *De Stijl*. In der Kontroverse zwischen Mondrian und Van Doesburg über diagonale Bildkompositionen stellte sich Vordemberge-Gildewart auf die Seite Van Doesburgs. Dieser revanchierte sich, indem er Vordemberge-Gildewart in die internationale Kunstszene, die sich in Paris konzentrierte, einführte.

Vordemberge-Gildewart lernte Ilse Leda, die Tochter eines Unternehmers, auf einer Veranstaltung in Hannover kennen. Beide verliebten sich ineinander. Er ermutigte sie, modernen Tanz zu studieren. Nach der Ausbildung eröffnete sie eine Ballett- und Tanzschule in Hannover. Ihre Hochzeit fand 1932 statt. Kurt Schwitters gab Ilse Leda den Namen Dada, den sie zeitlebens beibehalten hat. Hiermit würdigte er auch ihr artistisches Temperament. Auf die Kunst Vordemberge-Gildewarts sollte Ilse Leda einen starken Einfluss ausüben. Ihre choreographischen Ideen inspirierten ihn zu einer Leichtigkeit und Dynamik, die viele seiner Bilder der 1930er und 1940er Jahre, trotz der widrigen politischen Umstände prägten.

Hitlers Machtübernahme im Jahre 1933 hatte verheerende Folgen für die Kulturpolitik in Deutschland. Künstler wie Schwitters und Vordemberge-Gildewart, die in Hannover die Avantgarde vertraten, waren davon persönlich betroffen. Ihre Werke wurden von den Nationalsozialisten als »entartet« diffamiert. Ilse Leda war als Jüdin antisemitischen Maßnahmen ausgesetzt. Kurt Schwitters ging ins Exil nach Norwegen. Als im Zweiten Weltkrieg die Wehrmacht Norwegen angriff, floh er nach England, wo er 1948 verstarb. Nachdem ihr Versuch, sich in der Schweiz niederzulassen, gescheitert war, fanden Vordemberge-Gildewart und Ilse Leda 1938 in Amsterdam einen Zufluchtsort. Nach dem Krieg erhielten sie 1950 die niederländische Staatsbürgerschaft. Einige Jahre später kehrten sie nach Deutschland zurück, als Vordemberge-Gildewart an der Hochschule für Gestaltung in Ulm eine Stelle als Dozent für visuelle Kommunikation angeboten bekam. Sein Wunsch, nach 1945 noch einmal im Haus der Kestner Gesellschaft in Hannover auszustellen, sollte nicht in Erfüllung gehen.

Martin Siemsen

»... elastisch wie'n Contiball« Erich Maria Remarques Biographie 1929–1932 und die Diskussion um *Im Westen nichts Neues**

Zehn Jahre nach Ende des Ersten Weltkriegs waren bereits zahlreiche Romane über diesen erschienen und es sollten noch mehr werden.[1] Geblieben sind im öffentlichen Bewusstsein bestenfalls zwei: *In Stahlgewittern* von Ernst Jünger, der den Krieg als inneres Erlebnis feiert, und gewissermaßen die Gegenposition: Erich Maria Remarques *Im Westen nichts Neues* (1928/29),[2] dessen Verfasser hier im Mittelpunkt steht.

Mit dem Roman *Im Westen nichts Neues* wurde Erich Maria Remarque (1898–1970)[3] weit über den deutschen Sprachraum hinaus international berühmt. Der sensationelle Erfolg des Romans, der sich bereits mit dem Vorabdruck in der *Vossischen Zeitung* abzeichnete, zeitigte ebenfalls eine wachsende Zahl von Gegenstimmen, die mit dem Erscheinen der Buchausgabe laut wurden. Der schließlich größte deutsche Bucherfolg der Weimarer Republik mit u.a. – noch 1929 – chinesisch-, englisch-, französisch-, russisch- und spanischsprachigen Übersetzungen[4] bewirkte

* Um einige notwendige Fußnoten ergänzter Text eines Vortrags, der am 6. Mai 2024 im Erich Maria Remarque-Friedenszentrum im Rahmen der begleitenden Vortragsreihe zu der Ausstellung *Aufbruch 1924/2024* gehalten wurde. Der Vortragscharakter wurde weitgehend beibehalten.

1 Siehe Thomas F. Schneider u.a. *Die Autoren und Bücher der deutschsprachigen Literatur zum Ersten Weltkrieg 1914–1939. Ein bio-bibliographisches Handbuch.* Göttingen: V&R unipress, 2008 (Schriften des Erich Maria Remarque-Archivs 23).

2 Über die beiden Kriegsromane hinaus geht Heinz Ludwig Arnold. »Erich Maria Remarque und Ernst Jünger. Zwei deutsche Wege durch das 20. Jahrhundert«. *Erich Maria Remarque-Jahrbuch/Yearbook* 9 (1999), 5–17.

3 Zur Biographie von Remarque immer noch am ausführlichsten die populärwissenschaftliche Monographie von Wilhelm von Sternburg. *»Als wäre alles das letzte Mal«. Erich Maria Remarque. Eine Biographie.* Köln: Kiepenheuer & Witsch, 1998.

4 Zu den Übersetzungen des Romans siehe: Erich Maria Remarque. *Im Westen nichts Neues. Bibliographie der Drucke.* Zusammengestellt von Thomas Schneider. Bramsche: Rasch Verlag, 1992. Darin

eine kontroverse, vornehmlich politisch motivierte Diskussion im Deutschen Reich um das Werk und seinen Verfasser, nachdem der Roman in der Zeitungsfassung zunächst weithin auf Zustimmung gestoßen war.[5]

Insbesondere die politische Rechte polemisierte gegen die unheroische Darstellung des deutschen Soldaten im Ersten Weltkrieg und attackierte Remarque als Schriftsteller von zweifelhaftem Charakter, dem außerdem die nötige Kriegserfahrung fehle, um über den Krieg qualifiziert schreiben zu können. Von links wurde Remarque vor allem der fehlende ideologische Standpunkt – der Klassenstandpunkt –, auch im Hinblick auf die nicht dezidiert genug thematisierten Kriegsursachen vorgeworfen. Die Arbeiterklasse und ihre Exponenten – womöglich als die Romanhandlung vorantreibende Kräfte – suchte man vergeblich.

Auf politischen Widerstand stieß der Roman also sowohl bei der orthodoxen Linken wie bei rechten Parteigenossen. Wurde dort der fehlende Klassenstandpunkt bemängelt, so stieß hier die unheroische Darstellung des deutschen Soldaten, der lediglich ums Überleben und nicht für Kaiser, Volk und Vaterland kämpfte, tötete, und starb, auf Ablehnung. Nicht nur den klassischen ›Heldentod‹, auch den ›Dolchstoß‹ suchte man vergeblich.

Einen Kernpunkt der Kritik bildete zunächst die von Ullstein frisierte Biographie des Verfassers von *Im Westen nichts Neues*. Am 8. November 1928 hatte »J. E.« in der *Vossischen Zeitung* den zwei Tage später darin beginnenden Vorabdruck angekündigt und behauptet:

> Erich Maria Remarque, kein Schriftsteller von Beruf, ein junger Mensch in den ersten Dreißigern, hat zugegriffen, hat plötzlich vor einigen Monaten den Drang und Zwang empfunden, das in Worte zu fassen, zu gestalten und innerlich zu überwinden, was ihm und seinen Schulkameraden, einer ganzen Klasse von jungen, lebenshungrigen Menschen, von denen keiner wiederkehrte, geschehen war. Was entstanden ist, läßt sich nicht in irgendeine Literaturgattung einreihen. Es ist kein Kriegsroman, auch kein Tagebuch. Es ist erlebtes Leben und doch abgerückt durch eine Gestaltungskraft, die das persönliche Erleben ohne Kunstgriff, ohne Verzerrung und Verzeichnung in eine Sphäre der Allgemeingültigkeit hebt. So ist das erste wirkliche Denkmal des »Unbekannten Soldaten« entstanden.[6]

---

werden die Übersetzungen des Romans in 50 Sprachen mit 323 Ausgaben nachgewiesen.

5 Zur Rezeption siehe Thomas Schneider. *Erich Maria Remarques Roman »Im Westen nichts Neues«. Text, Edition, Entstehung, Distribution und Rezeption (1928–1930)*. Tübingen: Max Niemeyer Verlag, 2004 (Exempla Critica 1), insbes. 285–408.

6 Zit. nach Erich Maria Remarque. *Im Westen nichts Neues*. In der Fassung der Erstausgabe mit Materialien und einem Nachwort hg. von Thomas F. Schneider. Köln: Kiepenheuer & Witsch, 2014, 317–320, hier 319.

Abb. 1: Erich Maria Remarque mit Monokel, 1929. PR-Foto des Ullstein-Verlages (© New York University, Fales-Library, Remarque-Collection).

Natürlich flog die durch die *Vossische Zeitung* verbreitete Mär vom einfachen Soldaten, der sich 10 Jahre nach Kriegsende sein Kriegserlebnis von der Seele schreiben musste und vor allem »kein Schriftsteller von Beruf« sei, sofort auf und damit begann die Biographie unseres Helden in den Fokus zu rücken.

Die Auseinandersetzung, in der Remarques Verteidiger unmittelbar in die Defensive gerieten, während die Verkaufszahlen des Romans in die Höhe schossen, fand nicht nur in Leserbriefen und Rezensionen statt. Von Seiten der Kritiker wurden auch Broschüren und ganze Bücher veröffentlicht – nicht nur politisch motivierte.[7] Es gab auch den harmlosen Versuch, über die Imitation des Titels sich an den Erfolg Remarques anzuhängen: *Im Osten nichts Neues*,[8] oder auch *Vor Troja nichts Neues* von »Emil Marius Requark«, in dem mit Blick auf den Bildungsbürger Homers *Ilias* mit *Im Westen nichts Neues* kurzgeschlossen wird. Bei dieser Travestie handelt es sich angeblich um den Druck eines just entdeckten »Papyrosmanuskripts«, das den trojanischen Krieg aus der Froschperspektive schildert und nun publik gemacht wird durch »das archäologische Institut von Ullsteinopolis«.[9]

7 Gegenschriften zu *Im Westen nichts Neues* und *Der Weg zurück* stellt Thomas F. Schneider vor in: *Unabhängigkeit – Toleranz – Humor. Erich Maria Remarque 1898–1970*. Osnabrück: Universitätsverlag Rasch, 2001 (Schriften des Erich Maria Remarque-Archivs 15), 92f.

8 Carl A[ugust] G[ottlob] Otto. *Im Osten nichts Neues*. Zirndorf-Nürnberg: Sanitas Verlagshaus, 1929.

9 Emil Marius Requark [d.i. Max Josef Wolff]. *Vor Troja nichts Neues*. Berlin: Brunnen-Verlag Karl Winckler, 1930. Zitate ebd., 5.

Wie überall im Deutschen Reich schieden sich an *Im Westen nichts Neues* auch in Osnabrück die Geister, und die Öffentlichkeit schwankte zwischen Zustimmung und Ablehnung, was in zahlreichen Artikeln seinen Niederschlag fand. Allerdings war es nicht das ganz große tägliche Rauschen im Blätterwald von *Osnabrücker Zeitung*, *-Volkszeitung* und *-Tageblatt*, *Stadt-Wächter* und *Freier Presse*.[10] Doch die Frontlinien blieben national wie lokal übersichtlich, auch wenn es in seiner Geburtsstadt natürlich viele Menschen gab, die Remarque persönlich kannten, noch nie leiden konnten oder auch mit ihm befreundet waren.[11]

Und natürlich war nicht jeder Artikel hausgemacht, gern wurden auch Artikel importiert. So erschien Martin Stoß' »Die Front marschiert! Die Tragödie Remarque« zunächst im März 1929 in der Monatsschrift *Die Tat*, dann am 14. April in der Tageszeitung *Der Jungdeutsche* und zwei Tage später gekürzt in der *Osnabrücker Zeitung*; im Nachklapp auch noch im Juni in *Eckart. Blätter für evangelische Geisteskultur*.[12] Und *Der Stadt-Wächter* druckte am 2. Juni 1929 den Artikel »*Im Westen nichts Neues*« aus »der Kölnischen Volkszeitung vom letzten Sonntag« nach.

Und natürlich wurde auch in Osnabrück die überregionale politische Presse gelesen. Verkürzt gesagt und auf den ganz kleinen polarisierten Nenner gebracht: hier *Die rote Fahne*, da der *Völkische Beobachter*.

Allerdings waren an der nationalen Kontroverse um *Im Westen nichts Neues* von Beginn an Osnabrücker beteiligt. Bereits im Dezember 1928 publizierte Werner Pleister (1904–1982) in der von ihm herausgegebenen Berliner Zeitschrift *Jungnationale Stimmen* seine Abrechnung mit Remarques Roman.[13] Hanns-Gerd Rabe (1895–1986)[14] hingegen verteidigte diesen in der *Osnabrücker Zeitung* und

10 Die Osnabrücker Rezeption von *Im Westen nichts Neues* darf getrost als Desiderat bezeichnet werden. Eine Auswertung o.g. Zeitungen hat bisher nur punktuell, nicht systematisch stattgefunden. Ein Schmähgedicht auf Remarque im *Stadt-Wächter* bietet die Abb. auf S. 38 dieses *Remarque-Jahrbuchs/Yearbook*.

11 Remarques snobistische Auftritte in Osnabrück (und Berlin) wurden nicht unbedingt geschätzt (siehe Sternburg, »*Als wäre alles das letzte Mal*«, 97 und 141).

12 Der Artikel von Stoß ist gekürzt greifbar in Remarque, *Im Westen nichts Neues*, 338–344.

13 Werner Pleister. »Die Unvergessenen«. *Jungnationale Stimmen* 3 (1928), 12, 371–372. Pleister suggeriert in seinem Artikel, Kriegsteilnehmer gewesen zu sein, indem er schreibt: »Wir sahen andere Aufgaben, weil wir den Granaten des Krieges entkamen [...]« (ebd., 371), wäre also bereits mit 14 Jahren Soldat gewesen! Hinweise zur Biographie des Karl Brandi-Schülers W. Pleister, der vor allem als Möser-Forscher bekannt ist und im NS-Staat Karriere gemacht hat, finden sich bei Peter Niebaum. *Hans Calmeyer – ein »anderer Deutscher« im 20. Jahrhundert*. Berlin: Frank & Timme, 2011, 73 und 126; sowie Gisela Schlüter. »Die wahre Geschichte der Meta Scheele (1904–1942)«. *Das Achtzehnte Jahrhundert, Zeitschrift der Deutschen Gesellschaft für die Erforschung des achtzehnten Jahrhunderts* 31 (2007), 246–258.

14 Eine Kurzbiographie von H.-G. Rabe bietet Gerd-Ulrich Piesch in *Biographisches Handbuch zur Geschichte der Region Osnabrück*. Bearb. von Rainer Hehemann. Hg. vom Landschaftsverband Osnabrück e.V. Bramsche: Rasch, 1990, 232–233.; siehe auch Hanns-Gerd Rabe. »Remarque und Osnabrück. Ein Beitrag zu seiner Biographie«. *Osnabrücker Mitteilungen* 77 (1970), 196–246.

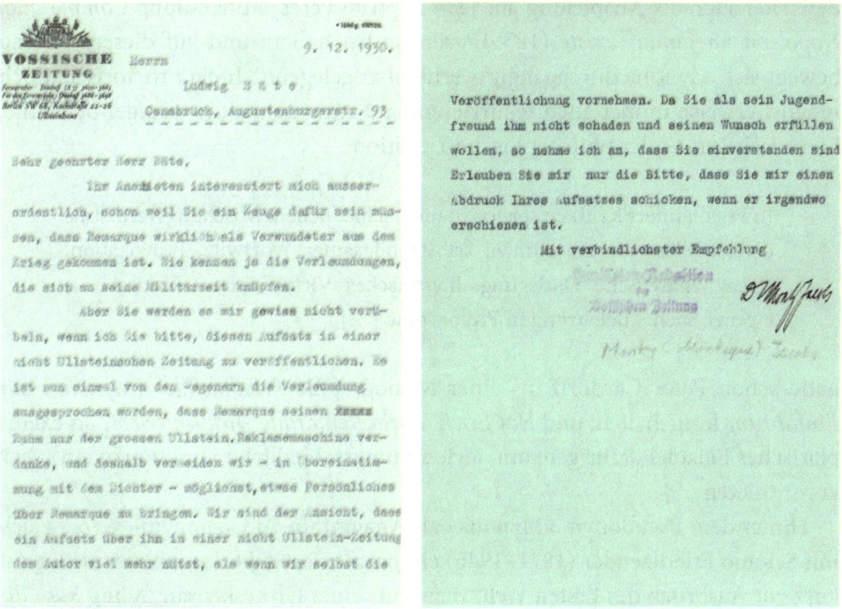
VOSSISCHE ZEITUNG
Fernsprecher Dönhoff (A 7) 3600–3663
Für den Fernverkehr: Dönhoff 3686–3698
Berlin SW 68, Kochstraße 22–26
Ullsteinhaus

9. 12. 1930.

Herrn
Ludwig Bäte
Osnabrück, Augustenburgerstr. 93

Sehr geehrter Herr Bäte,

Ihr Anerbieten interessiert mich ausserordentlich, schon weil Sie ein Zeuge dafür sein müssen, dass Remarque wirklich als Verwundeter aus dem Krieg gekommen ist. Sie kennen ja die Verleumdungen, die sich an seine Militärzeit knüpfen.

Aber Sie werden es mir gewiss nicht verübeln, wenn ich Sie bitte, diesen Aufsatz in einer nicht Ullsteinschen Zeitung zu veröffentlichen. Es ist nun einmal von den Gegnern die Verleumdung ausgesprochen worden, dass Remarque seinen Ruhm nur der grossen Ullstein.Reklamemaschine verdanke, und deshalb vermeiden wir – in Übereinstimmung mit dem Dichter – möglichst, etwas Persönliches über Remarque zu bringen. Wir sind der Ansicht, dass ein Aufsatz über ihn in einer nicht Ullstein-Zeitung dem Autor viel mehr nützt, als wenn wir selbst die

Veröffentlichung vornehmen. Da Sie als sein Jugendfreund ihm nicht schaden und seinen Wunsch erfüllen wollen, so nehme ich an, dass Sie einverstanden sind Erlauben Sie mir nur die Bitte, dass Sie mir einen Abdruck Ihres Aufsatzes schicken, wenn er irgendwo erschienen ist.

Mit verbindlichster Empfehlung

Abb. 2: Monty Jacobs an Ludwig Bäte, Brief vom 09.12.1930 (© Remarque-Friedenszentrum)

sein Artikel fand später auch Verwendung für einen »Sonderdruck« der *Vossischen Zeitung.*[15] Ludwig Bäte (1892–1977)[16] versuchte zur Unterstützung von Remarque bei Ullstein einen Artikel zu lancieren (siehe Abb. 2).[17]

Als »bei weitem anspruchsvollste und umfangreichste der Gegenschriften«[18] erschien in der zweiten Oktoberhälfte 1929: *Hat Erich Maria Remarque wirklich gelebt? Eine Denkmalsenthüllung von Mynona.*[19] Nur wenige Kenner dürften

15 Hanns Gerd Rabe. »Der Dichter«. *Osnabrücker Zeitung,* 07.02.1929; NLA OS, Erw A 13, Nr. 17, Bl. 195.

16 Eine Kurzbiographie Bätes von Horst Meyer in *Biographisches Handbuch zur Geschichte der Region Osnabrück,* 19–20; ausführlicher, wenn auch nicht frei von kleineren Fehlern, ist Marleen Quiel. »Ludwig Bäte – der ambivalente Heimatdichter«. Rolf Düsterberg (Hg.). *Dichter für das »Dritte Reich«.* Bd. 6: *Biografische Studien zum Verhältnis von Literatur und Ideologie. 10 Autorenporträts.* Bielefeld: Aisthesis Verlag, 2022, 59–102.

17 Siehe Monty Jacobs' Brief an Ludwig Bäte vom 9. Dez. 1930 (Abb. 2).

18 Hubert Rüter. *Erich Maria Remarque. Im Westen nichts Neues. Ein Bestseller der Kriegsliteratur im Kontext.* Paderborn: Schöningh, 1980, 163.

19 In einer kritischen Neuausgabe, nach der im Folgenden zitiert wird, liegt die Schrift vor: Salomo Friedlaender/Mynona. *Gesammelte Schriften.* Band 11: *Hat Erich Maria Remarque wirklich gelebt? Der Mann. Das Werk. Der Genius. 1000 Worte Remarque; Der Holzweg zurück oder Knackes Umgang mit Flöhen.* Hg. von Detlef Thiel. Norderstedt: Books on demand, 2010, siehe auch die Rezension des Verf., in: *Osnabrücker Mitteilungen* 118 (2013), 242–244, die für die einschlägigen Ausführungen hier die Grundlage bildet. Abb. des Schutzumschlags siehe S. 37 dieses *Remarque-Jahrbuchs/Yearbook.*

den Titel auch als Anspielung auf Jean Baptiste Pérès' Abhandlung *Comme quoi Napoléon n'a jamais existe* (1835)[20] verstanden haben, und auf diesem Niveau bewegt sich Mynona durchgängig – scheinbar gelegentlich platt rhetorisch, doch möglicherweise immer auch rekurrierend auf eine mehr oder weniger bekannte, literarische und/oder philosophische Tradition.

> In Friedländers Kritiken spielen in unterschiedlichem Mischungsverhältnis diverse Elemente zusammen: selbstgenügsamer Wortwitz, Provokation, streng analytische Darlegung, literarisches Virtuosentum, Reklame in eigener Sache, Belehrung in Philosophie […],

hatte schon Peter Cardorff in seiner Monographie *Friedlaender (Mynona) zur Einführung* festgehalten, und *Hat Erich Maria Remarque wirklich gelebt?* als exemplarisches Beispiel dafür genannt, »wie so unterschiedliche Funktionen ein Werk konstituieren«.[21]

Hinter dem Pseudonym »Mynona« als Anagramm von »anonym« verbarg sich mit Salomo Friedlaender (1871–1946) ein promovierter Philosoph, der als Literat kurz vor Ausbruch des Ersten Weltkriegs mit seiner Groteskensammlung *Rosa die schöne Schutzmannsfrau* (Leipzig 1913) bekannt geworden war.[22] Und als Groteske wollte Mynona auch diese Schrift gegen Remarque verstanden wissen (328), die er an anderer Stelle als »satirische Apotheose« (94) bezeichnet. Es soll eben gerade »keine Parodie, keine Veralberung des Stils, sondern Vergöttlichung des Autors« und »nicht der konkreten Person« sein.[23] Von hier aus ergibt sich der Bezug auf Pérès, der Napoleon als allegorisches Wesen, nämlich Apollo bzw. die personifizierte Sonne interpretiert hatte; der Irrtum vieler Menschen beruhe auf der Verwechselung von Mythos und Geschichte, so dessen gleichfalls ironische Argumentation.[24]

Mynona veröffentlichte im Verlag von Paul Steegemann (1894–1956),[25] von dem die Initiative zum Remarque-Buch ausging. Der Vertrag wurde am 18. Mai 1929 geschlossen.[26] Der Berliner Verleger Steegemann kannte Remarque noch

20 Zu Pérès Buch siehe Detlef Thiel. »Stiche in Wespennester. Mynona dekonstruiert die Moderne (Remarque/Tucholsky)«. Mynona, *Gesammelte Schriften* 11, 9–88, hier 19. Dem Bibliothekar der Stadt Agen J. B. Pérès ist das Buch von Mynona übrigens »geweiht« – nicht etwa schlicht gewidmet.

21 Peter Cardorff. *Friedlaender (Mynona) zur Einführung.* Hamburg: Edition SOAK im Junius Verlag, 1988 (SOAK-Einführungen 38), 96.

22 Zu Leben und Werk Mynonas siehe neben der Monographie von Cardorff, *Friedlaender (Mynona) zur Einführung* auch Manfred Kuxdorf. *Der Schriftsteller Salomo Friedlaender/Mynona: Kommentator einer Epoche. Eine Monographie.* Frankfurt a.M. u.a.: Peter Lang, 1990.

23 Siehe Thiel, »Stiche in Wespennester«, 20.

24 Ebd., 19.

25 Siehe Jochen Meyer. *Paul Steegemann Verlag 1919–1935 | 1949–1955. Sammlung Marzona* (Kat.). Hannover: Sprengel Museum/Stuttgart: Hatje, 1994.

26 Reproduziert in Thiel, »Stiche in Wespennester«, 16.

aus gemeinsamer Hannoveraner Zeit[27] – in seiner Zeitschrift *Störtebecker* hatte Remarque sinnige Beiträge wie »Über das Mixen kostbarer Schnäpse« und »Leitfaden der Decadence«, publiziert – und Steegemann wusste um dessen beruflichen Werdegang: die journalistische Tätigkeit für die Betriebszeitschrift *Echo Continental* in Hannover und später für *Sport im Bild* in Berlin. Er kannte auch die beiden Romane Remarques *Die Traumbude* und *Station am Horizont*,[28] und sein verlegerischer Instinkt, der schon bei Kurt Schwitters' *Anna Blume* goldrichtig gelegen hatte, sagte ihm, wie an dem Erfolgsroman mit einem eigenen Verlagsprodukt finanziell partizipiert werden könnte. Selbstverständlich konnte er auf ein weit reichendes Geflecht persönlicher Kontakte zurückgreifen, zu dem auch der Osnabrücker Friedrich Vordemberge-Gildewart (1899–1962)[29] gehörte, der am 23. Mai 1929 umgehend angeschrieben wurde:

> Werter Meister,
>
> dass Sie mir noch einen ganzen Batzen Geld schulden, welches Sie zu meinem Leidwesen privat vervögelten, möchte ich Ihnen ins Gedächtnis rufen, aber doch nur sekundär.
>
> Primär möchte ich Ihnen vorschlagen, gänzlich ohne Affekt, die Schuldsumme durch möglichst ausführliche biografische Mitteilungen über Ihren Landsmann Erich Maria Remarque aus der Welt zu schaffen.
>
> Bitte setzen Sie sich deshalb morgen auf Ihren westfälischen Schinken und schreiben Sie mir mit grösster Plastik, was Sie über diesen Homer des Weltkrieges wissen. Am besten schicken Sie mir das eingeschrieben, ich brauche es für einen Zeitungsartikel.
>
> Leben Sie einstweilen ziemlich wohl. Ihr Paul Steegemann

Und, da Vordemberge-Gildewart nicht reagiert hatte, schrieb Steegemann kaum drei Wochen später unterm 14. Juni 1929 erneut:

> Wertvoller Freund,
>
> dass Sie immer gerade dann verreist sind, wenn ich Sie nötig hab, ist ein Fehler in Ihrer Registratur. Lassen Sie das bitte bald ändern.

27 Siehe dazu Peter Struck. *Zehn Jahre Zinnober 1919–1928. Das groteske Hannover der zwanziger Jahre. Eine kurzweilige Chronik*. Springe: zu Klampen Verlag, 2017, 146–161.

28 Erst die persönliche Bekanntschaft ermöglichte den bibliografischen Überblick »Erich Maria Remarks Gesammelte Werque«. Mynona, *Gesammelte Schriften* 11, 286–291. Mit »Werque« demonstriert Mynona, dass er auch vor keinem Kalauer zurückschreckt.

29 Einen guten Einblick in Leben und Werk des Osnabrücker Künstlers bietet: *»nichts – und alles«. Der De Stijl-Künstler Friedrich Vordemberge-Gildewart*. Hg. vom Museum Wiesbaden. Bielefeld: Kerber Verlag, 2013.

> Wissen möchte ich gern folgendes: Wann unser Held Soldat geworden ist, ob freiwillig oder gezogen, wie oft und an welchen Stellen er verwundet wurde, in welchem Regiment er überhaupt gedient hat. Ausserdem wäre es nett, wenn Sie mir sagen könnten, ob Sie den Schriftsteller Paul Hakemeyer (dies wäre wichtigst!) kennen, der in der hannoverschen Landeszeitung einen Aufsatz über unsern Helden schrieb, wonach unser Held Offizier im 91. Infanterie-Regiment gewesen und mit dem E.K.I. abgegangen sei.
>
> Wenn Sie mir von den Osnabrücker Zeitungen und Zeitschriften etwas auf einen Tag leihweise senden könnten, spendiere ich Ihnen demnächst wieder drei grosse Kirsch. [...]
>
> Mit einem republikanischen Knix, Ihr guter Paul Steegemann[30]

Mynona arbeitete zügig und das 250seitige Werk konnte schon in der zweiten Oktoberhälfte ausgeliefert und verkauft werden.[31] Wenig später endeten die Goldenen Zwanziger mit dem *Black Friday* an der Wall Street, der für die Weimarer Republik den Anfang vom Ende markierte mit einer zerbröselnden liberalen Mitte zwischen dominanten politischen Rändern und der finalen NS-Machtergreifung.[32]

Von Anfang an stand für Mynona fest, dass Remarque nur Mittel zum Zweck sei, den Kulturbetrieb und den Zeitgeist – die »triumphierende Mittelmäßigkeit« (93) – anzugreifen: »Remarques Werk reflektiert diese mittelmäßige Gesamtverfassung so neutral, trifft damit so kräftig ins Herz des Allerweltsgeschmacks, daß es sich zu meiner Zielscheibe am besten eignet.« (95)

Mynona hielt Remarques *Im Westen nichts Neues* für ein dem Zeitgeschmack angepasstes Werk, das »im besten Sinne mittelmäßig« sei, symptomatisch für den Zeitgeist, den bei Ullstein verlegte Werke literarisch am Umfassendsten repräsentierten: »Ohne Verullsteinerung vermag kein Genius mehr, sich mit den Zeitgenossen zu verständigen.« (104) Freilich verstand sich Mynona auf eine ironisch-satirisch mehrschichtige Schreibweise auf hohem literarischen Niveau und kritisierte Remarque nicht, sondern nahm ihn vordergründig sogar gegen jegliche Kritik in Schutz. Gründlicher, witziger und anspielungsreicher ist wohl kaum ein Autor gelobhudelt worden als Remarque von Mynona, der selbst sein vermeintliches Motiv nicht verschwieg: »An deinem Fracke, Remarque, zur

30 Beide Briefe in Friedrich Vordemberge-Gildewart. *Briefwechsel* Bd. II. Nürnberg: Verlag für moderne Kunst, 1997, 135.

31 Siehe Thiel, »Stiche in Wespennester«, 17.

32 Dazu Reiner Marcowitz. *Weimarer Republik 1929–1933*. Darmstadt: Wissenschaftliche Buchgesellschaft, 2007. Zur frühen Rezeption von *Im Westen nichts Neues* siehe Nikos Späth. *»Das Thema hatte es in sich« – Die Reaktion der deutschen und amerikanischen Presse auf Erich Maria Remarques Im Westen nichts Neues. Eine vergleichende Rezeptionsstudie über Fronterlebnis- und Weltkriegserinnerung in der Weimarer Republik und den USA in den Jahren 1929 und 1930*. Göttingen: V&R unipress/Universitätsverlag Osnabrück, 2020 (Schriften des Erich Maria Remarque-Archivs 35).

Unsterblichkeit empor! Mein unheimlicher Grundgedanke, den ich lieber nicht preisgeben sollte.« (145)

Mynona bewegte sich argumentativ auf zumindest halbwegs gesicherter Grundlage: Er kannte sowohl die Biographie als auch die literarischen und journalistischen Produkte Remarques, und natürlich war ihm auch die aktuelle Diskussion um *Im Westen nichts Neues* nicht fremd, denn Steegemann hatte für ihn intensiv recherchiert. Im »Dokumentarischen Anhang für Skeptiker. Von Adam Remark bis zu Erich Freiherr von Buchwald« (281–285) finden sich allerhand Details der Selbststilisierung – bis hin zur suggerierten Hochstapelei – nebst einem angehängten bibliographischen Überblick über »Erich Maria Remarks Gesammelte Werque« (286–291).

Sowohl Leben wie Werk von Remarque bemüht Mynona immer wieder gern und stellt natürlich Verbindungen her. Remarque habe mit *Die Traumbude* (»das knospige Erstlingswerk«; 165), *Station am Horizont* (»die Scherlblüte; ebd.) und *Im Westen nichts Neues* (»die Ullsteinfrucht«; ebd.) drei thematisch wie stilistisch völlig unterschiedliche Romane veröffentlicht und das korrespondiere biographisch auch nicht nur mit Verlags- und Namenswechseln – von Erich Paul Remark über Erich Freiherr von Buchwald zu Erich Maria Remarque:

> Unser Paul Remark ist zugleich Maria Remarque, katholischer Hugenottenenkel, mondäner Kriegsheld, zerstörter Friedensenthusiast, Pädagog, Gummiagent, Dichter, förmlich dünner und dichter Genie; kurzum verschiedene Brüste in garantiert nur einer einzigen Seele, wie Proteus Einer und doch viele ist. [...] der Genius ist proteisch – er hat so viele Charaktere, wie es Menschen gibt, um jeden elektrisieren zu können [...]. (100)

Anders gewendet: »Bitte photographiert doch mal die Antlitze aller Zeitgenossen und -innen übereinander, ob dann nicht ›nichts Neues‹ resultiert und geradezu das Gesicht Remarques [...]« (101), auf das am Ende dieses Beitrags als kritischer Punkt noch eingegangen wird. Doch zunächst zu Mynonas Kommentar zum Remarque-Portrait (siehe Abb. 3) der Ullsteinwerbung für *Im Westen nichts Neues*:

> [...] die unentrinnbaren Augen des nicht nur im Westen nichts Neues offenbarenden Geistes starren dir mit ihren nichtsneuessagenden Blicken durch deine noch so undurchdringliche Fratze mitten ins noch so herzlose Herz. Wer hat – Hand aufs Herz! – so was gern? (102)

Mynona zitiert gern und ausführlich Remarque: Stilblüten oder auch banale Formulierungen werden aufgespießt, um diesen eine Intention intellektueller Tiefe zu unterlegen, die mal als literarische Auseinandersetzung – z.B. mit Vicky Baum oder

Abb. 3: Remarque-Image des Ullstein-Konzerns auf einem Werbeprosekt für *Im Westen nichts Neues*, 1929 (© Remarque-Friedenszentrum).

auch Thomas Mann –, mal als Affront gegen die Philosophie der Moderne (222) gedeutet wird. Und: »Marias Originalität sticht hervor. Ein bloßer Bert Brecht hätte stracks plagiiert [...]« (110) – der hatte gerade mit der Dreigroschenoper John Gays *The Beggar's Opera* adaptiert und 1928 den größten Theatererfolg der Weimarer Republik verbuchen können.

Im Bezug auf die beiden frühen Romane wird das Argument »ironische Mimicry« ins Feld geführt, denn: »Um tonangebend zu werden, muß der Genius ja zunächst auf den Ton der Zeit imitativ eingehen.« (154f.) Auch sich selbst und das eigene philosophische Hauptwerk *Die schöpferische Indifferenz* (1918) bezog Mynona in die Abrechnung mit dem Kulturbetrieb der Weimarer Republik – der »Ull-Stein-Zeit« – mit ein:

> Ach, Buntallerlei gibt's in der Welt: – Nachtigallen, Weltkriege, Backfischlein und Generalleutnants, weiße und rote Mamas, Wüstlinge und Konsistorialräthe, auch wohl beides in einem, Dirnen und Thomasmann, ja trotzdem auch Heinrichmann, endlich was ich selbst kaum noch glaube, mich hier [...] En un mot: »Indifferenz«! That is the word to all. Und erst in Maria wird solche Indifferenz schöpferisch! (258)

Nur für Insider war dieser Hinweis verständlich, denn der Verfasser der schöpferischen Indifferenz, die sich in Remarque endlich materialisiere, bekannte sich längst zum Neukantianismus.

Den »Genius« und »Übermenschen« Remarque habe übrigens schon Friedrich Nietzsche prophezeit (155), und »Übermenschen haben ein Janusantlitz. Einerseits ist er Pazifist, andererseits Bellizist« (117), entsprechend sei *Im Westen nichts Neues* nicht nur »pazifistische Kriegspropaganda«, sondern »ebenso gut bellizistische Friedenspropaganda« (262). Ein Gedanke den Mynona ausführlich traktiert:

> [...] vom Ehrenfesten Frontkrieger bis zum belletristischen Gummimann [...]. Kein Spießer erfaßt das Ideal des genialen Verwandlungskünstlers, der jeden Charakter nach buntem Belieben annehmen, bald Scherlscher Patriot, bald Ullsteinscher Bolschewik, bald Arier, bald judenlieb sein kann. (100)

Und wenn die erfundene Biographie dekonstruiert wird, lautet die Antwort:

> Ullstein, der ihm sofort das EK I von der Stirn ablas, muß dementieren und säuerlich zugestehen, daß man schließlich auch ohne EK I elastisch wie'n Contiball hupfen kann [...]. (114)

Immer mal wieder greift Mynona auch die Schlagworte und teilweise gar die Titel remarquekritischer Artikel auf. Natürlich wird auch die reale und fiktive Gestalt Remarque/Bäumer thematisiert:

> Remarquens Muse aber kam im Westen mit »Nichts Neuem« nieder, durch das nun er hoch kommen soll. Weswegen sonst hätte Karl der Große in weiser Voraussicht das Bistum Osnabrück gestiftet? Die gesamte Vergangenheit spitzte sich auf unsern Erich Paul zu. Paul heißt ja auch sein Held, der bereits mit sechzehn Jahren ins Feld rückt. Es wäre mir fatal, wenn der Romanheld mit Paul Remark identisch wäre. Für Wilhelm Tell ist es ein Massel gewesen, daß sein Erzeuger Schiller nie die Schweiz gesehen hat. [...] Auch Erich Paul Remark oder Erich Maria Remarque war zu Beginn des Krieges erst sechzehn Jahre alt, und trotzdem ist Maria Remarque nicht etwa die freie Übersetzung von Paul Remark oder Paul Bäumer ins Französische. Kurz, unser Held hier ist nicht sein eigener. Faust ist ja auch nicht Goethe, so wenig wie Shakespeare Hamlet. (106)

Osnabrück bleibt ein Nebenthema:

> Unbegreiflich ist mir die Menschheit in ihrem vollkommenen Stumpfsinn. Solches Werk, hätte ich gemeint, müßte doch den jungen Dichter sofort zum Ehrenbürger mindestens Osnabrücks machen. Osnabrück nämlich ist das kreißende Mäuslein, das diesen Berg gebar. (96)

Oder:

> Kein Ull-Stein der Weisen war der Probierstein dieses Jungmeisters. Die Pike (um mich möglichst kriegerisch zu benehmen), von der auf er gedient hat, stand, wie schon angedeutet, in Osnabrück. Diese Stadt wird sich einst um die wohlbalsamierte Leiche unsres Kriegsfriedensfürsten mit noch sechs andern Provinzstädten streiten! (99)

Gelegentlich entwickelt Mynona bizarre Miniaturen, die sich verselbständigen:

> Eine Traumbude ist keine Schaumbude. Mich sollt's nicht wundern, wenn ich mal mit altem Hut vor einem Palais bettelte, und auf einmal käm »Nichtsneues« in Person heraus, erkennte seinen getreuen Eckehart und bekrebsmutterte mich in vornehmster Manier mit Kaviar fürs Volk. Sowas hat's schon gegeben, daß man bettelte, und ein Junge, der sich später als

> Kaiser enthüllte (Ahhhh!), drückte einem eine Goldmünze, auf der er selbst abgebildet war, in die schmutzige Hand. (138)

Mynonas Buch über Remarque stieß schon wegen des Umfangs selten auf uneingeschränkte Zustimmung. Selbst auf den ersten Blick wohlwollende Rezensenten kritisierten die Länge des Buches: »Mynonas Buch ist ungemein witzig geschrieben. [...] Von Zeit zu Zeit einen Abschnitt daraus zu lesen macht Vergnügen. Die 250 Seiten hintereinander zu lesen, wäre eine Strafe.«[33]

Freilich bereicherten die von Mynona präsentierten Fakten das bereits bekannte Arsenal der Argumente der Remarque-Kritiker, die man bei Mynona jenseits der politischen Plattheiten in ziemlicher Vollständigkeit findet.

Kurt Tucholsky (1890–1935) griff Mynona auch deshalb in der Weltbühne mit dem provokant betitelten Artikel *Hat Mynona wirklich gelebt?*[34] persönlich scharf an und verweigerte ihm eine Gegendarstellung – darauf reagierte Mynona unmittelbar nach Erscheinen von *Der Weg zurück* wiederum mit *Der Holzweg zurück* (1931), worin der humorvolle Ton deutlich galliger geworden war.

Tucholsky schilderte Mynona zunächst in einer fiktiven Besuchsszene als einen vertrottelten Greis, bevor er sich inhaltlich mit Mynonas Kritik beschäftigte. Als versierter Polemiker gestand er zunächst pauschal literarische Schwächen Remarques ein: »Das Buch ist kein großes Kunstwerk, aber ein gutes Buch. [...] Gegen das Buch läßt sich vielerlei sagen. Man darf den Stilisten Remarque angreifen. (Ich tu's nicht – aber so ein Angriff ist denkbar.)«, um dann zu betonen, dass Remarques

> Haltung nach einem in der Geschichte des deutschen Buchhandels beispiellosen Erfolg mustergültig ist. Der Mann erzählt uns keine dicken Töne, er hält sich zurück; er spielt nicht den Ehrenvorsitzenden und nicht den Edelsten der Nation [...].[35]

Mynonas Kritik sei Ausdruck der Zeit: »Die spezifisch deutsche Widerwärtigkeit, die die Luft unserer Politik so verpestet, weht durch dieses Buch Mynonas.« Lediglich ein einziger Kritikpunkt sei eventuell gerechtfertigt:

---

33 Rez. von Wilhelm Stapel. »Mynona, *Hat Erich Maria Remarque wirklich gelebt?*«. *Deutsches Volkstum. Monatsschrift für das deutsche Geistesleben* 11 (1929), Nr. 12, Dez. 1929, 963 (zit. nach Mynona, *Gesammelte Schriften* 11, 393).

34 Ignaz Wrobel [d.i. Kurt Tucholsky]. »Hat Mynona wirklich gelebt?« *Die Weltbühne* 26 (1930), Nr. 1, 31.12.1929, 15–19 (Kurt Tucholsky. *Gesammelte Werke III: 1929–1935*. Hg. von Mary Gerold-Tucholsky und Fritz J. Raddatz. Frankfurt/M.: Zweitausendeins, 282–286; auch in: Mynona, *Gesammelte Schriften* 11, 398–404).

35 [Tucholsky], »Hat Mynona wirklich gelebt?«, zit. nach Tucholsky, *Gesammelte Werke III*, 283.

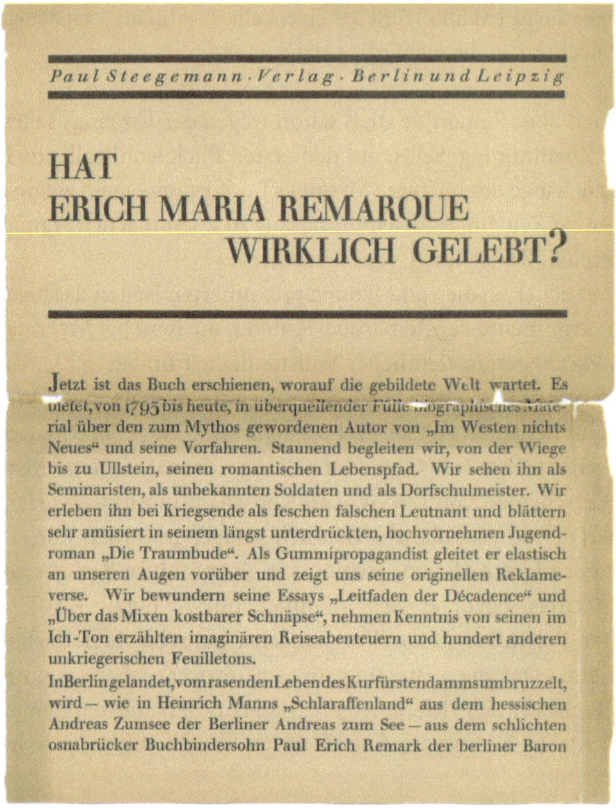

Paul Steegemann · Verlag · Berlin und Leipzig

HAT ERICH MARIA REMARQUE WIRKLICH GELEBT?

Jetzt ist das Buch erschienen, worauf die gebildete Welt wartet. Es bietet, von 1795 bis heute, in überquellender Fülle biographisches Material über den zum Mythos gewordenen Autor von „Im Westen nichts Neues" und seine Vorfahren. Staunend begleiten wir, von der Wiege bis zu Ullstein, seinen romantischen Lebenspfad. Wir sehen ihn als Seminaristen, als unbekannten Soldaten und als Dorfschulmeister. Wir erleben ihn bei Kriegsende als feschen falschen Leutnant und blättern sehr amüsiert in seinem längst unterdrückten, hochvornehmen Jugendroman „Die Traumbude". Als Gummipropagandist gleitet er elastisch an unseren Augen vorüber und zeigt uns seine originellen Reklameverse. Wir bewundern seine Essays „Leitfaden der Décadence" und „Über das Mixen kostbarer Schnäpse", nehmen Kenntnis von seinen im Ich-Ton erzählten imaginären Reiseabenteuern und hundert anderen unkriegerischen Feuilletons.

InBerlin gelandet,vomrasendenLeben des Kurfürstendammsumbruzzelt, wird – wie in Heinrich Manns „Schlaraffenland" aus dem hessischen Andreas Zumsee der Berliner Andreas zum See – aus dem schlichten osnabrücker Buchbindersohn Paul Erich Remark der berliner Baron

Abb. 4: Steegemann-Verlagsprospekt »Hat Erich Maria Remarque wirklich gelebt?« (© DLA Marbach).

> Remarque soll bei Kriegsende und noch im Jahre 1919 unberechtigterweise eine Leutnantsuniform und Orden getragen haben, die ihm nicht verliehen worden sind. Ich habe keine Achtung vor dieser Uniform, und es ist mir unbegreiflich, wie man sie anziehen kann, wenn man das nicht muß. Hat Remarque das aber wirklich getan, so hat er nicht recht getan […]. Für den Wert des Buches ist das etwa so gleichgültig, wie wenn erwiesen wäre, Remarque habe einmal in seinem Leben gestohlen. Was besagt das für und gegen seine Kriegsschilderungen?[36]

Und weiter im Text: »Es ist auch nicht richtig«, daß »Ullstein dieses Buch gemacht« hat. Wer die Entstehungsgeschichte der Vorverhandlungen kennt, wird darüber lächeln.« »Mynona hat eine Unanständigkeit begangen« und sein Buch sei »eine

36 Ebd., 284.

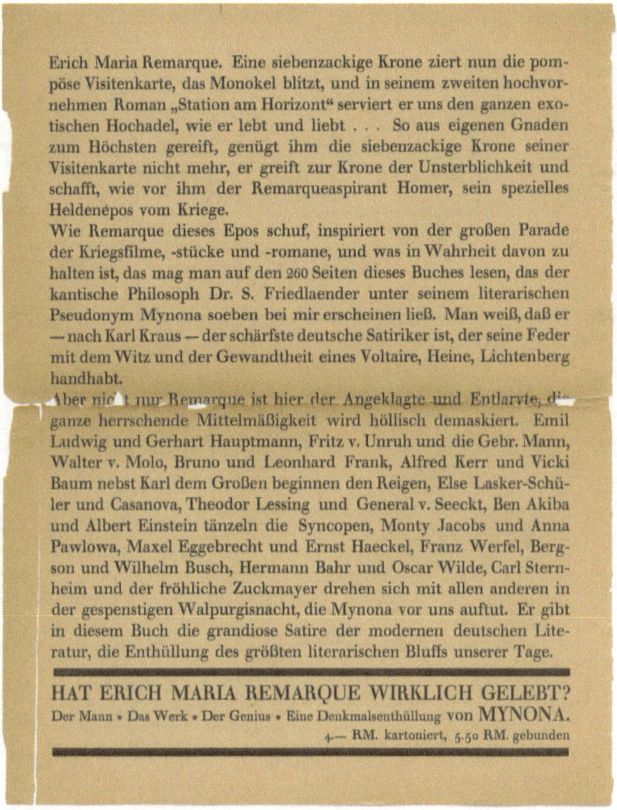

Erich Maria Remarque. Eine siebenzackige Krone ziert nun die pompöse Visitenkarte, das Monokel blitzt, und in seinem zweiten hochvornehmen Roman „Station am Horizont" serviert er uns den ganzen exotischen Hochadel, wie er lebt und liebt . . . So aus eigenen Gnaden zum Höchsten gereift, genügt ihm die siebenzackige Krone seiner Visitenkarte nicht mehr, er greift zur Krone der Unsterblichkeit und schafft, wie vor ihm der Remarqueaspirant Homer, sein spezielles Heldenepos vom Kriege.
Wie Remarque dieses Epos schuf, inspiriert von der großen Parade der Kriegsfilme, -stücke und -romane, und was in Wahrheit davon zu halten ist, das mag man auf den 260 Seiten dieses Buches lesen, das der kantische Philosoph Dr. S. Friedlaender unter seinem literarischen Pseudonym Mynona soeben bei mir erscheinen ließ. Man weiß, daß er — nach Karl Kraus — der schärfste deutsche Satiriker ist, der seine Feder mit dem Witz und der Gewandtheit eines Voltaire, Heine, Lichtenberg handhabt.
Aber nicht nur Remarque ist hier der Angeklagte und Entlarvte, die ganze herrschende Mittelmäßigkeit wird höllisch demaskiert. Emil Ludwig und Gerhart Hauptmann, Fritz v. Unruh und die Gebr. Mann, Walter v. Molo, Bruno und Leonhard Frank, Alfred Kerr und Vicki Baum nebst Karl dem Großen beginnen den Reigen, Else Lasker-Schüler und Casanova, Theodor Lessing und General v. Seeckt, Ben Akiba und Albert Einstein tänzeln die Syncopen, Monty Jacobs und Anna Pawlowa, Maxel Eggebrecht und Ernst Haeckel, Franz Werfel, Bergson und Wilhelm Busch, Hermann Bahr und Oscar Wilde, Carl Sternheim und der fröhliche Zuckmayer drehen sich mit allen anderen in der gespenstigen Walpurgisnacht, die Mynona vor uns auftut. Er gibt in diesem Buch die grandiose Satire der modernen deutschen Literatur, die Enthüllung des größten literarischen Bluffs unserer Tage.

HAT ERICH MARIA REMARQUE WIRKLICH GELEBT?
Der Mann • Das Werk • Der Genius • Eine Denkmalsenthüllung von MYNONA.
4.— RM. kartoniert, 5.50 RM. gebunden

aufgeschwollene Literaturpolemik aus dem Jahre 1905«. Vor dem Finale wird auch noch Paul Steegemann die Messe gelesen, »denn wenn es etwas gibt, was noch unanständiger ist, als dieses herzlich lederne Buch, dann ist es sein Verlagsprospekt.«[37] (siehe Abb. 4).

Final:

> Unten vor dem Haus des Philosophen lag ein einsames Gebiß. Schaum haftete den Zähnen an, Zeichen von Ohnmacht und Wut. Mit dem Fuß stieß ich es beiseite. So haben wir uns den kategorischen Imperativ nicht vorgestellt.[38]

37 Ebd., 285–286. Der Verlagsprospekt findet sich bedauerlicherweise nicht in Band 11 von Mynonas *Gesammelten Schriften.*

38 Ebd., 286.

Lesen Sie diese enthüllenden Dokumente!

Ullstein sagt:

„Da sich aber immer wieder Legenden um den Dichter und sein Werk bilden, sei hier nochmals festgestellt: Remarque ist kein angenommener Name, sondern der wirkliche Familienname!" (Inserat des Propyläenverlags im Buchhändler-Börsenblatt vom 21. 5. 29.)

Die Dokumente sprechen:

GEBURTS-JAHR des Urgroßvaters Adam Remark: 1795.
GEBURTS-JAHR des Großvaters: KAISERSWERTH 1840.
GEBURTS-JAHR des Vaters: KAISERSWERTH 1867.

GEBURTSURKUNDE
des Erich Maria Remarque: Osnabrück 1898

Vor dem unterzeichneten Standesbeamten erschien heute, der Persönlichkeit nach bekannt, der Buchbinder Peter Franz Remark, wohnhaft zu Osnabrück, Jahnstraße 15, katholischer Religion und zeigte an, daß von der Anna Maria Remark, geborenen Stallknecht, seiner Ehefrau, katholischer Religion, wohnhaft bei ihm, zu Osnabrück in der Provinzial-Entbindungs-Anstalt, am zweiundzwanzigsten Juni des Jahres 1898, nachmittags um acht ein viertel Uhr ein Kind männlichen Geschlechts geboren worden sei, welches die Vornamen Erich Paul erhalten habe, wie er aus eigener [illegible] Wissenschaft bezeuge.

Vorgelesen, genehmigt und unterschrieben.
Peter Remark. Der Standesbeamte, in Vertretung: Keune.

DER UNBEKANNTE SOLDAT REMARQUE

Ullstein sagt:

„Er ist 1898 in Osnabrück geboren, besuchte dort das katholische Seminar (wie lange, weiß ich nicht), kehrte 1918 als Leutnant d. R. im Infanterieregiment 91 mit dem E. K. I und dem Friedrich-August-Kreuz erster Klasse ausgezeichnet, heim, besuchte dann noch etwa ein Jahr das Seminar und wurde zunächst Volksschullehrer . . ." (Zitat aus Heinz Hakemeyers Feuilleton in der Hannoverschen Landeszeitung, vom Propyläenverlag als authentische Mitteilung im Buchhändler-Börsenblatt vom 21. 5. 29 als Inserat veröffentlicht.)

Er selbst:

„Ich bin mit achtzehn Jahren ins Feld gegangen, war nur als einfacher Soldat an der Westfront, wurde dort mehrfach verwundet, einmal so, daß ich heute noch an den Folgen leide." (Erich Maria Remarque über sich selbst. Literarische Welt vom 14. Juni 29.)

Das Reichsarchiv:

„. . . teile ich Ihnen ergebenst mit, daß in den Akten, Stammrollen und Ranglisten des Infanterie-Regiments 91 der Name Erich Paul Remark nicht zu ermitteln ist." (Der Präsident des Reichsarchivs, Potsdam, den 14. Juni 29.)

Der Zeitgenosse:

„Ich bin bereit, jederzeit zu beeiden, daß Erich Maria Remarque bei Kriegsende und 1919 noch die Leutnantsuniform der Einundneunziger getragen hat. Er trug auch das E. K. I und das Friedrich-August-Kreuz erster Klasse. Auch andere Bekannte von mir, die damals in Osnabrück mit ihm zusammen waren, können das beeiden. Gewiß ist der Verfasser von ‚Im Westen nichts Neues' mit dem Sohn des Buchbinders Remark identisch." (Heinz Hakemeyer in einer Unterredung in Hannover am 24. 7. 29.)

HEIRATS-URKUNDE
des Erich Maria Remarque: Berlin 1925

Charlottenburg, am vierzehnten Oktober tausend neunhundertfünfundzwanzig:

Vor dem unterzeichneten Standesbeamten erschienen heute zum Zwecke der Eheschließung:

1. der Redakteur Erich Paul Remark, der Persönlichkeit nach durch Aufgebotsverhandlung anerkannt, geboren am zweiundzwanzigsten Juni des Jahres tausendachthundertachtundneunzig zu Osnabrück, Geburtsregister Nr. 777 des Standesamtes zu Osnabrück, wohnhaft in Charlottenburg, Kaiserdamm 114.
2. die Frau Jutta Ilse Ingeborg Ellen Zambona, der Persönlichkeit nach wie zu 1. anerkannt, geboren am achtundzwanzigsten August des Jahres tausendneunhunderteins zu Hildesheim, Geburtsregister Nr. 825 des Standesamts in Hildesheim, wohnhaft in Charlottenburg, Kaiserdamm 114.

Als Zeugen waren zugezogen und erschienen:

3. Der Kaufmann Werner Herminghaus, der Persönlichkeit nach durch Paß anerkannt, 57 Jahre alt, wohnhaft in Hannover;
4. Der Amtsobergehilfe Viktor Greiner, der Persönlichkeit nach bekannt, 54 Jahre alt, wohnhaft in Charlottenburg.

Der Standesbeamte richtete an die Verlobten einzeln und nacheinander die Frage: ob sie die Ehe miteinander eingehen wollen. Die Verlobten bejahten die Frage, und der Standesbeamte sprach hierauf aus: daß sie kraft des Bürgerlichen Gesetzbuches nunmehr rechtmäßig verbundene Eheleute seien.

Vorgelesen, genehmigt und unterschrieben
Erich Paul Remark. Ilse Remark geborene Zambona.
Werner Herminghaus. Viktor Greiner.
Der Standesbeamte: Koßmann.

AUSKUNFT AUS DEM MELDEREGISTER

Erich Paul Remark, 22. 6. 98 Osnabrück geb., und Ehefrau Ilse Remark geb. Zambona, gesch. Winkelhoff, 28. 8. 01 Hildesheim geb., von hier am 1. 2. 26 nach Wittelsbacherstr. 5 abgemeldet.
Berlin-Wilmersdorf, 161. Polizeirevier.

Ein Erich Paul Remark ist hier (Wittelsbacherstr. 5) als gemeldet nicht verzeichnet. Berlin, 152. Polizeirevier.

Frau Freiherr v. Buchwald, Ilse geb. Zambona, 28. 8. 01 zu Hildesheim, ist hier Wittelsbacherstr. 5 gemeldet.
Berlin-Wilmersdorf, 152. Polizeirevier.

Ehemann Erich Freiherr v. Buchwald gen. Remark, 22. 6. 98 Osnabrück geb., ist Wittelsbacherstr. 5 am 25. 5. 29 auf Reisen abgemeldet. Berlin C 25, Das Einwohnermeldeamt des Polizeipräsidiums.

Die Neukantianische Wende Friedlaenders hatte Tucholsky also zur Kenntnis genommen. Seine harsche Reaktion, möchte man meinen, ist dadurch zu erklären, dass er die Kritik aus dem eigenen eher linksliberalen, pazifistischen Lager nicht in das übliche links-rechts Schema einzuordnen wusste, und schlicht Sozial-»Neid und Niedertracht« unterstellte. Remarque und *Im Westen nichts Neues* waren aus dieser Perspektive weitgehend sakrosankt …

Mynonas Versuche, von dem Angriff Tucholskys seinerseits zu profitieren, liefen ins Leere. Eine Replik in der *Weltbühne* blieb ihm verwehrt, positive Besprechungen konnte er nicht lancieren. Mynona reagierte nun, nachdem Remarques *Der Weg zurück* erschienen war, mit *Der Holzweg zurück*,[39] der mit der Bauchbinde »Gegen Kurt Tucholsky« (siehe Abb. 5) auf den Markt kam und gewidmet war »allen Kannitkantverstans«. Johann Peter Hebel ließ grüßen! Auch hier ist wieder

39 Mynona. *Der Holzweg zurück oder Knackes Umgang mit Flöhen*. Berlin, Leipzig: Paul Steegemann, 1931 (Mynona, *Gesammelte Schriften* 11, 293–375).

Abb. 5: *Der Holzweg zurück*, 1931, mit Bauchbinde »Gegen Kurt Tucholsky« (© Remarque-Friedenszentrum).

vom »Triumph der Mittelmäßigkeit« und der »Ull-Stein-Zeit« die Rede, auch die »militärisch-pazifistische Ambivalenz« wird erneut thematisiert. Doch die frühere Gelassenheit ist einem aggressiveren Ton gewichen. Tucholsky wird heftig befehdet und die Verhinderung seiner Replik offen gelegt. Und auch schon mal ganz direkt aus einem französischen Interview mit Remarque zitiert: »je n'ai aucune opinion sur Hitler« (354) heißt es da. Doch das alles hat auch etwas Resignatives: »Mit gut sitzender Opportunika hätte ich weniger Anstoß erregen können. Ich bin aber etwas weltfremder als die sonstigen Kasperlehausers.« (319) oder »Ich war immer stolz darauf, nicht aus dem Holze zu sein, woraus die Moderne ihre Lieblinge schnitzt.« Doch was hilft's?

> Schließlich erwarte ich vom Rest meines Lebens im Osten, Süden, Norden Westen nichts Neues mehr, sondern nur noch die uralten niederträchtigen Racheakte der in ihre Schranken gewiesenen überheblichen Mittelmäßigkeit. (370)

Das sind freilich keine Sätze ausgesprochen philosophischer Bescheidenheit, aber die »gut sitzende Opportunika« kann man sich auf jeden Fall merken und »die sonstigen Kasperlehausers« scheinen zu belegen, dass Mynona verstanden hatte,

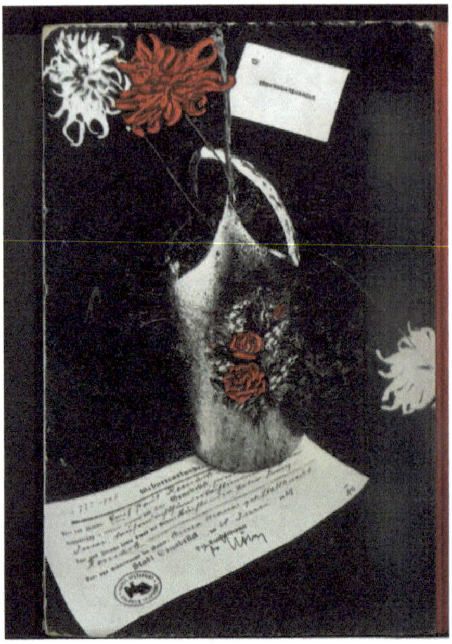

Abb. 6: *Hat Erich Maria Remarque wirklich gelebt?* – Schutzumschlag, hinterer Buchdeckel (© Remarque-Friedenszentrum).

was Tucholsky zu so entschieden ablehnender und teils diffamierender Reaktion gebracht hatte.

Dass Tucholsky tatsächlich auch Ullsteininterna kannte – als Ullsteinkorrespondent in Paris soll er wohl einschlägige Kontakte gehabt haben – war wohl nicht der Punkt. Aber unter dem Pseudonym »Kasper Hauser« hatte er bereits am 11. Juni 1929 mit »Endlich die Wahrheit über Remarque« in der *Weltbühne*[40] – und wenig später auch in *Deutschland, Deutschland über alles*[41] – dem ganzen politisch motivierten Herumstochern in Remarques Biographie zwecks Herabwürdigung des literarischen Werts des Romans und der Integrität seines Verfassers ein ironisches Ende setzen und das Verfahren der Remarque-Gegner der Lächerlichkeit preisgeben wollen; und Mynona, den er doch sehr geschätzt hatte, kochte das alles ein Quartal später noch einmal auf und lieferte den militaristischen, nationalistischen und nationalsozialistischen Antidemokraten auch noch die Argumente aus seriöser Quelle. Schon die Ankündigung bzw. der Prospekt hatte einen Schatten vorausgeworfen, denn einen Monat vor dem Erscheinen von Mynonas Werk am 12. September 1929 war im *Völkischen Beobachter* eine ganzseitige Parodie auf *Im*

40 Kasper Hauser [d.i. Kurt Tucholsky]. »Endlich die Wahrheit über Remarque!« *Die Weltbühne* 25 (1929), Nr. 24, 11.06.1929, 902–904 (Tucholsky, *Gesammelte Werke III*, 91–93).

41 *Deutschland, Deutschland über alles. Ein Bilderbuch von Kurt Tucholsky und vielen Fotografen.* Montiert von John Heartfield. Berlin: Neuer Deutscher Verlag, 1929 (Nd. Reinbek bei Hamburg: Rowohlt, 1973), 216/218.

Westen nichts Neues von Heinz Erich Platte (wohl kein Pseudonym) erschienen: »Im Westen ganz was Neues« lautete der Titel mit dem vorangestellten, expliziten Hinweis: »In einem Berliner Verlag erscheint demnächst ein parodistisches Buch: ›Hat Erich Maria Remarque wirklich gelebt?‹«.[42]

Natürlich wurde im *Völkischen Beobachter* der Name des Verfassers unterschlagen, aber es lag gleichwohl zu vermuten nahe, Steegemann habe erfolgreich versucht, das Zentralorgan der NSDAP für die Bewerbung seines Verlagsprodukts zu nutzen, denn Steegemann war geradezu berüchtigt für seine Werbekampagnen. Schon in Hannover war das so und angeblich hatte Siegfried Jacobsohn (1881–1926) als Herausgeber der *Weltbühne* Steegemann genau deshalb Ende 1926 nach Berlin gelotst.[43]

In Friedlaenders Briefwechsel allerdings ist kein Zeichen innerer Auseinandersetzung mit Tucholskys Erwiderung und kein Zweifel an der Korrektheit der eigenen Haltung zu finden.[44] Die gesellschaftliche Situation, die politischen Verwerfungen waren ihm gleichgültig im Hinblick auf die literarische Kritik.

In der *Weltbühne* hatte sich inzwischen der Blick auf *Im Westen nichts Neues* unter den sich verschärfenden politischen Auseinandersetzungen geändert. Carl von Ossietzky (1889–1938) fragte Ende Oktober 1930:

> Ist es nicht ein Jahrhundert her, daß uns der Triumph des Kriegsbuches von Remarque als eine spontane Wandlung zum Friedensgeist gedeutet wurde? [und kommentierte umgehend:] Die Friedensgesinnung ist dahin wie der Schnee vom vorigen Jahr.[45]

In seiner Rezension von Remarques nächstem Roman *Der Weg zurück* schwenkt Tucholsky in der *Weltbühne*[46] zum Teil auf Mynonas Kurs ein und kritisiert direkt literarische Unzulänglichkeiten: »man könnte das ja auch gestalten. Aber Remarque kann es nicht. Es langt nicht«, heißt es z.B. und abschließend »Nicht so weiter, wie dieses zweite Buch; nicht so weiter.«[47] Remarques Auftreten in der Öffentlichkeit

---

42 Heinz Erich Platte. »Im Westen ganz was Neues«. *Völkischer Beobachter*, 12.09.1929.

43 Meyer, *Paul Steegemann Verlag*, 57 und 81.

44 Siehe dazu Briefwechsel und Tagebücher von Salomo Friedlaender/Mynona. *Gesammelte Schriften*. Bd. 25: *Briefwechsel Mai 1919 – April 1931*. Hg. von Hartmut Geerken & Detlef Thiel. Herrsching: Waitawhile/Norderstedt: Books on Demand, [2018]; Bd. 26: *Briefwechsel Mai 1931–Dezember 1934*. Aus dem Nachlaß hg. von Hartmut Geerken u.a. Herrsching: Waitawhile/Norderstedt: Books on Demand, [2019]; Bd. 34: *Tagebücher 1–32. 1929–August 1935*. Aus dem Nachlaß hg. von Detlef Thiel u.a. Wiesbaden: Waitawhile/Norderstedt: Books on Demand, [2022].

45 Carl von Ossietzky. »Die Blutlinie«. *Die Weltbühne* 26 (1930), Nr. 43, 21.10.1930, 604; zit. nach Späth, *Die Reaktion der deutschen und amerikanischen Presse*, 501.

46 Ignaz Wrobel [d.i. Kurt Tucholsky]. »Der neue Remarque«. *Die Weltbühne* 27 (1931), Nr. 20, 19.05.1931, 732–733 (zit. nach Tucholsky, *Gesammelte Werke III*, 860–862).

47 [Tucholsky], »Der neue Remarque«, 862.

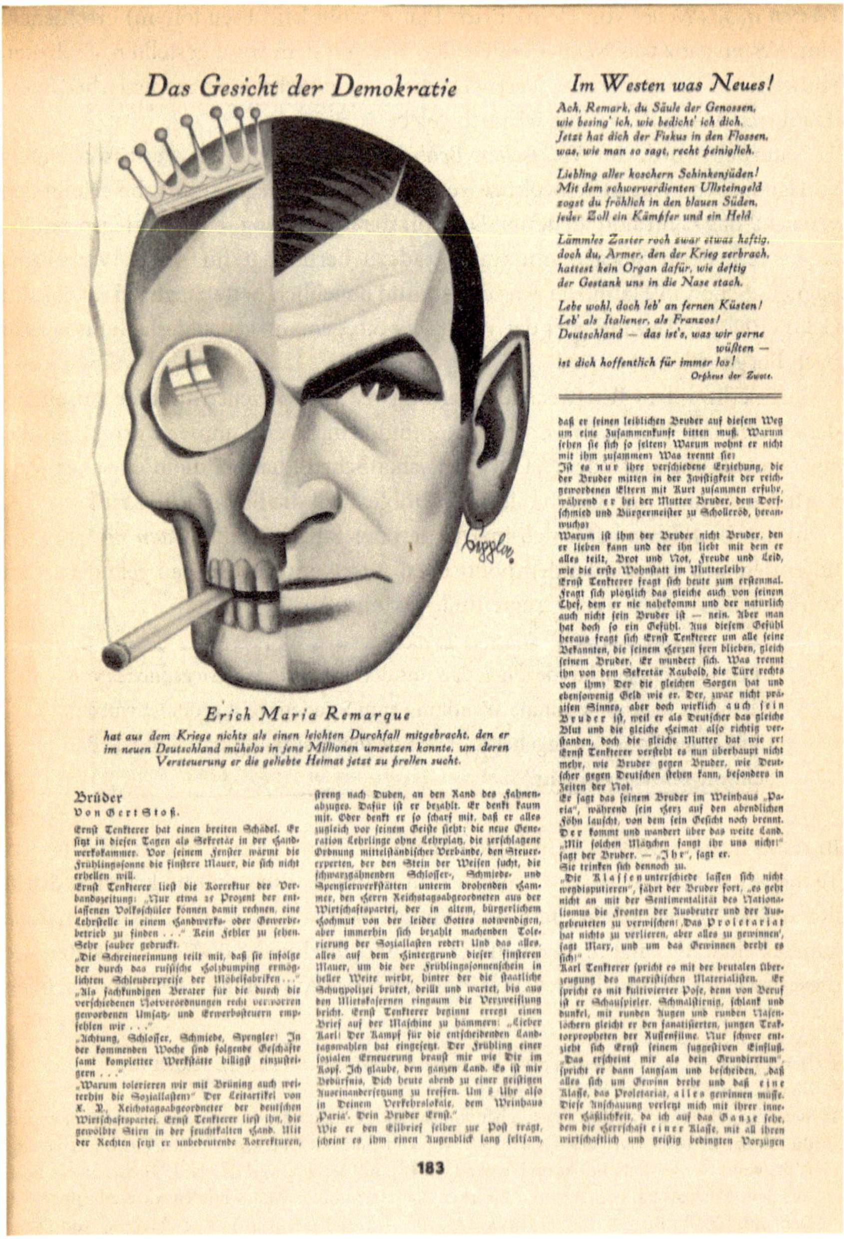

Das Gesicht der Demokratie

Erich Maria Remarque

hat aus dem Kriege nichts als einen leichten Durchfall mitgebracht, den er im neuen Deutschland mühelos in jene Millionen umsetzen konnte, um deren Versteuerung er die geliebte Heimat jetzt zu prellen sucht.

Im Westen was Neues!

Ach, Remark, du Säule der Genossen,
wie besing' ich, wie bedicht' ich dich.
Jetzt hat dich der Fiskus in den Flossen,
was, wie man so sagt, recht peiniglich.

Liebling aller koschern Schinkenjüden!
Mit dem schwerverdienten Ullsteingeld
zogst du fröhlich in den blauen Süden,
jeder Zoll ein Kämpfer und ein Held.

Lämmles Zaster roch zwar etwas heftig,
doch du, Armer, den der Krieg zerbrach,
hattest kein Organ dafür, wie deftig
der Gestank uns in die Nase stach.

Lebe wohl, doch leb' an fernen Küsten!
Leb' als Italiener, als Franzos!
Deutschland – das ist's, was wir gerne wüßten –
ist dich hoffentlich für immer los!

Orpheus der Zwote.

Brüder

Von Gert Stoß.

Ernst Tenkterer hat einen breiten Schädel. Er sitzt in diesen Tagen als Sekretär in der Handwerkskammer. Vor seinem Fenster wärmt die Frühlingssonne die finstere Mauer, die sich nicht erhellen will.

Ernst Tenkterer liest die Korrektur der Verbandszeitung: „Nur etwa 25 Prozent der entlassenen Volksschüler können damit rechnen, eine Lehrstelle in einem Handwerks- oder Gewerbebetrieb zu finden . . .“ Kein Fehler zu sehen. Sehr sauber gedruckt.

„Die Schreinerinnung teilt mit, daß sie infolge der durch das russische Holzdumping ermöglichten Schleuderpreise der Möbelfabriken . . .“

„Als fachkundigen Berater für die durch die verschiedenen Notverordnungen recht verworren gewordenen Umsatz- und Erwerbssteuern empfehlen wir . . .“

„Achtung, Schlosser, Schmiede, Spengler! In der kommenden Woche sind folgende Geschäfte samt kompletter Werkstätte billigst einzusteigern . . .“

„Warum tolerieren wir mit Brüning auch weiterhin die Soziallasten?“ Der Leitartikel von K. R., Reichstagsabgeordneter der deutschen Wirtschaftspartei. Ernst Tenkterer liest ihn, die gewölbte Stirn in der feuchtkalten Hand. Mit der Rechten setzt er unbedeutende Korrekturen, streng nach Duden, an den Rand des Fahnenabzuges. Dafür ist er bezahlt. Er denkt kaum mit. Oder denkt er so scharf mit, daß er alles zugleich vor seinem Geiste sieht: die neue Generation Lehrlinge ohne Lehrplatz, die zerschlagene Ordnung mittelständischer Verbände, den Steuerexperten, der den Stein der Weisen sucht, die schwarzgähnenden Schlosser-, Schmiede- und Spenglerwerkstätten unterm drohenden Hammer, den Herrn Reichstagsabgeordneten aus der Wirtschaftspartei, der in altem, bürgerlichem Hochmut von der leider Gottes notwendigen, aber immerhin sich bezahlt machenden Tolerierung der Soziallasten redet? Und das alles, alles auf dem Hintergrund dieser finsteren Mauer, um die der Frühlingssonnenschein in heller Weite wirbt, hinter der die staatliche Schutzpolizei brütet, drillt und wartet, bis aus den Mietskasernen ringsum die Verzweiflung bricht. Ernst Tenkterer beginnt erregt einen Brief auf der Maschine zu hämmern: „Lieber Karl! Der Kampf für die entscheidenden Landtagswahlen hat eingesetzt. Der Frühling einer sozialen Erneuerung braust mir wie Dir im Kopf. Ich glaube, dem ganzen Land. Es ist mir Bedürfnis, Dich heute abend zu einer geistigen Auseinandersetzung zu treffen. Um 8 Uhr also in Deinem Verkehrslokale, dem Weinhaus ‚Paria'. Dein Bruder Ernst.“

Wie er den Eilbrief selber zur Post trägt, scheint es ihm einen Augenblick lang seltsam, daß er seinen leiblichen Bruder auf diesem Weg um eine Zusammenkunft bitten muß. Warum sehen sie sich so selten? Warum wohnt er nicht mit ihm zusammen? Was trennt sie?

Ist es nur ihre verschiedene Erziehung, die der Bruder mitten in der Zwistigkeit der reichgewordenen Eltern mit Kurt zusammen erfuhr, während er bei der Mutter Bruder, dem Dorfschmied und Bürgermeister zu Schollerköd, heranwuchs?

Warum ist ihm der Bruder nicht Bruder, den er lieben kann und der ihn liebt, mit dem er alles teilt, Brot und Not, Freude und Leid, wie die erste Wohnstatt im Mutterleib?

Ernst Tenkterer fragt sich heute zum erstenmal. Fragt sich plötzlich das gleiche auch von seinem Chef, dem er nie nahekommt und der natürlich auch nicht sein Bruder ist – nein. Aber man hat doch so ein Gefühl. Aus diesem Gefühl heraus fragt sich Ernst Tenkterer um alle seine Bekannten, die seinem Herzen fern blieben, gleich seinem Bruder. Er wundert sich. Was trennt ihn von dem Sekretär Raubold, die Türe rechts von ihm? Der die gleichen Sorgen hat und ebensowenig Geld wie er. Der, zwar nicht präzisen Sinnes, aber doch wirklich auch sein Bruder ist, weil er als Deutscher das gleiche Blut und die gleiche Heimat, also richtig verstanden, doch die gleiche Mutter hat wie er! Ernst Tenkterer versteht es nun überhaupt nicht mehr, wie Bruder gegen Bruder, wie Deutscher gegen Deutschen stehen kann, besonders in Zeiten der Not.

Er sagt das seinem Bruder im Weinhaus „Paria“, während sein Herz auf den abendlichen Föhn lauscht, von dem sein Gesicht noch brennt. Der kommt und wandert über das weite Land.

„Mit solchen Mätzchen fangt ihr uns nicht!“ sagt der Bruder. – „Ihr“, sagt er.

Sie trinken sich dennoch zu.

„Die Klassenunterschiede lassen sich nicht wegdisputieren“, fährt der Bruder fort, „es geht nicht an, mit der Sentimentalität des Nationalismus die Fronten der Ausbeuter und der Ausgebeuteten zu verwischen! ‚Das Proletariat hat nichts zu verlieren, aber alles zu gewinnen', sagt Marx, und um das Gewinnen dreht es sich!“

Karl Tenkterer spricht es mit der brutalen Überzeugung des marxistischen Materialisten. Er spricht es mit kultivierter Pose, denn von Beruf ist er Schauspieler. Schmalstirnig, schlank und dunkel, mit runden Augen und runden Nasenlöchern gleicht er den fanatisierten, jungen Traktorpropheten der Russenfilme. Nur schwer entzieht sich Ernst seinem suggestiven Einfluß.

„Das erscheint mir als dein Grundirrtum“, spricht er dann langsam und bescheiden, „daß alles sich um Gewinn drehe und daß eine Klasse, das Proletariat, alles gewinnen müsse. Diese Anschauung verletzt mich mit ihrer inneren Häßlichkeit, da ich auf das Ganze sehe, dem die Herrschaft einer Klasse, mit all ihren wirtschaftlich und geistig bedingten Vorzügen

183

Abb. 7: »Das Gesicht der Demokratie«. *Die Brennessel*, 20.04.1932 (© DLA Marbach).

ist unverändert, aber Tucholskys Wahrnehmung hat sich nach der erfolgreichen Kampagne der Nazis gegen die Aufführungen der Verfilmung von *Im Westen nichts Neues* verändert, die bekanntlich mit dem Verbot des Films endete:[48]

> Auf Remarque als Kämpfer können wir nicht zählen, seit er sich von dem Kammerjäger Goebbels so leicht hat besiegen lassen. Da hat nun schon mal einer von uns so einen großen Erfolg, daß er auf alles husten kann – und dann stellt er sich nicht heraus.[49]

Carl von Ossietzky konstatierte Anfang April 1932 geradezu: »Seine [d.i. *Im Westen nichts Neues*] ungeheure Verbreitung hat dem Nationalismus keinen Abbruch getan.« Im Grunde sei das Buch »effektlos vorbeigerauscht«. »Es ist als eine Modesache aufgenommen, so gelesen und wieder weggelegt worden«, so Ossietzky: »Das Buch ist heute schon vergessen.«[50] Auf lange Sicht hatte er damit unrecht.

Heute vergessen hingegen ist *Hat Erich Maria Remarque wirklich gelebt?* Mynonas Beschäftigung mit Remarque und die daran anschließende Auseinandersetzung mit Tucholsky blieb 80 Jahre lang ein eher wenig beachtetes Seitenstück zu *Im Westen nichts Neues*. Der Anspielungsreichtum überforderte schon die Zeitgenossen.[51]

Was im Rückblick wirklich verblüfft, ist, dass Tucholsky wohl die potentielle Wirksamkeit von Steegemanns Ankündigung und Werbeprospekt in gänzlich anderer Hinsicht bereits erkannt hat, die sich im *Völkischen Beobachter* mit Plattes »*Im Westen ganz was Neues*« zunächst gezeigt hatte, jedoch 1932 in der NS-Satirezeitschrift *Die Brennessel*[52] ihre demagogische Form findet – »Das Gesicht der Demokratie« (Abb. 7), das Josef Plank unter dem Pseudonym »Seppla« entwarf,[53] gebildet zur Hälfte aus dem ›Ullstein-Gesicht‹ von Erich Maria Remarque, und zur anderen Hälfte einem Totenkopf mit den Remarque vermeintlich charakterisieren-

48 Zu den Auseinandersetzungen um Verfilmung und Filmaufführungen siehe Bärbel Schrader (Hg.). *Der Fall Remarque. »Im Westen nichts Neues«. Eine Dokumentation.* Leipzig: Reclam-Verlag, 1992.

49 [Tucholsky], »Der neue Remarque«, 862.

50 Carl von Ossietzky. »Der Fall Remarque«. *Die Weltbühne* 28 (1932), Nr. 15, 12.04.1932, 548–550.

51 Mit der kommentierten Edition von Detlef Thiel im Rahmen der Friedlaender/Mynona-Gesamtausgabe wird Vieles für ein interessiertes breites Publikum erstmals verständlich (siehe einführend Thiel, »Stiche in Wespennester«, und Mynona, *Gesammelte Schriften* 11, 428–474).

52 Zu dieser NS-Satirezeitschrift siehe Ursula E. Koch. »Die Brennessel (1931–1938)«. Wolfgang Benz (Hg.). *Handbuch des Antisemitismus. Judenfeindschaft in Geschichte und Gegenwart.* Band 6: *Publikationen.* Bearb. von Brigitte Mihok. Berlin: De Gruyter, 2013, 81–82.

53 *Die Brennessel* 2 (1932), Nr. 15, 20.04.1932, 183. Zu Planks »Gesicht der Demokratie« siehe Patrick Merziger. *Nationalsozialistische Satire und »Deutscher Humor«. Politische Bedeutung und Öffentlichkeit populärer Unterhaltung 1931–1945.* Stuttgart: Franz Steiner Verlag, 2010 (Beiträge zur Kommunikationsgeschichte 23), 101–102.

den Insignien »Monokel«[54] und »siebenzackiger Krone«, die wir in Steegemanns Prospekt schon finden: »Erich Maria Remarque. Eine siebenzackige Krone ziert nun die pompöse Visitenkarte, das Monokel blitzt [...],« allerdings wurde erst mit dem Schutzumschlag der Buchausgabe schließlich die Krone ins Bild gebracht.

Die Bildunterschrift zu diesem »Gesicht der Demokratie« erläutert:

> Erich Maria Remarque hat aus dem Kriege nichts als einen leichten Durchfall mitgebracht, den er im neuen Deutschland mühelos in jene Millionen umsetzen konnte, um deren Versteuerung er die geliebte Heimat jetzt zu prellen sucht.[55]

Damit schließt die boshaft denunziatorische Karikatur an den antidemokratischen Diskurs an mit den Schlagworten »Kriegsgewinnler« und »Plutokratie«, die nun konkret auf Erich Maria Remarque gemünzt werden.

54 Fotos von Remarque mit Monokel gibt es vornehmlich aus seiner Berliner Zeit als Redakteur von *Sport im Bild*. (Siehe Thomas Schneider. *Erich Maria Remarque. Ein Chronist des 20. Jahrhunderts. Eine Biographie in Bildern und Dokumenten*. Bramsche: Rasch Verlag, 1991, 29, und Schneider, *Unabhängigkeit – Toleranz – Humor*, 64 und 78); zum Monokel auch Sternburg, »*Als wäre alles das letzte Mal*«, 141. Remarque als Raucher zeigt ein PR-Foto des Ullstein-Konzerns von 1929 (siehe Remarque, *Im Westen nichts Neues*, 330). Das Foto aus Privatbesitz, das Friedel Vordemberge und Remarque mit einem Totenkopf zeigt, dem eine Zigarette zwischen die Zähne geschoben wurde, dürfte Josef Plank nicht bekannt gewesen sein (Schneider, *Unabhängigkeit – Toleranz – Humor*, 29) – trotz frappierender Ähnlichkeiten.

55 Gemeint ist der Prozess gegen Remarque wegen Devisenvergehens (siehe dazu Sternburg, »*Als wäre alles das letzte Mal*«, 236).

Sven Jürgensen

Nähe und Ferne
Thomas Mann/ Erich Maria Remarque – Hans Castorp / Paul Bäumer

Es sei ein kleiner Umweg gestattet, der sich dem Zufall verdankt, dass der Vortrag *Thomas Mann / Erich Maria Remarque: Hans Castorp / Paul Bäumer* am 300. Geburtstag Immanuel Kants im Erich Maria Remarque-Friedenszentrum in Osnabrück gehalten wurde.[1] Bekanntlich wurde der Philosoph am 22. April 1724 in Königsberg in Ostpreußen, heute Kaliningrad in Russland, geboren.

An den Philosophen darf durchaus in diesem Zusammenhang im Remarque-Friedenszentrum erinnert werden, weil er mit seinem Entwurf von 1795 *Zum ewigen Frieden* Grundlegendes zu bedenken gibt, das sich quer zu den Herausforderungen der Gegenwart stellt, gleichwohl aber immer noch und immer wieder diskutiert werden muss – so etwa seine Ablehnung stehender Heere, die zu einem unfinanzierbaren Rüstungswettlauf führten.[2] Sein Appell an das Subjekt, das willens ist, sich aufzuklären, den Mut zu haben, sich seines eigenen Verstandes zu bedienen,[3] ist leicht

1 Dieser Beitrag beruht auf dem Vortrag »Thomas Mann / Erich Maria Remarque: Hans Castorp / Paul Bäumer«, den ich am 22. April 2024 im Erich Maria Remarque-Friedenszentrum der Stadt Osnabrück im Rahmen der Veranstaltungen gehalten habe, die die Ausstellung *Aufbruch: Vordemberge-Gildewart und Remarque: zwei Wegbereiter der Moderne – Zeitgenössische Perspektiven 1924/2024* begleitet haben.

2 Kant sagt in seiner Schrift *Zum ewigen Frieden*: »Denn sie [stehende Heere] bedrohen andere Staaten unaufhörlich mit Krieg durch die Bereitschaft, immer dazu gerüstet zu erscheinen; reizen diese an, sich einander in Menge der Gerüsteten, die keine Grenzen kennt, zu übertreffen, und indem durch die darauf verwandten Kosten der Friede endlich noch drückender wird als ein kurzer Krieg, so sind sie selbst Ursache von Angriffskriegen, um diese Last loszuwerden; wozu kommt, daß, zum Tödten oder getödtet zu werden […] einen Gebrauch von Menschen als bloßen Maschinen und Werkzeugen in der Hand eines Andern (des Staats) zu enthalten scheint, der sich nicht wohl mit dem Rechte der Menschheit in unserer eigenen Person vereinigen läßt.« AA Bd. 8, 345. Die Schriften Kants werden zitiert nach *Kant's gesammelte Schriften* (Akademieausgabe AA). Hg. von der Königlich Preußischen Akademie der Wissenschaften. Berlin 1900.

3 Vgl. Kant. *Was ist Aufklärung?* AA Bd. 8, 35.

zu zitieren, aber auch in der Gegenwart nur schwer zu befolgen, gilt doch damals wie heute, dass der Mensch aus »krummem Holze« gemacht sei, weswegen aus ihm »nichts ganz Gerades gezimmert werden« könne.[4] Kants Freilegung des autonomen Subjekts in seiner *Kritik der praktischen Vernunft* – das Ziel seines systematischen Philosophierens –, das sich allein dem selbstgegebenen Gesetz seiner Vernunft, dem Kategorischen Imperativ, unterwirft, womit er die Freiheit zum Prinzip seiner Philosophie macht, ist schwer zu erreichen. Auf dem langen Weg durch Kants *Kritik der reinen Vernunft* zu ihm muss der Rezipient – ein freies Subjekt, das auf dem Weg zu sich die Gründe seiner Freiheit erkennt – feststellen, dass und wie Kant die Vernunft erschüttert, indem er zeigt, dass sie ihre eigenen Ideen – Gott, Welt und Seele – nicht erkennen kann, sie sich also mit sich immer schon im Widerspruch befindet. Bevor er in seiner *Kritik der praktischen Vernunft* das Sittengesetz formuliert, begrenzt er folglich die Erkenntnis auf den Bereich der Erfahrung und entzieht der Metaphysik ihre ureigensten Themen. Kants systematische Überlegungen zum Schönen und Erhabenen in seiner *Kritik der Urteilskraft* strahlen in die Gegenwart aus und sind kritisches Gedankengut all derer, die sich mit ästhetischen Fragen beschäftigen. Mit seiner Bemerkung im teleologischen Teil der *Kritik der Urteilskraft*, der Mensch dürfe nie allein nur als Mittel, sondern müsse immer auch als Zweck betrachtet werden,[5] beantwortet er die Frage nach der Humanität auf denkbar knappe Weise.[6] Berühmt ist er zurecht auch für seine vier Fragen, um die sich sein Denken gruppieren lässt und die uns immer noch bewegen: Was kann ich wissen? Was soll ich tun? Was darf ich hoffen? Was ist der Mensch?[7]

An seinem Geburtstag im Remarque-Friedenszentrum an Kant zu erinnern, hat aber durchaus auch etwas mit dem Thema zu tun. So beschäftigt sich Thomas Mann vor 99 Jahren in seinem Essay *Die Ehe im Übergang*, einem Brief an den Grafen Hermann Keyserling, mit der Ehe, dem »Problem« der Ehe:[8] »Problematisch geworden in der Zeit, wie alles. Unsere Großeltern [...] hätten es nicht

---

4 Kant. *Idee zu einer allgemeinen Geschichte in weltbürgerlicher Absicht*, AA Bd. 8, 23.

5 Hinsichtlich des Staates und seiner Glieder sagt Kant in der *Kritik der Urteilskraft*: »Denn jedes Glied soll freilich in einem solchen Ganzen nicht bloß Mittel, sondern zugleich auch Zweck sein und, indem es zu der Möglichkeit des Ganzen mitwirkt, durch die Idee des Ganzen wiederum seiner Stelle und Function nach bestimmt sein.« AA Bd. 5, 375.

6 Ob Remarque, als er 1962 in einem Interview seine Arbeit auf einen Nenner bringt und sagt: »Mein Thema ist der Mensch dieses Jahrhunderts – die Frage der Humanität« klar ist, dass er hier den Horizont der Philosophie Kants berührt? Zitiert nach Frantisek Goldscheider. »Za Remarquem v Porto Roncu«. *Literama Noviny* (Prag), Nr. 42, 20.10.1962.

7 Immanuel Kant. *Vorlesungen über Logik*, AA Bd. 9, 25. Es wäre gelegentlich zu fragen, wie sich der des 20. Jahrhunderts, den Remarque thematisiert, von dem Menschen, nach dem Kant fragt, und dem Menschen unseres Jahrhunderts unterscheidet.

8 Thomas Mann. »Die Ehe im Übergang, Brief an den Grafen Hermann Keyserling«. Ders. *Essays* Band 2: *Für das neue Deutschland 1919–1925*. Hg. von Hermann Kurzke, Stephan Stachorski. Frankfurt/Main: S. Fischer Verlag, 2001, 267.

verstanden.«[9] In diesem Zusammenhang kommt er auf Kants Bestimmung der Ehe zu sprechen und wägt sie gegen die Überlegungen Hegels ab, sie sei nämlich »die Verbindung zweier Personen verschiedenen Geschlechts zum lebenswierigen wechselseitigen Besitz ihrer Geschlechtseigenschaften«.[10]

Nicht ganz so theoretisch, sondern ganz handfest nutzt Remarque den Philosophen Kant. In seinem späten, 1956 erschienenen, in Werdenbrück/Osnabrück des Jahres 1923 angesiedelten Roman *Der schwarze Obelisk* ergreift die Hauptperson, der Ich-Erzähler Ludwig Bodmer, nicht die leichtere *Metaphysik der Sitten*, in der Kant die sittliche Verbindung der Ehe zwischen Mann und Frau vorstellt, sondern die herumliegende schwergewichtige *Kritik der reinen Vernunft*, um mit diesem Buch, das er aus einem höheren Stockwerk an einem Seil herunterlässt, an ein Fenster zu klopfen. So warnt er den befreundeten Ehebrecher vor dem nahenden Ehemann. Das Paar kommt dank der *Kritik der reinen Vernunft*, ohne diese lesen zu müssen, rechtzeitig auseinander. Der Ehebruch bleibt unentdeckt – und Kants Überlegungen zur Ehe unberührt …

Für die Entwicklung der beiden Osnabrücker Erich Maria Remarque und Friedrich Vordemberge-Gildewart (VG) stellt das Jahr 1924 einen Wendepunkt in ihrer Entwicklung dar. Bisher eher übersehen und wenig berücksichtigt, konnte die Doppelausstellung *Aufbruch: Vordemberge-Gildewart und Remarque: zwei Wegbereiter der Moderne – Zeitgenössische Perspektiven 1924/2024* im Erich Maria Remarque-Friedenszentrum und im Geburtshaus Vordemberge-Gildewarts die Bedeutung ihrer Kooperation verdeutlichen. Diese Zusammenarbeit überrascht insofern, als Remarque zu dieser Zeit noch ein Suchender ist, der Form und Thema für sein schriftstellerisches Wirken noch nicht gefunden hat. Er ist ungemein fleißig, produziert unablässig, braucht aber noch allerlei Versuche, um zu seinem Thema und der entsprechenden Sprache zu finden. Ganz anders VG: Er ist mit seiner ersten Ausstellung in der Kestner Gesellschaft auf Anhieb voll da. Es scheint, als müsse er nicht suchen, sondern als habe er sogleich ein fertiges Programm, auf dessen Folie er eine gültige Position in der Kunst des 20. Jahrhunderts gestaltet. Hier soll aber weniger dieses Zusammentreffen thematisiert werden. Das ist bereits an anderer Stelle geschehen.[11] Stattdessen sollen vielmehr einige Beobachtungen und Gedanken notiert werden, die sich der Lektüre des Romans *Der Zauberberg*

9 Ebd.

10 Ebd., 280. Kant definiert die Ehe in der *Metaphysik der Sitten* als »Verbindung zweier Personen verschiedenen Geschlechts zum lebenswierigen, wechselseitigen Besitz ihrer Geschlechtseigenschaften.« AA Bd. 6, 277. Thomas Mann empfindet diese Definition als »greulich junggesellenhaft« Mann, »Die Ehe«, 280.

11 Vgl. v. Verfasser: »Remarques Weg in die Moderne«. *Aufbruch: 1924 Vordemberge-Gildewart und Remarque auf dem Weg in die Moderne; 2024 Zeitgenössische Perspektiven.* Hg. von der Stiftung »kunst.konkret.konstruktiv – vordemberge-gildewart«. Osnabrück 2024, 57 ff.

von Thomas Mann verdanken, der in dem Jahr erscheint, also vor 100 Jahren, in dem Remarque und VG in Hannover miteinander kooperieren.

Erst vier Jahre später folgt dann die Veröffentlichung des Klassikers *Im Westen nichts Neues*, mit dem Erich Maria Remarque die Bühne der Weltliteratur betritt. In diesem Roman hält Remarque in der Perspektive des Ich-Erzählers Paul Bäumer dessen Erlebnisse an der Westfront gegen Ende des Ersten Weltkrieges fest, die für die Strategen dieses Krieges so bedeutungslos sind, dass nicht einmal sein Tod eine Nachricht Wert ist. So wie ihm ihre Entscheidungen und Strategien nichts bedeuten, so bedeuten sein Leben und sein Tod ihnen nichts. Planung und Ausführung haben keinerlei Berührungspunkte. Auch der Frontbesuch des Kaisers, der ebenso plötzlich erscheint, wie er auch wieder verschwindet, erzeugt keine Nähe und keine Aufklärung über Sinn und Nutzen des Krieges, keinen Kontakt zu den niedergeschlagenen und ziemlich demoralisierten Soldaten, sondern zeigt eher die Albernheit einer schlechten Maskerade aus einer längst untergegangenen Zeit, die für das weitere Geschehen folgenlos bleibt. Und so findet sich die Passage, die dem Roman seinen Namen gibt, erst im vorletzten Absatz.[12]

In eben diesen Krieg entlässt Thomas Mann seinen Protagonisten Hans Castorp nach seinem siebenjährigen Aufenthalt auf dem Zauberberg am Ende seines Romans. Deutet Mann die Gräuel dieses Krieges aus der Distanz des Zauberbergs mit wenigen Bemerkungen nur an, so verstellen eben diese Remarques Protagonisten den Blick für etwaige größere Zusammenhänge oder gar historische Dimensionen. Ihnen geht es nur darum, irgendwie zu überleben, um in ihren Alltag zurückkehren zu können, der im Gemetzel des Krieges zu einem anheimelnden Ideal wird, das sich zwischen alle Gespräche und Träume drängt. Der Fluchtpunkt dieses Überlebenswillens in höchster Lebensgefahr ist die Heimat, das Heimweh daher dessen Konkretion. Dass diese Heimat nie so gewesen ist, wie sie sich die Soldaten im Schützengraben vorstellen, noch je wieder so sein wird, zeigt Remarque in seinem, auf *Im Westen nichts Neues* folgenden Roman *Der Weg zurück*.

Vom Heimweh wird Hans Castorp während seines Aufenthalts auf dem Zauberberg nicht angerührt. Zeigt Remarque seinen Protagonisten in Rückblenden in der Schule und bei der militärischen Grundausbildung in einem zeitlichen und also vergangenen Diesseits, so wird Castorp aus einem eher zeitlosen Jenseits, der angehaltenen, gleichwohl begrenzten Zeit im Sanatorium, aus der Höhe in die Tiefe, in die Katastrophe dieses Krieges katapultiert: »ein historischer Donnerschlag […], der die Grundfesten der Erde erschütterte […], der den Zauberberg sprengt

12 »Er fiel im Oktober 1918, an einem Tage, der so ruhig und still war an der ganzen Front, daß der Heeresbericht sich nur auf den Satz beschränkte, im Westen sei nichts Neues zu melden.« Erich Maria Remarque. *Im Westen nichts Neues*. In der Fassung der Erstausgabe mit einem Nachwort hg. v. Thomas F. Schneider. Köln: Kiepenheuer & Witsch, 2013, 295.

und den Siebenschläfer unsanft vor seine Tore setzt.«[13] Mann entlässt seinen Protagonisten, den er am Ende des Romans auf dem Weg zur Front noch einmal in unscharfer Ferne kurz wiederentdeckt, wo er im Nebel des von Bomben und Granaten aufgewühlten Matsches und Drecks besinnungslos vor sich hin singt: »Ich schnitt in seine Rinde // So manches liebe Wort –«[14] und verschwindet. Schlechte Aussichten bescheinigt Mann seinem Castorp, obwohl er offenlässt, ob Castorp diesen »Donnerschlag«, so der Titel des letzten Kapitels, überlebt.[15]

Die mit diesem »Donnerschlag« verbundene Zeitenwende erzeugt ein befremdendes Echo sowohl in den während des Krieges entstandenen Essays von Thomas Mann als auch in seinen *Betrachtungen eines Unpolitischen* mit seinen Ausfällen gegen den »Zivilisationsliteraten«, die er zwischen 1915 und 1918 schreibt und sogleich veröffentlicht. Vergleicht man diese unterkühlten Reflexionen Manns, mit denen er ein Verhältnis zu dem historischen Donnerschlag, »der die Grundfesten der Erde erschütterte«,[16] zu ermitteln sucht, mit den Erinnerungen eines Europäers, dem 1942 posthum erschienen Werk *Die Welt von Gestern* von Stefan Zweig, das er erst während des Zweiten Weltkriegs, als er sich in Brasilien im Exil aufhält, schreibt, so fällt sogleich der Unterschied in der Perspektive auf: Hier schreibt ein unfreiwillig Vertriebener, der alles verloren hat, ein heimatlos Verzweifelter seine Erinnerungen an eine untergegangene Welt auf, dort versucht einer sich und seine Heimat in einer Konstellation zu retten, deren Gegenwart noch nicht endgültig definiert ist. So bekennt Mann freimütig, »ein rechtes Kind des […] neunzehnten [Jahrhunderts]«,[17] zu sein, dessen geistiger Schwerpunkt jenseits der Jahrhundertwende liege.[18] In der Fremde, trotz aller Gastfreundschaft, muss Zweig sich damit abfinden, nicht mehr als Gast, sondern als Refugee[19] behandelt zu werden; ein bedeutender Unterschied, wie er schreibt:

> Gestern noch ausländischer Gast und gewissermaßen Gentleman, der hier sein internationales Einkommen verausgabte und seine Steuern bezahlte,

13 Thomas Mann. *Der Zauberberg.* Ders. *Gesammelte Werke*, 2. Band. Frankfurt/Main: S. Fischer Verlag, 1956, 1005.

14 Ebd., 1013.

15 Ein Ton der Gleichgültigkeit ist nicht zu überhören, wenn Mann schreibt: »Fahr wohl – du lebest nun oder bleibest!« Ebd., 1014.

16 Ebd., 1005.

17 Thomas Mann. *Betrachtungen eines Unpolitischen.* Frankfurt/Main: Fischer Taschenbuch Verlag, 1991, 13.

18 Ebd., 14.

19 Zur selben Zeit verfasste Hannah Arendt ihren Aufsatz »We refugees«, zuerst erschienen in: *The Menorah Journal* 36 (1943), Nr. 1. Die dt. Übersetzung »Wir Flüchtlinge« erschien zuerst in: Hannah Arendt. *Zur Zeit. Politische Essays.* Berlin: Rotbuch Verlag, 1986. Zitiert wird nach der Übersetzung von Eike Geisel, Philipp Reclam jun., Dietzingen 2016. Der Essay setzt unvermittelt ein mit der Bemerkung: »Vor allem mögen wir es nicht, wenn man uns ›Flüchtlinge‹ nennt.« Ebd., 9.

> war ich Emigrant geworden, ein ›Refugee‹. Ich war in eine mindere, wenn auch nicht unehrenhafte Kategorie hinabgedrückt [...] Vor 1914 hatte die Erde allen Menschen gehört. Jeder ging, wohin er wollte und blieb, solange er wollte. Es gab keine Erlaubnisse, keine Verstattungen. [...] Erst nach dem Kriege begann die Weltverstörung durch den Nationalsozialismus, und als erstes sichtbares Phänomen zeitigte diese geistige Epidemie unseres Jahrhunderts die Xenophobie: den Fremdenhaß oder zumindest die Fremdenangst. Überall verteidigte man sich gegen die Ausländer, überall schaltete man ihn aus.[20]

Voller Bitterkeit schreibt das Zweig, der sich selbst als Europäer und Weltbürger versteht, aber in der Welt und von seiner Heimat zum ausgestoßenen Fremden, zum Flüchtling gemacht worden ist, dem verwehrt wird, in seiner Heimat zu leben.

Die Wirklichkeit war natürlich auch schon im 19. Jahrhundert anders als die von Zweig beschriebene. Den Vorzug und die Freiheit, überall hinreisen zu können, ohne sich ausweisen zu müssen, konnten auch damals nur einige wenige Begünstigte beanspruchen – zumeist weiße, wohlhabende Europäer und einige wenige begüterte Intellektuelle. Aber darauf kommt es hier nicht an. Zweig formuliert als Schriftsteller seine Erinnerungen, ohne diese ›gegenchecken‹ zu können oder zu wollen. Er schreibt diese Erinnerungen nicht als Historiker, Zeitzeuge oder Journalist. Seine Erinnerungen müssen sich nicht historisch verifizieren lassen, sondern haben ihre Relevanz an dem Gefühl des Verlustes und der Zerstörung einer Welt, in der er sich zu Hause gefühlt hat: »völlig verschiedene Welten«[21]: die Welt, in der Zweig aufwuchs, und die der Gegenwart des sich erinnernden schreibenden Zweigs: die Zeit des Zweiten Weltkrieges, die der Emigration, des Aufenthaltes als Flüchtling in Brasilien. Seine Erinnerungen idealisieren die Vergangenheit, um den Kontrast zur Trostlosigkeit seiner Gegenwart umso größer erscheinen zu lassen. So wie er fliehen musste, so lässt er die erinnerte Welt der idealisierten Vergangenheit in seine Sprache entfliehen, damit sie zugänglich bleibt und nicht verloren geht. Die Gegenwart ist für Zweig durch die Verzweiflung des totalen Bedeutungsverlustes gekennzeichnet, nachdem die Nationalsozialisten all seine Bücher verbrannt hatten: »So gehöre ich nirgends mehr hin, überall Fremder und bestenfalls Gast; auch die eigentliche Heimat, die mein Herz sich erwählt, Europa, ist mir verloren, seit es sich zum zweitenmal selbstmörderisch zerfleischt im Bruderkriege.«[22] Der Traum von der kommenden Ära des »Weltbürgertums«[23] war ausgeträumt. Das von Kant

20 Stefan Zweig. *Die Welt von Gestern. Erinnerungen eines Europäers.* Frankfurt/Main: Fischer Taschenbuch, 2022, 462 f.
21 Ebd., 9.
22 Ebd., 8.
23 Ebd., 464.

formulierte »Besuchsrecht« des Weltbürgers in unerreichbare Ferne entrückt.[24] Eine auf die Zukunft gerichtete Tradition des Denkens war zerbrochen. Gewaltsam war sie zerstört worden. Und mit dem Aufwachen aus dem Traum verbunden war für Zweig eine Entfremdung mit sich selbst, deren Erfahrung wohl auch der für die Notwendigkeiten des Kriegs völlig unvorbereitete und ungeeignete Hans Castorp machen muss, die Thomas Mann am Ende des *Zauberbergs* nur noch andeutet: »Wo sind wir? Was ist das? Wohin verschlug uns der Traum? Dämmerung, Regen und Schmutz, Brandröte des trüben Himmels, der unaufhörlich von schwerem Donner brüllt[...]«.[25] Die träge Gemütlichkeit des Zauberbergs mit ihren Rissen und Verwerfungen, denen Castorp ausgesetzt ist, ohne diese jedoch zu verstehen, ist ebenso unzugänglich geworden, wie die »Ebene«, die Welt, aus der Castorp einst zum Zauberberg hinaufgereist ist. Stefan Zweig hält fest:

> Und ich zögere nicht zu bekennen, daß seit dem Tage, da ich mit eigentlich fremden Papieren oder Pässen leben mußte, ich mich nie mehr ganz als mit mir zusammengehörig empfand. Etwas von der natürlichen Identität mit meinem ursprünglichen und eigentlichen Ich blieb für immer zerstört.[26]

Diese Beschreibung charakterisiert ziemlich genau die Grundstimmung der Emigranten-Romane Remarques, etwa von *Arc de Triomphe*, in denen die Protagonisten nicht nur etwas verloren haben, sondern immer auch in der Gefahr sind, sich selbst zu verlieren. Zu höchster Meisterschaft hat das Remarque in seinem Roman *Die Nacht von Lissabon* gebracht, in dem er auslotet, ob und wie die wahre Identität gerettet werden kann unter Bedingungen, die verlangen, falsche Identitäten anzunehmen. Diese Stimmung wird geprägt von einem Heimweh, das keine Heimat mehr hat, nicht mehr irgendwo, sondern nirgendwo. Zweig schreibt: »am Tage, da ich meinen Paß verlor, entdeckte ich mit achtundfünfzig Jahren, daß man mit seiner Heimat mehr verliert als einen Fleck umgrenzter Erde.«[27]

Verbunden mit dieser Zerstörung des Ich ist der Verlust einer Sicherheit, über die Zweig eingangs seiner Erinnerungen in *Die Welt von Gestern* schreibt, die Zeit

---

24 Der dritte Definitivartikel zum ewigen Frieden lautet: »Das Weltbürgerrecht soll auf Bedingungen der allgemeinen Hospitalität eingeschränkt sein.« In diesem Artikel unterscheidet Kant das Gastrecht vom Besuchsrecht, »welches allen Menschen zusteht, sich zur Gesellschaft anzubieten vermöge des Rechts des gemeinschaftlichen Besitzes der Oberfläche der Erde, auf der als Kugelfläche sie sich nicht ins Unendliche zerstreuen können, sondern endlich sich doch neben einander dulden müssen, ursprünglich aber niemand an einem Orte der Erde zu sein mehr Recht hat, als der Andere.« Kant, *Zum ewigen Frieden*, AA Bd. 8, 358.

25 Mann, *Zauberberg*, 1010.

26 Zweig, *Die Welt von gestern*, 466.

27 Ebd. An diese Einschätzung mag man denken, wenn man sich Felix Nussbaums vielleicht bekanntestes Gemälde anschaut, das *Selbstbildnis mit Judenpass*.

vor dem Ersten Weltkrieg sei das goldene Zeitalter der Sicherheit gewesen.[28] Aber heute wisse er, dass »jene Welt der Sicherheit ein Traumschloss gewesen«[29] sei. Aufgewacht aus einem Lebenstraum hat Zweig also nicht nur eine Welt, sondern mit dieser Welt, die seine Welt war, auch sich selbst verloren. Übriggeblieben ist ein bedeutungsloses Ich ohne Eigengewicht, das keiner vermisst. Ihm ist die Sprache abhandengekommen, mit der er eine Welt schaffen konnte, in der er über die Sprache der Literatur Beziehungen zu anderen knüpfte, die lesend einstiegen in seine Welt.

Und wie erlebte Zweig den Beginn des Ersten Weltkrieges? Das Jahr 1914 muss einen schönen Sommer bereitgehalten haben. Zweig hielt sich in Wien in einem Kurpark auf und las, als plötzlich die Musik der in der Nähe spielenden Kapelle abbrach. »Es musste sich etwas ereignet haben.«[30] Und was sich ereignete, war etwas völlig Unbekanntes – der Krieg, mit dem die von und für ihn Begeisterten keine eigene Erfahrung verbanden:

> nach einem halben Jahrhundert des Friedens« war er nur eine »Legende, und gerade die Ferne hatte ihn heroisch und romantisch gemacht. Sie sahen ihn immer noch aus der Perspektive der Schullesebücher und der Bilder in den Galerien: blendende Reiterattacken in blitzblanken Uniformen, der tödliche Schuss jeweils großmütig mitten durchs Herz, der ganze Feldzug ein schmetternder Siegesmarsch […] deshalb jubelten und sangen sie in den Zügen, die sie zur Schlachtbank führten, wild und fiebernd strömte die rote Blutswelle durch die Adern des ganzen Reichs.[31]

Ein Schuss in der Literatur ist eben etwas anderes als ein wirklich abgefeuerter Schuss. Genau diesen Unterschied müssen die jungen Leute um Paul Bäumer bitter erfahren, was Remarque dem Leser seines Romans im Medium der Literatur vermittelt. So wird *Im Westen nichts Neues* zu einem Einspruch der Literatur gegen die Literatur, die sich vereinnahmen ließ. Die Jugendlichen melden sich, angestiftet von der Kriegsbegeisterung, die auch die Schule nicht ausnimmt, freiwillig an die Front mit der Erwartung, ihren langweiligen Schulalltag zu verlassen, um im Krieg für das Vaterland zum Helden zu werden. Paul Bäumer fälscht dafür sogar eine Einverständniserklärung seiner Eltern. Schutzlos bezahlen die jungen Leute ihre Begeisterung mit dem Leben.

Zweig deutet das Kriterium an, das die Perspektive Manns und Remarques auf den Krieg im Prinzip unterscheidet: Mann schreibt über ein Ereignis, das Ereignis,

28 Ebd., 15.
29 Ebd., 20.
30 Ebd., 247.
31 Ebd., 259.

aus größtmöglicher räumlicher Ferne und zeitlicher Nähe, Remarque schreibt über das in unendliche Vielfalt der Erlebnisse zerspringende Ereignis aus größtmöglicher räumlicher Nähe, nämlich aus der Sicht Paul Bäumers, und zeitlicher Ferne, nämlich knapp 10 Jahre nach der bedingungslosen Kapitulation Deutschlands. Aus der Ferne der Reflexion Manns lässt sich dem Krieg eine höhere Absicht oder auch Vernunft ansehen. So schreibt Mann, »daß Alle den Krieg gewollt und nach ihm verlangt haben, es ohne ihn nicht mehr aushielten [...] Der Mensch empfindet Zivilisation, Fortschritt und Sicherheit nicht als unbedingtes Ideal« und diagnostiziert in diesem Zusammenhang im Menschen »ein tiefes Verlangen nach dem Furchtbaren«.[32] In der Nähe jedoch vernebelt Giftgas solches Ansinnen. Aus der Ferne mag man noch den Weltgeist am Werke sehen, in der Nähe des Gemetzels will sich dieser aber nicht mehr recht zeigen. Remarque beschreibt in seinem Antikriegsklassiker *Im Westen nichts Neues*, wie in der Schule der Krieg zur Legende wurde – ein literarisches Ereignis in den Texten der Klassiker, dessen elende Wirklichkeit und grässliche Alltagsqual jedoch keine Helden, sondern nur namenlose Opfer produziert. Der Krieg in der Literatur, mit der die jungen Leute in der Schule von ihrem Lehrer Kantorek gequält wurden, hat nichts mit dem Krieg zu tun, auf den sich eben diese jungen Leute um Paul Bäumer zunächst begeistert, schnell aber völlig ernüchtert einlassen. Wie qualvoll auch der »Tod für das Vaterland« sein kann, um an ein Gedicht Hölderlins zu erinnern, erfahren die Kameraden erst an der Front und die Leser nicht in den *Betrachtungen eines Unpolitischen*, sondern in *Im Westen nichts Neues.* In diesem Krieg zählen keine Reime und Verse, sondern allein die Logik, in der der getötete Feind die Chance auf das eigene Überleben verbessert.

Thomas Mann versucht aus der zeitlichen Nähe und räumlichen Ferne den Krieg mit Bedeutung aufzuladen und aus ihm eine Bedeutung abzuleiten, Remarque ist jegliche Bedeutung abhandengekommen, was sich am Ende von *Im Westen nichts Neues* an der titelgebenden Nachricht zeigt. Für die Verwaltung des Krieges ist der Tod Paul Bäumers nicht einmal eine Nachricht wert. Was für ihn alles ist, sein Leben, ist für die Kriegsmaschinerie nichts: gleichgültig und bedeutungslos.

Der zu Beginn des Ersten Weltkrieges fast vierzigjährige Thomas Mann, der inzwischen nach München gezogen war, reflektiert also über den Krieg. Seine »Gedanken im Kriege«, veröffentlicht er, der sich bis dato zu aktuellen politischen Fragen nicht äußerte, im November 1914. Im Kommentar der Essays heißt es völlig zurecht zu diesem Text: »Seine Gedanken im Kriege trugen zu jener geistigen Mobilmachung bei, die die machtpolitischen Kriegsziele zum Kampf geistiger

32 Mann, *Betrachtungen eines Unpolitischen*, 455.

Prinzipien und nationaler Mythologien verklärte.«[33] In der Tat überhöht Thomas Mann diesen Krieg zu einem Kampf zwischen »Kultur« auf der Seite Deutschlands und »Zivilisation« auf der Seite Frankreichs. Die Kunst stellt er an die Seite der Kultur, für die, wie gesagt, Deutschland steht, und an ihre Seite stellt er den Krieg. Für die vergangene »Welt des Friedens«[34] hat Mann, anders als Stefan Zweig, nur Verachtung übrig: »Gräßliche Welt, die nun nicht mehr ist – oder doch nicht mehr sein wird, wenn das große Wetter vorüberzog! Wimmelte sie nicht von dem Ungeziefer des Geistes wie von Maden? Gor und stank sie nicht von den Zersetzungsstoffen der Zivilisation?«, fragt Mann. Wie zynisch! Und er lässt sich in seiner Begeisterung für den Krieg zu der Gewissheit hinreißen, dass Deutschland diesen Krieg nicht nur gewinnen werde, sondern gewinnen müsse[35]: »Deutschlands ganze Tugend und Schönheit […] entfaltet sich erst im Kriege. Der Friede steht ihm nicht immer gut zu Gesicht – man konnte im Frieden zuweilen vergessen, wie schön es ist.«[36] Und schließlich fragt er: »Warum vor allem ist Deutschlands Sieg unbezweifelbar? Weil die Geschichte nicht dazu da ist, Unwissenheit und Irrtum mit dem Siege zu krönen.«[37] Thomas Mann versucht also insbesondere zu Beginn diesem Krieg eine geistige Dimension höherer Sinnhaftigkeit anzusehen, als seien hier schicksalhafte Mächte am Werk. Er sieht sogar das Recht, diesen Krieg zu führen und zu gewinnen auf der Seite Deutschlands.[38]

Von solcher Begeisterung ist dann 1917 keine Rede mehr. Der Ton ist deutlich ernüchtert. Die Gewissheit des Sieges ist dem Wunsch, zu siegen, gewichen – mit einer allerdings ebenso merkwürdigen wie weitsichtigen Begründung, die dem heutigen Leser gleichwohl bizarr vorkommen muss. Ziemlich ›feinsinnig‹ unterscheidet er das wünschenswerte nationale Deutschland von einem möglichen, zu fürchtenden nationalistischen Deutschland. Das nationale Deutschland sei »weitherzig, frei, weltbürgerlich-gesittet und menschlicher Bildung grenzenlos zugetan.«[39] Wer also in Deutschland Kultur, Kunst, Sittlichkeit und Menschlichkeit ermöglichen und verortet wissen möchte, der müsse wünschen, »dass Deutschland nicht gedemütigt und gebrochen werde, sondern unbesiegt, und das heißt siegreich, aus diesem Sturm hervorgehe.«[40] Andernfalls würde die Niederlage

33 Mann, *Essays* Band 1, 382. In seinen *Betrachtungen eines Unpolitischen* äußert sich Mann über die Entstehung dieses Essays: Er nennt sie eine »frühe und rasche Improvisation […], in der manches, was in der Folge besser, gültiger, haltbarer gesagt worden ist, mit ungewohnter Geistesgegenwart vorweggenommen wurde«; Mann, *Betrachtungen*, 153.

34 Mann, *Essays* Band. 1, 192.

35 Vgl. ebd. Bd. 1, 279.

36 Ebd., 199.

37 Ebd., 204.

38 Vgl. ebd., 282.

39 Thomas Mann. »An die Redaktion der *Frankfurter Zeitung*«. Mann, *Essays* Bd. 1, 292.

40 Ebd.

»den Nationalismus zu furchtbarer, alles ausschließender, jede Geistigkeit in Bann schlagender Macht erstarken lassen. Er gewänne fast jeden […]«.[41] Merkwürdig, zu welcher Hell- und Weitsichtigkeit Thomas Mann 1917, als er diese Zeilen »An die Redaktion der *Frankfurter Zeitung*« veröffentlicht, fähig ist. Auffällig aber auch, wie er seinen Landsleuten misstraut. Fragwürdig und durchsichtig, durchaus ignorant, wie er die Notwendigkeit des deutschen Sieges begründet, ohne dabei auf die Ereignisse an den Fronten zu blicken, wo längst schon klar ist, dass der Krieg verloren ist.

Die Distanz zeigt sich auch in den Romanen Manns, in seinem Verhältnis zu seinen Figuren, insbesondere in den grotesken Beschreibungen ihrer Physiognomien, die so penibel sind, dass sie dem Leser kaum die Möglichkeit geben, sie mit der eigenen Vorstellungskraft zu erschaffen. Offensichtlich misstraut Mann seinen Lesern, so als schreibe er unter einem ständigen Kontrollzwang. Der Oberlippenbart der unglücklichen, geschiedenen Tony Buddenbrook ist dafür ebenso ein Beispiel, wie ihre heruntergezogenen Mundwinkel und ihr falsches Pathos, mit dem sie selbst dort noch auf einen »vornehmen« Lebenswandel besteht, wo er schon längst dem Zerfall ausgesetzt ist. Christian Buddenbrook ist ein anderes Beispiel, der sich nach einem langen Auslandsaufenthalt »durchaus nicht verschönt« hatte. Seine fleischlose Nase sei mit einem Höcker versehen, sein Hals dünn und zu lang und seine mageren Beine krumm. Anders als Remarque, der sogar mit seinen Gegenfiguren sympathisiert, lässt Mann auch seine Hauptfiguren eher schlecht, klein und oft auch ein wenig erbärmlich aussehen. Der verliebte Gustav Aschenbach in *Der Tod in Venedig* ist dafür ein Beispiel, der sich kurz bevor auch ihn die Seuche dahinrafft bei einem Coiffeur noch einmal tüchtig verjüngen lässt, indem er sich nicht nur die Haare färben lässt. Ihm wird regelrecht eine Maske aufgesetzt, die ihn schließlich lächerlich erscheinen lässt. Während Remarque mit seinen Romanfiguren symphatisiert, schwingt bei Mann immer eine gewisse überhebliche Abschätzigkeit mit, als müsse er sie disqualifizieren. In den *Buddenbrooks* kommt – selbstverständlich – auch Grünlich nicht gut weg. Die Durchtriebenheit seines feigen Charakters verdeutlicht Mann, in dem er sein Gesicht beschreibt. Neben seiner Nase befinde sich sogar eine »auffällige Warze« – eine höchst suspekte Person also! Als ließe die Physiognomie Rückschlüsse auf die moralischen und sittlichen Eigenschaften der Figur zu.

Und solche Distanz findet sich auch schon in dem »Vorsatz« seines Romans *Der Zauberberg*. Die Geschichte, die hier erzählt wird, »ist sehr lange her«, mit »historischem Edelrost überzogen und unbedingt in der Zeitform der tiefsten Vergangenheit vorzutragen.«[42] Der Erzähler stilisiert sich zu einem »raunenden

41 Ebd.

42 Mann, *Zauberberg*, 5.

Beschwörer des Imperfekts«,[43] jedes Präsens sei »geflissentlich zu vermeiden«,[44] denn diese Geschichte spiele »in den alten Tagen, der Welt vor dem großen Kriege, mit dessen Beginn so vieles begann, was zu beginnen wohl kaum schon aufgehört hat. Vorher also spielt sie, wenn auch nicht lange vorher.«[45] Siedelt Thomas Mann seinen *Zauberberg* also in der Zeit vor dem Krieg an, so entfernt er seine Hauptfigur Hans Castorp auch räumlich aus seiner Alltagswelt in Hamburg:

> Zwei Reisetage entfernen den Menschen [...] seiner Alltagswelt, all dem, was er seine Pflichten, Interessen, Sorgen, Aussichten nannte, viel mehr, als er sich auf der Droschkenfahrt zum Bahnhof wohl träumen ließ.[46]

In diesem entrückten Rahmen, dieser räumlichen und zeitlichen Distanz kommt dann jede Handlung nach und nach fast vollständig zum Erliegen. Obwohl auch die Moderne mit ihren Erfindungen wie dem Grammophon und dem Röntgenapparat auf dem Zauberberg einzieht, vergeht die Zeit zwar immer schneller, währenddessen passiert aber immer weniger, bis sieben Jahre nach seiner Ankunft der Ausbruch des Krieges Hans Castorp aufweckt und zur Abreise zwingt. Er war inzwischen zum Inventar geworden, gehörte einfach dazu, ohne aufzufallen und ohne Aussicht, je wieder gesund abreisen zu können. Gleichgültig verliert ihn der Erzähler aus den Augen, ohne ihm große Überlebenschancen einzuräumen: »wir möchten nicht hoch wetten, dass du davonkommst. Ehrlich gestanden, lassen wir ziemlich unbekümmert die Frage offen.«[47]

Da, wo Mann in der Distanz das Interesse an seinem Protagonisten verliert, genau da fokussiert Remarque sein schriftstellerisches Interesse – und erzählt im Präsens nicht im Präteritum, um das vergangene Ereignis möglichst nahe an den Leser heranzurücken. Sein Roman *Im Westen nichts Neues* muss sich also auch vor der Generation bewähren, die, wie er in der Widmung sagt, »vom Krieg zerstört wurde – auch wenn sie seinen Granaten entkam«.[48]

Damit Remarque seine Nähe zu den Ereignissen des Weltkrieges, seine Erlebnisse und Recherchen in Literatur verwandeln kann, muss er einen weiten Weg zurücklegen. Er braucht 14 Lehrjahre, die ihn zunächst zurück in seine Heimatstadt bringen, wo er sich als Lehrer versucht, Orgel spielt, Grabsteine verkauft und sich unermüdlich als Schriftsteller übt. Er geht sodann nach Hannover zu dem Reifen-

43 Ebd.
44 Ebd., 6.
45 Ebd.
46 Ebd., 8.
47 Mann, *Zauberberg*, 1014.
48 Remarque, *Im Westen nichts Neues*, 7. Auch Stefan Zweig hat zwei Jahrzehnte später *Die Welt von Gestern* für seine Generation geschrieben: »unsere[] einmalige[] Generation, die wie kaum eine im Laufe der Geschichte mit Schicksal beladen war.« Zweig, *Die Welt von gestern*, 7.

hersteller Continental, wo er als Redakteur verantwortlich für die Kunden- und Betriebszeitschrift *Echo Continental* ist. Hier entwickelt er seinen, journalistisch geschulten, leichten und lakonischen Stil. Ohne diesen hätte sein Antikriegsroman *Im Westen nichts Neues* nicht so erfolgreich werden können.

Auf dem Weg zu *Im Westen nichts Neues* liegt aber noch sein zu Lebzeiten unveröffentlichter Roman *Gam* über die gleichnamige Femme fatale, die im Rausch der Geschwindigkeit allerlei exotische Orte der Welt mit dem Ziel aufsucht, sich selbst zu finden. Sein Thema hat Remarque hier zwar noch nicht gefunden und auch noch nicht seine Sprache, aber Geschwindigkeit und Bewegung, Ruhelosigkeit und Haltlosigkeit, Verlust und Verlorenheit der antibürgerlichen und unkonventionellen Gam begegnen hier bereits dem Leser.

Als Remarque dann *Im Westen nichts Neues* veröffentlicht – er war inzwischen nach Berlin gegangen und Redakteur bei *Sport im Bild* geworden – liegt das Ende des Ersten Weltkrieges bereits 10 Jahre zurück. Während in den Romanen von Thomas Mann – also wolle er Bilder schreiben – die Handlungen fast zum Erliegen kommen, übrigens auch in der Erzählung *Der Tod in Venedig* von 1911, kennzeichnet ein großer Handlungsdruck Remarques Romane, der Bewegung erzeugt – nicht nur in *Gam* und in *Im Westen nichts Neues*, sondern dann auch in *Der Weg zurück*. Verlangsamt Thomas Mann die Handlungen in seinen Romanen fast bis zum Stillstand, so beschleunigt Remarque diese. Nichts kommt bei ihm zur Ruhe, nur der Tod – etwa am Ende von *Im Westen nichts Neues*. Hier klingt dann auch eines der Themen der Literatur des 20. Jahrhunderts an: die Einsamkeit, deren Erfahrung essenziell nicht nur für die Literatur des 20. Jahrhunderts überhaupt ist, sondern auch für Paul Bäumer, der weder das Sterben seiner Mutter begleiten kann noch im eigenen Sterben begleitet wird. Kurz vor seinem Tod sinniert Paul Bäumer: »Ich bin so allein und so ohne Erwartung […]«.[49] Anders als Mann, bei dem das Sterben ein fast steriler Vorgang ist, der indiskret ausgestellt und doch auch verborgen wird, so etwa im *Zauberberg* der Tod des Mynheer Peeperkorn,[50] zeigt Remarque das Sterben im Dreck und den Tod in seiner Qual und seinem Elend. Hier verscheiden die Menschen nicht, sondern verenden im Schmerz, bleiben liegen, ohne bestattet zu werden: Die Leichname von Paul Bäumer und zuvor von dem Franzosen Gérard Duval im Bombentrichter bleiben wohl unbestattet. In diesen Trichter hatte sich Paul zunächst gerettet, als Duval ebenfalls in diesen Trichter springt und von Paul aus Todesangst erstochen wird. Er muss bei dem elendig Sterbenden ausharren, weil er den Trichter wegen der großen Gefahr einen ganzen Tag nicht verlassen kann. In diesen Stunden des Sterbens verwandelt sich der Feind in einen Kameraden, dem Paul beisteht, ohne ihm doch helfen zu kön-

49 Remarque, *Im Westen nichts Neues*, 295.
50 Mann, *Zauberberg*, 882 ff.

nen. Diese Szene in *Im Westen nichts Neues* ist so intensiv, wie kaum eine andere in der Literatur. Im Roman selbst ist dieser Szene vielleicht nur die Schlusspassage, der innere Monolog Pauls, und das unerträgliche Schreien der sterbenden Pferde an die Seite zu stellen. Virtuos provoziert Remarque mit diesen Szenen die Vorstellungskraft der Leser, um sie ihrer Einsamkeit zu überlassen.

Und auch in seinem folgenden Roman *Der Weg zurück* verliert sich die Gemeinschaft der Kameraden am Ziel ihrer Sehnsucht: in der Heimat, die die Soldaten wie Ausgestoßene behandelt. Sie vereinsamen, weil ihre Kriegserfahrungen von der mit sich selbst beschäftigten Gesellschaft nicht integriert werden können: Der Krieg steht zwischen ihnen und jenen, zwischen Vergangenheit und Gegenwart. Und die Zukunft ist noch nicht zu erkennen. Daher die Hoffnungslosigkeit!

»Wir sind überflüssig für uns selbst«, sinniert Paul Bäumer, »wir werden wachsen, einige werden sich anpassen, andere sich fügen und viele werden ratlos sein; – die Jahre werden zerrinnen und schließlich werden wir zu grunde gehen.«[51] Dieser untröstlichen Perspektive hat Remarque mit seinem *Im Westen nichts Neues* den Trost der Literatur entgegengesetzt.

51 Remarque, *Im Westen nichts Neues*, 294.

Konrad Zaiss

Erich Maria Remarque und Carl Zuckmayer Mehr als eine Künstlerfreundschaft

> Im Spätherbst 1928 erschien in der *Vossischen Zeitung*, als Fortsetzungsroman, zu dessen Annahme man sich erst nach langen Palavern entschlossen hatte, ein Kriegstagebuch, das uns und dann Millionen von Lesern in der ganzen Welt erschütterte: *Im Westen nichts Neues* von Erich Maria Remarque. Ich schrieb, für die *Berliner Illustrirte*, die damals die höchste Auflage einer deutschen Bilderzeitschrift hatte, die erste Rezension, die über das Buch erschienen ist. Ich kannte Remarque nicht, wusste nichts von ihm. Nach Wochen erst trafen wir zusammen, und es begann eine unendliche, unerschöpfliche Runde gemeinsamer Nächte, die sich dann über Österreich und die Schweiz bis nach Amerika fortgesetzt hat. Was dabei an alkoholischen Getränken aller Art konsumiert wurde, dürfte dem Kellerbestand eines großen internationalen Hotels mit Bar- und Restaurantbetrieb entsprechen. Das hatte vielleicht in gewisser Weise mit dem Krieg zu tun, den wir bei all unseren Gesprächen, ernsten und heiteren, nie erwähnten, dessen geheime Schattenlast aber doch immer vorhanden war. […] Man hatte über etwas zu schweigen, das man besser wegsoff.[1]

So erinnert sich Carl Zuckmayer im Jahre 1966 an seinen ersten Berührungspunkt mit Erich Maria Remarque und was daraus folgte. Von dem anderthalb Jahre jüngeren Schriftstellerkollegen sind keine Äußerungen über das gegenseitige Kennenlernen bekannt. Thomas Schneider, der langjährige Leiter des Erich Maria Remarque-Friedenszentrums in Osnabrück und Herausgeber von Remarques Literatur in Deutschland, hält es allerdings für wahrscheinlich, dass sich die beiden Autoren bereits eher begegneten. Zuckmayer war jedenfalls Autor der Zeitschrift

1 Carl Zuckmayer. *Als wär's ein Stück von mir.* Frankfurt/M. 1969, 359f.

Sport im Bild, während dort Remarque – bis zur Veröffentlichung von *Im Westen nichts Neues* – als Redakteur tätig war.[2]

Parallelen in Biografie und Werk

Erstaunlich viele Parallelen ergaben sich im Laufe der Leben dieser beiden Erfolgsautoren:

- Als Frontsoldaten – mit unterschiedlicher Ausgangslage[3] und Einsatzzeit – wurden Zuckmayer und Remarque nach dem ersten Weltkrieg Antimilitaristen.[4]
- Zuckmayer spielte Cello und Gitarre,[5] Remarque Klavier und Orgel – was auch in beider Werk Spuren hinterließ.[6] Musik dürfte dementsprechend ein gemeinsames Interessengebiet gewesen sein.
- Carl Zuckmayer wurde mit seinem Stück *Der fröhliche Weinberg* ab 1925 erfolgreichster Theaterschriftsteller der Weimarer Republik, Erich Maria Remarque ab 1928 mit *Im Westen nichts Neues* einer der erfolgreichsten Romanschriftsteller.
- Während Zuckmayer mit dem »fröhlichen Weinberg« den größten Theaterskandal der Weimarer Republik auslöste,[7] wurde Remarque mit seinem Roman zum Verursacher des größten Literaturskandals der Zwischenkriegszeit.

---

2 Erich Maria Remarque. *Das unbekannte Werk.* Thomas F. Schneider, Tilman Westphalen (Hgg). Köln 1998, Band I, 579; Band V, 543.

3 Carl Zuckmayer schätzte das in seiner Schilderung der Kriegserlebnisse so ein: »Alles, was ich hier erzähle, gilt für jenen ›ersten Schwung‹, der 1914 Soldat wurde und ins Feld ging. Es gilt schon nicht mehr für die, welche eineinhalb bis zwei Jahre jünger waren, also bei Kriegsbeginn noch unter der militärischen Altersgrenze. [...] dazu gehörten Erich Maria Remarque und seine Altersgenossen. Ihnen war die heroische Geste, sich vor der Zeit und ohne Zwang ins Heer zu drängen, verwehrt [...] und sie gingen ohne Illusionen ins Feld, da sie sich des Schreckens, der sie dort erwartete, wenigstens andeutungsweise bewußt waren.« Zuckmayer, *Als wär's ein Stück von mir,* 175.

4 Zuckmayers erste diesbezügliche öffentliche Äußerung war seine Beteiligung am Aufruf der Antinationalistischen Sozialistischen Partei vom 16. November 1918 mit der zentralen Aussage: »Wir wissen, ihr werdet mit euren Kriegshetzern und Ausbeutern abrechnen. Zögert nicht eine Stunde!« Ulrich Ott, Friedrich Pfäfflin (Hgg.). *Carl Zuckmayer 1896–1977.* Marbach am Neckar, 1996 (Marbacher Katalog 49), 38f. In einem Interview mit Heinz Liepmann nannte Remarque sich 1962 selbst: »militanter Pazifist«; Erich Maria Remarque. *Ein militanter Pazifist. Texte und Interviews.* Herausgegeben und mit einem Vorwort von Thomas Schneider, Köln 1994, 112. Ein Jahr später erläuterte er dies in einem Interview mit Friedrich Luft: »Ich dachte immer, jeder Mensch sei gegen den Krieg, bis ich herausfand, daß es welche gibt, die dafür sind, besonders die, die nicht hineingehen müssen, die nicht ganz vorne stehen.« Ebd., 122.

5 Zuckmayer, *Als wär's ein Stück von mir,* 151ff, 245ff, 317ff.

6 Z.B. Erich Maria Remarque. *Der Weg zurück.* Köln 2007, 136; Erich Maria Remarque. *Der schwarze Obelisk.* Köln 2020, 46ff.

7 Zuckmayer, *Als wär's ein Stück von mir,* 349ff.

- Beide liebten und beobachteten die Natur, mit vielen Widerspiegelungen in ihrem jeweiligen Werk.[8]
- Humor war ein wesentliches Element ihrer Werke, beispielhaft für Zuckmayer zu nennen sind Szenen in *Der fröhliche Weinberg* und *Der Hauptmann von Köpenick*, für Remarque in *Der Weg zurück* und *Der schwarze Obelisk*.
- Beide Autoren sprachen bewusst die sogenannte breite Bevölkerung an.[9]
- Mit ihren Themensetzungen – nicht zuletzt der Bezugnahme auf Deutschland und Heimat – verärgerten sie militaristische, nationalistische und Nazi-Kreise, die sie zudem in ihrer Lächerlichkeit unverblümt darstellten.
- Beide mussten sich vor dem NS-Staat in Sicherheit bringen und verbrachten den wesentlichsten Teil ihres Exils in den USA.
- Beide wurden aus Deutschland ausgebürgert.
- Die Bücher von Remarque und Zuckmayer wurden von den Nationalsozialisten verboten, Remarques Literatur am 10. Mai 1933 darüber hinaus verbrannt.
- In Hollywood fanden beide keine neue künstlerische Heimat und sicherten ihren Lebensunterhalt im Exil anderweitig.[10]
- Für den amerikanischen Geheimdienst OSS erarbeiteten beide unterschiedlich fokussierte Gutachten zu Ansatzpunkten eines demokratischen Neuanfangs im Nachkriegsdeutschland.[11]
- Remarque und Zuckmayer weigerten sich nach dem Krieg, einen Antrag auf »Wiedereinbürgerung« zu stellen, da sie auch keinen Antrag auf Ausbürgerung gestellt hatten.
- Nachdem sie ihre Wohnsitze schon vor der Nazi-Machtübergabe in die Nachbarländer Österreich bzw. Schweiz verlegt hatten, empfanden sie das Nachkriegsdeutschland mit seinem restaurativen Klima nicht mehr als ihre Heimat und strandeten beide in der Schweiz.

Dass sich aus gemeinsamen Themen nicht automatisch Freundschaft entwickelt, steht angesichts der Komplikationen menschlicher Kommunikation außer Frage.

---

8 Z.B. Remarque, *Der Weg zurück*, 117ff, 260, 265; Remarque, *Der schwarze Obelisk*, 50, 66, 288; Carl Zuckmayer. »Die Geschichte vom Tümpel«. Ders. *Gesammelte Werke I: Gedichte, Erzählungen*. Frankfurt/M. 1960, 223ff; Carl Zuckmayer. »Autobiographische Skizze«. Ders. *Materialien zu Leben und Werk*. Hg. Von Harro Kieser. Frankfurt/M. 1986, 29, 31.

9 Remarque beschrieb diesbezügliche Überlegungen im Interview mit Friedrich Luft 1963: »Ich würde sogar eher auf das Künstlerische ein wenig verzichten, wenn man damit noch mehr Erfolg haben würd für den Fortschritt.« Remarque, *Ein militanter Pazifist*, 133.

10 Zuckmayer, *Als wär's ein Stück von mir*, 407ff; Wilhelm von Sternburg. *»Als wäre alles das letzte Mal.« Erich Maria Remarque. Eine Biographie*. Köln 1998, 303ff.

11 Carl Zuckmayer. *Geheimreport über die politische Einordnung von Kulturschaffenden in Deutschland*. Göttingen 2021; Erich Maria Remarque. »Praktische Erziehungsarbeit in Deutschland nach dem Krieg«. Remarque, *Das unbekannte Werk*, Band IV, 387ff.

Umso bemerkenswerter, dass offenbar in kürzester Zeit zwischen den beiden mehr entstand als eine Männerfreundschaft bis zu Remarques Tod. Wichtige Ereignisse und Aspekte ihrer Zusammenarbeit und ihrer Freundschaft sollen im Folgenden anhand schriftlicher Äußerungen von Remarque und Zuckmayer zu künstlerischen, politischen, persönlichen und familiären Fragen betrachtet werden – obwohl die Dokumente sowohl zeitlich als auch inhaltlich ziemlich lückenhaft erscheinen. Der wichtigste Grund hierfür sind sicher die häufigen Wohnortwechsel, bei denen in der Regel nur das Wichtigste mitgenommen werden konnte – und das waren kaum die empfangenen Briefe. Zumindest von Remarque ist außerdem bekannt, dass er auch Briefe zerriss.[12]

Weimarer Republik

Kommen wir auf den ersten dokumentierten Berührungspunkt zurück, die Rezension Zuckmayers von *Im Westen nichts Neues*:

> Es gibt jetzt ein Buch, geschrieben von einem Mann namens Erich Maria Remarque, gelebt von Millionen, es wird auch von Millionen gelesen werden, jetzt und zu allen Zeiten. [...] Dieses Buch gehört in die Schulstuben, die Lesehallen, die Universitäten, in alle Zeitungen, in alle Funksender. [...] Das ist der Krieg, wie wir ihn in der Front gelebt haben [...] und darum ist es das erste Kriegsbuch, das Wahrheit gibt. [...] Alles, was bisher aus dieser Zeit geschaffen wurde, bleibt Stückwerk daneben. [...] Hier aber, bei Remarque, ist zum erstenmal das Schicksal selber Gestalt geworden. Das Ganze. Das, was dahinter war, darunter brannte – das, was bleibt. Und so geschrieben, so geschaffen, so gelebt, dass es mehr wird als Wirklichkeit: Wahrheit, reine gültige Wahrheit.[13]

Größere Begeisterung eines Autoren für das Werk eines anderen scheint kaum vorstellbar. Ob Remarque davon überhaupt Kenntnis erhielt, ist unbekannt. Einerseits war ihm von Verlagsseite aus geraten worden, sich mit den Rezensionen seines Romans nicht zu befassen bzw. mit Blick auf die von militaristischer Seite zu erwartenden heftigen Reaktionen zu belasten, andererseits hätte die Beschäftigung damit ihn von der Arbeit abgehalten, den Roman *Der Weg zurück* zu schreiben, wozu er sich vertraglich verpflichtet hatte.

---

12 Entsprechendes notierte er in seinem Tagebuch am 15. und 17. Dezember 1936. Remarque, *Das unbekannte Werk*, Band V, 274f.

13 Carl Zuckmayer. *Aufruf zum Leben. Porträts und Zeugnisse aus bewegten Zeiten*. Frankfurt/M. 1976, 95ff.

Carl Zuckmayer wurde kurz darauf von Kurt Tucholsky dem Vorwurf ausgesetzt, mit dem Drama *Rivalen*, seiner deutschen Adaption des amerikanischen Stückes *What price glory?* auf der Erfolgswelle von *Im Westen nichts Neues* mitschwimmen zu wollen, also von Remarques literarischer Bedeutung zu profitieren. Seine briefliche Stellungnahme vom 23.05.1929 mit Darstellung der Entstehungszusammenhänge dieses »Heldendramas« überzeugten Tucholsky offensichtlich, so dass er diesen Vorwurf in einer Wiederholungspublikation seines Artikels nicht beibehielt.[14] 1931 wurde Zuckmayer im *Reichshandbuch der Deutschen Gesellschaft* als prominente Persönlichkeit aufgenommen, Remarque jedoch nicht – wohl eher ein Hinweis darauf, dass für Zuckmayer keine Notwendigkeit zum Profitieren vom Renommee seines Kollegen bestand.[15]

Leider ist nichts über Zeit, Ort und Umstände der ersten von Zuckmayer in seinen Lebenserinnerungen erwähnten Begegnung bekannt. Sicher ist allerdings, dass diese vor der deutschen Premiere der Verfilmung von *Im Westen nichts Neues* und dem darauf folgenden Verbot stattfand.

Das Verbot des Filmes *All Quiet on the Western Front* in Deutschland am 5. Dezember 1930 veranlasste Zuckmayer auf der Kundgebung des »Kampfausschusses gegen Zensur« im selben Monat zu einer Rede, in der er Bezug nahm auf Remarques Vorspruch zu *Im Westen nichts Neues*, es gehe um die Generation, »die vom Krieg zerstört wurde, auch wenn sie seinen Granaten entkam«.[16] Er, Carl Zuckmayer, aber wolle

> von denen reden, die den Granaten und der Zerstörung entgingen, […] denen der Krieg, die Front über Tod und Leben hinaus ein unverlierbares positives Besitztum geschaffen hat, nämlich die Freiheit des Denkens, des Blickes und der Verantwortung.[17]

Den Befürwortern des Filmverbots hielt er entgegen:

> wir beanspruchen heute ohne falsche Bescheidenheit oder noble Zurückhaltung unseren Teil von Deutschland und vom deutschen Wesen: er ist größer und wichtiger als der, den die Sturmabteilungen Hitlers besetzt halten. […] Wenn mich einer fragt, wo der Wurzelgrund meines Schaffens liegt, so sage ich Deutschland. […] Ich meine Deutschland als Heimat des freien menschlichen Geistes, der höchsten, harmonischsten menschlichen

14 *Marbacher Katalog* 49, 154ff.

15 Ebd., 209.

16 Carl Zuckmayer. »Front der Unzerstörten«. *Vossische Zeitung* 304, 21.12.1930; zitiert nach: *Blätter der Carl-Zuckmayer-Gesellschaft* 10 (1984), 2, 05.1984, 88.

17 Ebd.

> Lebensäußerungen, der Musik, der Dichtkunst, der Philosophie. [...] Dieses Deutschland zu suchen, zu festigen und gegen neue Verfinsterung und innere Versklavung zu verteidigen, – dazu, Kameraden, dazu sind wir lebendig und unzerstört aus dem Krieg zurückgekehrt.[18]

Wirklich unzerstört? Wie dem Eingangszitat zu entnehmen ist, sieht er 35 Jahre später durchaus die inneren Verwüstungen durch den Krieg, die als Schatten in jeder Begegnung mitwirken und durch Alkohol weggetrunken werden (müssen). Es ist sehr gut möglich, dass Zuckmayer Anregungen zu seinen diesbezüglichen Erkenntnisfortschritten aus der Lektüre von Remarques *Der Weg zurück* fand, worin erstmalig kriegsbedingte posttraumatische Belastungsstörungen (PTBS) – die damals noch nicht so benannt wurden – literarisch in ihren verschiedenen Formen und Ausprägungen dargestellt bzw. verarbeitet wurden.

Dass sich aus der Begeisterung beider Autoren für die Natur Gesprächsthemen ergaben, wird indirekt aus einem Brief Zuckmayers vom 30. Juni 1932 deutlich. In der Nähe der Wiesmühl im österreichischen Henndorf, die Zuckmayer aus den Tantiemen seines ersten Theatererfolges gekauft hatte und wo er seit 1926 überwiegend mit Familie lebte, gab es einen Tümpel, den kontinuierlich zu beobachten ihm große Freude machte. Daraus entstand die »Geschichte vom Tümpel« (vgl. Anm. 6), dort fing er allerdings auch Molche für sein »zaubrisches Aquarium«. In dem erwähnten Brief, dem ersten erhaltenen der gesamten Korrespondenz, berichtet er nun Remarque, dass er sich im Tümpel bei einer solchen Aktion an einem rostigen Gegenstand eine Verletzung zuzog, die zu einer dramatischen Behandlung führte, mit Vermeidung einer Amputation im letzten Moment.[19] Unterzeichnet ist der Brief mit »Sehr herzliche Grüsse! Dein Zuck«, was für eine gewisse Vertrautheit im Miteinander spricht. Außerdem kündigt Zuckmayer einen Besuch an, bedankt sich für eine Karte an seine Frau (»Jobs«) und thematisiert berufliche Aspekte:

> Mit der Arbeit geht's an sich ganz gut, – und was den Roman anlangt. Ich möchte aber auch ein Stück gebären, und das hat noch keine ordentlichen Wurzeln gezogen. Den Roman schreib ich langsam und ganz ohne Druck, – das erste was gelang waren die Schlusskapitel, – vielleicht ist das auch die Hauptsache.[20]

Vermutlich erwähnt Zuckmayer hier die Arbeit am Roman *Salware oder die Magdalena von Bozen*, der erst 1936 erschien, und dem Theaterstück *Der Schelm von*

18 Ebd., 89f.

19 Carl Zuckmayer an Erich Maria Remarque, Brief vom 30.06.1932; New York University, Fales Library, Remarque-Collection (© Katharina Guttenbrunner).

20 Ebd.

Bergen, verbunden mit einem Einblick in seine Arbeitsweise. Als Einstieg in die Schilderung seiner Verletzungsgeschichte ironisiert er im Brief die seinerzeit wieder verstärkt kursierenden (Kriegs-)Heldengeschichten: »Wo holt sich der Mann seine Wunden? Beim Kampf? Selten. Wo sonst? Beim Molchfutterfangen.« Dass ihm die persönliche Begegnung mit Remarque wichtig war, zeigt die Ankündigung eines Besuches: »Also wir kommen bestimmt und freuen uns Kollosal!«

Exil

Wahrscheinlich im Juni 1933 schickte Remarque aus der Kur in Bad Gastein einen Brief an Familie Zuckmayer mit der Anrede »Ihr Geliebten«.[21] Darin geht es um Verabredungen für ein misslungenes sowie ein beabsichtigtes Treffen. Sein Agent Klement hatte einen Besuch von Alice Herdan-Zuckmayer, genannt Liccie, im Kurort angekündigt, wofür Remarque und seine damalige Frau Ilse Jutta Zambona ein 7-Gänge-Menü, ergänzt um edle Alkoholika, bestellten. Da sie nicht erschienen war, fragte Remarque brieflich nach, ob dies eine Fehlinformation gewesen sei: »Hat der Klement falsch berichtet?« und fährt fort: »Oder wolltet ihr uns strafen? O strafet nicht! Die Welt ist böse, laßt uns gut sein!« Dass diese Formulierungen eher als ironische Anspielung auf die damalige politische Situation zu verstehen sein dürften, wird aus dem folgenden Text erkennbar:

> Spätestens Sonnabend ist die Kur fertig. Dann möchten wir mittags abfahren zu Euch. Von Euch können wir dann gleich nach Ronco zurückfahren. Wenn es euch paßt, wollen wir ein paar Tage bei euch bleiben. […] Schreibt doch gleich die Fahrtroute. Bis Salzburg und dann? Welche Richtung? Wir freuen uns schrecklich darauf, Euch zu sehen. Ich versuche eine Abmagerungskur. Macht deshalb wenig zu essen. […] Also schreibt gleich, ob euch paßt, so. Und seid gegrüßt von Eurem Freunde Alois.[22]

Letzteres ist als Anspielung an den in Braunau, etwa 50 Kilometer vom Wohnort der Familie Zuckmayer lebenden Vater Hitlers, Alois Schicklgruber, zu verstehen. Im sicher erscheinenden Exil konnten derartige Scherze zur Verarbeitung der psychisch und politisch durchaus belastenden Situation beitragen.

---

21 Erich Maria Remarque an Carl Zuckmayer, Brief ca. 18.06.1933; Deutsches Literaturarchiv/Schiller Nationalmuseum Marbach.

22 Ebd.

Am 23. April schickte Remarque aus Porto Ronco eine Postkarte an Alice Herdan-Zuckmayer in Henndorf, die Arbeits- und Vereinzelungsprobleme in der Exilsituation offenbarte:

> Liebe Liccie, sei aufs herzlichste gegrüßt! Was macht Karl der Gute? Ich wünschte, wir sähen uns einmal bald! In zwei Monaten spätestens hoffe ich in Wien zu sein. Es ist furchtbar schwierig, jetzt zu arbeiten u. es geht nur langsam. Schade, daß wir alle so zerstreut sind! Es täte manchmal gut, zusammen zu sein.[23]

In einem undatierten Brief an »Liccie« entschuldigte sich Remarque mit einer Grippe dafür, sich nicht gemeldet zu haben und kündigte an:

> So wie ich mit diesem endlosen Roman hier fertig bin, eile ich über Henndorf gen Wien, – und hoffe Dich in einem von beiden zu finden. Kannst Du Dir denken, daß ich richtig Fieber habe? So um 39? Ich bin maßlos stolz darauf! Es ist das erstemal in meinem Leben! Nur vor 2 Jahren hatte ich bei Rheumatismus mal 45. Allerdings kam das davon weil ich aus Versehen zu dicht am Heizkissen war.[24]

Nach diesem humorvollen Kommentar zur Erkrankung beschrieb er auch noch, was ihn drückte: »Hier blühen die Kamelien, die Mimosen und die Glyzinien, – nur die Arbeitslust, die blü-hü-hü-het nicht.« Und wieder grüßt er als »Alois«. Der Roman, an dem er damals saß, dürfte das 1936 veröffentlichte Werk *Drei Kameraden* gewesen sein.

In einem weiteren undatierten Brief[25] beglückwünschte er Zuckmayer: »Hurra für den Schelm-Erfolg! Er ist es wert! Ein sehr schönes dichterisches Werk! Seit wann verstehst Du was von Liebe? Oder kannst Du nur deshalb so darüber schreiben, weil Du nichts davon verstehst?« Das Theaterstück *Der Schelm von Bergen*, eine Komödie über eine Kaiserin, deren ungewollte Kinderlosigkeit durch den Besuch bei einem Henker gelöst wird, wurde im Februar 1934 veröffentlicht, im darauffolgenden November in Wien uraufgeführt. Ob der Glückwunsch sich auf die Publikation oder die Uraufführung bezieht, bleibt offen. In diesem Brief

23 Erich Maria Remarque an Liccie Zuckmayer, Brief vom 23.04.1924 (Poststempel); Deutsches Literaturarchiv/Schiller Nationalmuseum Marbach.

24 Erich Maria Remarque an Liccie Zuckmayer, Brief ca. 1933/1934; Deutsches Literaturarchiv/Schiller Nationalmuseum Marbach.

25 Erich Maria Remarque an Carl Zuckmayer, Brief ca. 1934. Remarque, *Das unbekannte Werk*, Band V, 112f; *Marbacher Katalog* 49, 233, in dem auch (ab S. 231) Erläuterungen über die Umstände der Veröffentlichung sowie zur Uraufführung am 06.11.1934 am Burgtheater Wien und die Bezüge zur damaligen politischen Situation in Österreich zu finden sind.

berichtete Remarque, wohl über *Drei Kameraden*: »Schmiere immer noch an dem Buch.« Diesmal unterschrieb er: »Dein alter Alois Schäcklgruber«.

In seinem Tagebuch notierte Remarque am 31. August 1936: »Neues Buch von Zuckmayer gelesen. Gut.«[26] Es handelte sich um den Roman *Salware oder Die Magdalena von Bozen*.[27] Remarque konnte also offenbar die Leistung des Theaterschriftstellers Zuckmayer bezüglich dessen einzigem veröffentlichten Romans anerkennen – nicht gerade eine Selbstverständlichkeit unter Künstlerkollegen.

Über ein Treffen in Salzburg anlässlich der Festspiele schrieb Zuckmayer:

> Die letzten Morgenstunden vor der Heimfahrt – der erste Autobus nach Henndorf ging um halb acht – verbrachte man dann im Restaurant des Bahnhofs, das noch oder schon wieder offen war, bei Gulasch und Bier, und manchmal dehnte sich ein solches Frühstück – ich erinnere mich an ein besonders anregendes mit Remarque und Thornton Wilder im Sommer 1937 – bis zum Mittag aus.[28]

Aus Paris antwortete Remarque am 12.09.1938 auf eine Nachricht Zuckmayers

> aus dem symbolischen Ort St. Niklaus: […] Ich bleibe noch 2–3 Wochen in Paris und es wäre grossartig, wenn wir uns hier oder irgendwo anders einmal sehen könnten, um die gesamte Weltlage zu besprechen.[29]

Unterzeichnet ist der Brief mit »Dein alter Boni, Ex-German«. Als »Ex-German« nimmt er Bezug auf seine kurz zuvor veröffentlichte Ausbürgerung, den Spitznamen »Boni« hatte ihm vermutlich Ruth Albu gegeben.[30]

Am 15.12.1938 notierte Remarque in seinem Tagebuch: »Zuckmayer: Herr über Leben und Tod gelesen. Doch schwach u. zu aufgeputscht.«[31] Leider ist aus dieser kaum interpretierbaren Bemerkung nicht erklärlich, warum Remarque Zuckmayers auf ärztliches Ethos fokussierte dramatische Auseinandersetzung mit der NS-Ideologie »Vernichtung unwerten Lebens« ablehnte.

---

26 Erich Maria Remarque, Tagebucheintrag vom 31.08.1936; New York University, Fales Library, Remarque-Collection.

27 *Marbacher Katalog* 49, 243ff.

28 Zuckmayer, *Als wär's ein Stück von mir*, 52f.

29 Erich Maria Remarque an Carl Zuckmayer, Brief vom 12.09.1938; Deutsches Literaturarchiv/Schiller Nationalmuseum Marbach.

30 von Sternburg, »*Als wäre alles das letzte Mal*«, 277 (Ausbürgerung am 25.04.1938) und 196.

31 Erich Maria Remarque, Tagebucheintrag vom 15.12.1938; New York University, Fales Library, Remarque-Collection. Die Erzählung »Herr über Leben und Tod« thematisiert den Umgang mit einem behinderten Kind und Euthanasie; *Marbacher Katalog* 49, 253ff.

Kriegszeit

Aus der Kriegszeit, während gemeinsamer Anwesenheit in den USA, ist kein brieflicher Austausch zwischen Remarque und Zuckmayer bekannt. Lediglich Remarques Tagebuchnotizen werfen wenige Schlaglichter auf Begegnungen der beiden.

Am 28. September 1939, während Remarques Aufenthalt in Beverly Hills, ist dort zu lesen: »Gestern mittag kam Zuckmayer an. Abends in Film-Preview mit dem Puma. [...] Nachher im Beachcomber Zuck u. Albrecht Joseph getroffen. Geschwätzt.«[32] Der Eintrag klingt erstaunlich unpolitisch angesichts der Tatsache, dass Zuckmayer auf abenteuerliche Weise den 1938 in Österreich einmarschierten Nazis entkommen und einen knappen Monat vor dem Zusammentreffen Deutschland den Krieg gegen Polen begonnen hatte. Auch Remarques andere Tagebucheinträge mit Erwähnung Zuckmayers enthalten während des Krieges keinerlei politische Aussagen.

Keine drei Monate später, am 18. Dezember, erfolgte der Eintrag: »Ein paarmal mit Zuckmayer zusammen gewesen. Hatte Liebes- und Ehetroubles. Hat sie einigermaßen in Ordnung.«[33] In Beverly Hills, wo sich beide damals aufhielten, fand sich offenbar Gelegenheit, über persönliche Angelegenheiten zu sprechen. Zuckmayer schreibt in seiner Autobiografie:

> Remarque hatte im Park des Beverly Hill's Hotels, in dem ich ein Zimmer bezog, einen hübschen Bungalow gemietet, wir saßen da nächtelang zusammen, tranken Rum oder Wodka und taten, als säßen wir bei Herrn Waizenbluth im alten ›Neva-Grill‹ am Berliner Wittenbergplatz oder in Henry Benders Künstler-Club.[34]

Erstaunlich, dass gerade zu diesem Zeitpunkt Gespräche über die Weltlage, die im Brief vom 12.09.1938 als Wunsch genannt worden waren, von beiden mit keinem Wort erwähnt werden. Haben sie damals nicht stattgefunden oder waren sie so selbstverständlich, dass sie keiner Erwähnung wert waren? Zumindest in Zuckmayers Nachkriegsveröffentlichung erscheint letzteres schwer nachvollziehbar. Bei Remarque finden sich während des Krieges in anderen Tagebuchnotizen sehr wohl Bemerkungen zur jeweils aktuellen politischen Lage,[35] so dass ihre Nichter-

32 Erich Maria Remarque, Tagebucheintrag vom 28.09.1939; New York University, Fales Library, Remarque-Collection. »Puma« war der Spitzname Marlene Dietrichs.

33 Erich Maria Remarque, Tagebucheintrag vom 18.12.1939; New York University, Fales Library, Remarque-Collection.

34 Zuckmayer, *Als wär's ein Stück von mir*, 408.

35 Z.B. Remarque, *Das unbekannte Werk*, Band V, 315, 317, 329, 359, 361, 363, 365, 369ff, 375ff. Darunter findet sich u.a. die kritische Anmerkung zur Verhängung einer Ausgangssperre gegenüber

wähnung aus Sorge, sein Tagebuch könnte den falschen Menschen in die Hände fallen, als Grund ausscheidet.

Am 22. Dezember 1939 notiert Remarque, ausgehend von einem Konflikt mit Marlene Dietrich: »Erinnere mich eines albernen Geschwätzes, das sie mit Zuck am Telefon hatte; – wo sie erklärte, faken zu können, wenn es not sei, im Bett.«[36] Lässt sich eine solche Bemerkung als Zeichen von Eifersucht interpretieren?

Die Emigrationssituation der Zuckmayers ist Thema eines in New York am 19. Januar 1943 geschriebenen Tagebucheintrags:

> Sonntag nachmittags bei Werfels. Leute, Deutsche, Österreicher, ein Rieß, Lizzie Zuckmayer, eine Bäuerin nun. Erzählte: Bewirtschaften Farm, schwere Arbeit, Kälte, Hühner, Ziegen, Schweine, Gänse, Winnetou kocht, Zuck steht morgens ½ 6 auf, macht Feuer, Kaffee, – endlich jetzt werden sie noch eine Hilfe sich leisten können, vorher 12, 14, 16 Std. Arbeit.[37]

Da Zuckmayer in dieser Zeit offenbar fast ausschließlich mit der (Über-)Lebenssicherung für sich und seine Familie beschäftigt war und keinen Kontakt zu den in einer Blase lebenden deutschen Emigranten hatte, ist es durchaus denkbar, dass Remarque vorher noch nichts von dieser ungewöhnlichen Emigrantentätigkeit erfahren hatte.

Notiz vom 16.09.1943 in Beverly Hills:

> Am Dienstag abend Zuckmayer. Traf ihn bei Sandra. Verliebte sich sofort. Abend vorher waren Sandra und ich im Morocco gewesen; später zu Jimmy Car u. seinem Privat-Club. Bis morgens 11 Uhr dort getrunken. Abgemacht, am nächsten Abend ein Suppenhuhn dort zu essen. Mit Zuck hin. Bier und Scotch unterwegs gekauft.[38]

Der erste Teil des Tagebucheintrags ist ein Hinweis auf eine Rivalität zwischen den beiden um Sandra Rambeau, mit der Remarque seit August ein Verhältnis hatte.[39] Der zweite Teil ist ein Beispiel für den gemeinsamen Alkoholkonsum, worauf ich später noch ausführlicher eingehen werde.

---

deutschen Flüchtlingen (365): »[...] daß wir in Deutschland nicht leben, weil wir demokratisch denken; – u. in einer Demokratie halb eingesperrt werden, weil wir aus Deutschland stammen.«

36 Ebd., 317.

37 Erich Maria Remarque, Tagebucheintrag vom 19.01.1943; New York University, Fales Library, Remarque-Collection. In dem sehr lesenswerten Buch *Die Farm in den grünen Bergen*«, Frankfurt 1956, schildert Alice Herdan-Zuckmayer dies sehr anschaulich. »Winnetou« war der standesamtlich akzeptierte Name der gemeinsamen Tochter.

38 Erich Maria Remarque, Tagebucheintrag vom 16.09.1943; New York University, Fales Library, Remarque-Collection.

39 Remarque, *Das unbekannte Werk*, Band V, 610 (Erläuterung zum 25.09.1943).

Am 29.10.1943 notierte Remarque ebenfalls in Beverly Hills: »Setzte mich zu Zuck. Tranken. Sandra arrangierte einige Ausgänge. Hielt sie an. Sie managte, daß wir später zusammen zu Reubens gehen konnten. Dort Zuck, Gontard, etc. Nahm Sandra dann mit hierher.«[40] »Schnee. Regen. Heute heller Frühling. [...] Einen Abend mit Zuckmayer. Getrunken«, notierte Remarque am 24.03.1944 in New York. [41]

Während des Krieges trafen sich Carl Zuckmayer und Erich Maria Remarque nach diesen Tagebucheinträgen sowohl an der Ost-, als auch der Westküste der USA. Darüber, ob Remarque auch die Zuckmayers auf ihrer Farm in Vermont, lediglich 200 Kilometer von New York entfernt, besuchte, ist nichts bekannt. Dabei wäre das angesichts amerikanischer Entfernungen als ganz in der Nähe zu verorten, wohlhabende New Yorker besitzen dort sogar Wochenendhäuser.

Über die jeweiligen Rahmenbedingungen der Begegnungen schreibt Carl Zuckmayer:

> Auch in Hollywood wurde man im Anfang viel eingeladen, doch war im Gegensatz zu New York das Leben hier sehr kostspielig. Man mußte, um etwas zu gelten, in einem teuren Hotel wohnen oder seine eigene repräsentative Wohnung haben, man mußte, um sein Dasein unter Beweis zu stellen, in den teuren Restaurants der oberen Film-Zehntausend verkehren, man mußte, wollte man auf die Dauer ›dazugehören‹, auch selbst Einladungen geben, man mußte so tun, als sei man reich und glücklich.[42]

Über die Ausflüge nach New York schrieb Carl Zuckmayer:

> Wenn ich damals, auch in den späteren Kriegsjahren, für ein paar Tage nach New York kam, so wurde mir das durch meinen Freund Gert von Gontard erleichtert und verschönt. [...] Wohl wissend, wie es um meine Verhältnisse stand und was ich gemeinhin entbehren mußte, veranstaltete er während dieser Besuche kleine Feste und Feiern für mich, bei denen man mit den alten Freunden aus Berlin zusammentraf.[43]

Einer der drei namentlich erwähnten Freunde ist Remarque. Kurz vor Kriegsende, am 28. April 1945 notierte er in New York:

---

40 Erich Maria Remarque, Tagebucheintrag vom 29.10.1943; New York University, Fales Library, Remarque-Collection.

41 Erich Maria Remarque, Tagebucheintrag vom 24.03.1944; New York University, Fales Library, Remarque-Collection.

42 Zuckmayer, *Als wär's ein Stück von mir*, 409.

43 Ebd., 449.

> Berlin umzingelt. [...] Gefangenenlager u. Konzentr. Lager für forced fremde Arbeiter befreit. Grauenhafte Photos. Viele tausende verhungert. Buchenwald, Belsen, Erla. Menschen eingesperrt u. lebendig verbrannt, verkommen lassen. Das Volk der Dichter und Denker, das es niemals war, – das Volk der Folterer/Mörder u. Mörder/Henker. Der Kommandeur des Belsen Camps, Kraemer, – ›gutes Gewissen, – nur etwa 1000 starben monatlich.‹[44]

Während Remarque seiner menschlichen Empörung Ausdruck gibt, zeigt Zuckmayer eine Tendenz zur Innerlichkeit:

> In diesen letzten Kriegswochen, in der täglichen Bangnis um dieses letzte Stück Heimat und das Schicksal meiner Eltern, schrieb ich zwei kleine Bücher, mit denen ich das brennende Heimweh und die nagende Sorge wenigstens bei der Arbeit überwand: den heiteren ›Seelenbräu‹, in dem das verlorene Paradies Henndorf beschworen wurde, und eine Schrift über die Brüder Grimm.[45]

Die Exilbedingungen der beiden in Deutschland so erfolgreichen Autoren hätten unterschiedlicher kaum sein können: Remarques Bücher wurden weltweit in über fünfzig Sprachen erfolgreich verkauft, was ihm, ergänzt durch Erlöse aus Verfilmungsrechten, ein finanziell nahezu sorgloses Leben ermöglichte. Zuckmayer dagegen war außer in Hollywood in den USA nahezu unbekannt. Nachdem er den zwar finanziell sicheren aber künstlerisch für ihn destruktiven Job als weisungsgebundener Drehbuchschreiber nach kurzem Test gekündigt hatte, mußte er sich im Wesentlichen um den Familienunterhalt kümmern, in harter Arbeit auf der Farm. Sein einsam gelegenes Domizil in Vermont lässt sich als Kontrastprogramm zum Promi-Exil von Remarque sehen. Schriftliche Äußerungen beider scheinen allerdings zu belegen, dass der Gesprächsstoff bei den überwiegend freundschaftlichen Begegnungen in New York und Los Angeles/Beverly Hills niemals ausging und sich auf viele Lebensbereiche bezog.

Nachkriegszeit

»Am 6. Mai erhielt ich, aus der Schweiz, ein Kabel meines Freundes Henry Goverts, der sich im letzten Moment vor der Verhaftung durch die Gestapo hatte retten

44 Remarque, *Das unbekannte Werk*, Band V, 390; der Kommandant von Bergen-Belsen hieß tatsächlich Josef Kramer.
45 Zuckmayer, *Als wär's ein Stück von mir*, 454.

können: ›Eltern am Leben‹.«[46] Mit dieser Botschaft war Zuckmayer eine große Sorge genommen. Remarque notierte am 22. Mai 1945 in New York:

> 9. Mai
> Deutschlands surrender Antiklimax, nach der Nachricht am 7. wenig bemerkbar hier. Inzwischen: Hitlers Tod, Goebbels Tod, – noch nicht ganz sicher. Gefangennahme Goerings, Leys, u.a. Noch nicht Himmler. Bilder von Berlin, – Ruinen. Gearbeitet. Langsam. […] Zuckmayer hier.[47]

Es ist anzunehmen, dass die Freunde in dieser Zeit weltgeschichtlicher Umbrüche den Austausch suchten; eine seinerzeitige Zufallsbegegnung dürfte, da beide auch Zeit für die Klärung ihrer veränderten persönlichen Situation benötigten, eher unwahrscheinlich sein.

Seit 1948 lebten beide – inzwischen amerikanische Staatsbürger geworden – Autoren in der Schweiz, wo Remarque am 6. September von Porto Ronco eine Postkarte an Zuckmayer in Saas Fee schickte. Er berichtet über seinen schmelzenden Flaschenvorrat und einen Besuch bei Bekannten, seine bevorstehende Reise nach USA (»zu den Huronen«) und fragt, was Zuckmayer mache. Der Text spricht für gute Laune, auch aus der abschließenden Bemerkung: »Soviel Regen war noch nie da. Sogar in den Flaschen wird der Wein wässerig. Mit Weicky-Grüßen. Dein Alois«.[48]

Sowohl die Versendung einer Postkarte als auch der Ton der Mitteilungen spricht dafür, dass trotz sehr unterschiedlicher Nachkriegsaktivitäten und Aufenthaltsorte der Kontakt freundschaftlich geblieben war. Zuckmayer hatte in Sorge um seine Eltern alles darangesetzt und Kontakte bis in höchste gesellschaftliche Kreise der USA genutzt, um nach Deutschland zu kommen, was damals auch amerikanischen Staatsbürgern, sofern sie in Deutschland geboren waren, nicht erlaubt war. Im Oktober 1946 war er schließlich offiziell für die Auslandsabteilung des amerikanischen Kriegsministeriums nach Europa gereist mit dem Auftrag, Kontakte in die demokratisch gesinnte Kulturszene, insbesondere in Deutschlands herzustellen. Remarque war bis 1948 in den USA geblieben, wo er sich einerseits um Steuerforderungen und ähnlich unangenehme Dinge sowie Veröffentlichungen und Verfilmungsrechte kümmerte, andererseits schriftstellerisch arbeitete.[49]

---

46 Ebd., 455.

47 Erich Maria Remarque, Tagebucheintrag vom 22.05.1945; New York University, Fales Library, Remarque-Collection.

48 Erich Maria Remarque an Carl Zuckmayer, Postkarte vom 06.09.1948 (Poststempel); Deutsches Literaturarchiv/Schiller Nationalmuseum Marbach.

49 Zuckmayer, *Als wär's ein Stück von mir*, 460ff; v. Sternburg, *»Als wäre alles das letzte Mal«*, 332ff.

Am 28. Januar 1951 notierte Remarque in New York in sein Tagebuch über Zuckmayers zuletzt aufgeführtes Theaterstück, das Kollaboration zum Thema hatte: »Abends. Zuckmayer: Gesang im Feuerofen, Stück, gelesen. Nicht gut. Pretentious u. etwas mit gekonnten Mitteln, billig, gearbeitet.«[50] Dieses Stück war nach der Uraufführung am 3. November 1950 in Göttingen von allen Kritikern verrissen worden, weswegen Zuckmayer es für die nächste Aufführung in Hamburg in vielfacher Hinsicht überarbeitete.[51] Ob Remarque seine Einschätzung Zuckmayer mitteilte, ist nicht bekannt; allerdings spricht alles dafür, dass dieser wohl kaum empfänglich dafür gewesen wäre. 1957 wurde das Stück in der Hamburger Fassung schließlich in Rostock ebenso aufgeführt wie 1966 in Zürich. Erst danach gestand Zuckmayer dem befreundeten Schweizer Schriftstellerkollegen Carl Jakob Burckhardt als Antwort auf dessen Kritik:

> Ich saß diesem Stück, das ich 15 Jahre nicht mehr auf dem Theater gesehen hatte, bei der Aufführung und schon vorher bei einer Probe ganz befremdet und hilflos gegenüber. Ich sagte mir dauernd: so ein Stück kann man ja gar nicht schreiben.[52]

Eine wertschätzendere Tagebuchnotiz, von Remarque geschrieben am 4. Januar 1954 in Porto Ronco, findet sich zum *Schinderhannes*-Stück von Zuckmayer, (wobei unklar ist, weshalb er sich ein Vierteljahrhundert nach der Uraufführung damit beschäftigte): »Zuckmayer: Schinderhannes gelesen. Hübsche Schilderei mit Versuch zur poetischen Darstellung; harmlose Freude am Auftrumpfen.«[53]

Danach gibt es eine nahezu dreizehnjährige Lücke in der heute bekannten schriftlichen gemeinsamen Kommunikation der beiden Autoren.

Am 31.03.1967 beklagte sich Carl Zuckmayer aus Saas Fee über die Feiern zu seinem 70. Geburtstag in Luzern, Zürich und Berlin bei Erich Maria Remarque und gab die Anregung: »ich rate Dir, wenn Du 70 wirst, sei unauffindbar.«[54]

Geradezu überschwänglich wirkt der Brief Zuckmayers an Remarque vom 22.05.1967 aus Brig, der auch die Wiederaufnahme persönlicher Kontakte nach langer Unterbrechung zum Inhalt hat:

---

50 Erich Maria Remarque, Tagebucheintrag vom 28.01.1951; New York University, Fales Library, Remarque-Collection.

51 *Marbacher Katalog* 49, 378ff.

52 Ebd., 382.

53 Erich Maria Remarque, Tagebucheintrag vom 04.01.1954; New York University, Fales Library, Remarque-Collection.

54 Carl Zuckmayer an Erich Maria Remarque, Brief vom 31.03.1967; New York University, Fales Library, Remarque-Collection (© Katharina Guttenbrunner).

> Lieber Boni, das war, wie unser Freund Erxleben nach gewissen Flaschen ›Forster Jesuitengarten‹ zu sagen pflegte, – ›ein Höhepunkt meines Lebens, eine Steigerung meines Daseins‹, – Dich endlich wiederzusehen, und zwar in so guter Form und von Tag zu Tag besseraussehend. Und in der Hut Deiner ganz großartigen Paulette. Ich habe ganz stark das Gefühl, Du bist übers Schlimmste weg, und wirst bei der Lebensform, die Du Dir zu eigen gemacht hast, gesund bleiben und wieder richtig in die Arbeit kommen. Auch ich hoffe mich weiter zu erholen und noch ein Paar Eier zu legen. Und denke, wir sollten uns nun öfters, in kürzeren Intervallen, sehen. Nochmal zwanzig Jahre wären riskant. Sei bedankt für Deine Freundschaft und Liebe zu Jobs und mir. In alter Herzlichkeit, mit allen guten Wünschen, Dein Zuck.[55]

Gleichzeitig richtete Zuckmayer in Englisch einen Brief voller Komplimente an Remarques Ehefrau Paulette:

> to have met and to know you was an enormous joy to us, we feel very close to you. I think you were the most charming – and what's more – the most human creature I've met since a long time, and I'm happy that you are the wife of my dear friend. We have much in common, and we should see each other as much as possible. […] In the summer or early fall we'll pay you a visit in Ronco, if convenient. Best of all to you und much love. Yours very cordially. Carl and Alice (Zuck).[56]

Die gewünschten häufigeren Begegnungen scheinen tatsächlich stattgefunden zu haben, wofür der Text der Ansichtskarte Remarques vom 04.05.1969 aus Rom, wohin er mit Paulette Goddard in den Wintermonaten der letzten Lebensjahre aus gesundheitlichen Gründen sein Domizil verlegte, an Zuckmayer in Saas Fee ein Hinweis ist: »Lieber Zuck, wir waren sehr betrübt, daß Ihr dieses Jahr nicht aufgekreuzt seid!«[57]

»Dieses Jahr nicht aufgekreuzt« spricht für frühere gemeinsame Urlaube. In jenem Jahr gab es eine lose Verabredung mit den Zuckmayers, im selben Hotel zu logieren, wie aus einem Brief aus dem Grand Hotel de la Ville in Rom vom 28.03.1969 hervorgeht:

55 Carl Zuckmayer an Erich Maria Remarque, Brief vom 22.05.1967; New York University, Fales Library, Remarque-Collection (© Katharina Guttenbrunner).

56 Carl Zuckmayer an Paulette Goddard, Brief vom 22.05.1967; New York University, Fales Library, Remarque-Collection (© Katharina Guttenbrunner).

57 Erich Maria Remarque an Carl Zuckmayer, Ansichtskarte vom 04.05.1969 (Poststempel); Deutsches Literaturarchiv/Schiller Nationalmuseum Marbach.

> Lieber Zuck, ich horche jeden Tag ängstlich über das Hotel hin, ob es nicht zu laut für dich wird. Wenn du nach hinten wohnst, was ich annehme, hörst du fast nichts von der Straße, – wohl aber sind die Mädchen-Spielplätze der Trinita di Monti Schule ca 100 Meter weit vom Hotel entfernt und von dort dringt Gezwitscher der jungen Dinger, wenn sie Handball spielen, jetzt im Frühling herüber. Mich stört es nicht, – es ist eher sorglos, friedlich, zwitschernd und mit Mädchenschreien untermischt. Ich hoffe, es stört dich auch nicht. [...] Seit ich weiß, daß in Saas Fee nichtmal Autos fahren dürfen, bin ich äußerst besorgt um deine Ruhe hier. Das bißchen Mädchengezwitscher wird dir bei der Arbeit nicht zu viel werden. Und die Amseln (hier Nachtigallen genannt) mit ihrem Geflöte morgens, die hier im Garten hausen, liebst du wahrscheinlich ebenso wie ich, und mehr als Automobilgetute. [...] Eure Zimmer konnten wir noch nicht sehen. Zu früh [...] Wir freuen uns schrecklich auf euch. Da wir beide arbeiten, wird es köstlich sein, das abends zu vergessen, – und auch sonst zwischendurch! Tausend Grüße von Paulette und Eurem getreuen Boni[58]

Aus diesem Brief lässt sich auch indirekt entnehmen, dass der Austausch zwischen Remarque und Zuckmayer sehr lückenhaft war, möglicherweise zwischenzeitlich gar nicht stattgefunden hatte, wenn Remarque über ein Jahrzehnt nach Veröffentlichung des Buches von Alice Herdan-Zuckmayer (vgl. Anm. 35) in einer Auflage von mehr als einer Viertelmillion Exemplaren schreibt:

> Ich bin gerade durch mit Jobsens Farm in den grünen Bergen und habe schreckliches Mitleid mit euch, untermischt mit Bewunderung! Wie hast du dich doch Hollywoods erwehrt und das Rechte getan! Wir werden das noch gründlich besprechen müssen.[59]

Ob und falls ja, wann dieser Austausch stattfand, ist nicht überliefert.

Am 10. Juni 1969 antwortete Zuckmayer aus Saas Fee:

> Lieber Boni, wir haben uns sehr über Deine Karte gefreut, und waren beide, Jobs besonders, etwas betrübt, dass wir dies Jahr zu Ostern nicht nach Rom fahren konnten, wie wir es eigentlich vorhatten. [...] sie hätte von einer Reise nichts gehabt, da sie sich seit November mit einer widerwärtigen, sehr schmerzhaften Bandscheibenstörung in den Halswirbeln plagte, die

58 Erich Maria Remarque an Carl Zuckmayer, Brief vom 28.03.1969; Deutsches Literaturarchiv/Schiller Nationalmuseum Marbach.

59 Ebd.

> zu einer Nervenentzündung im linken Arm führte. […] sie war nur liegend einigermaßen schmerzfrei, aber auch nur mit Hilfe von Tabletten. […] Mir geht es erstaunlich gut, – viel besser als mit 70 und 71. Die gewisse Labilität des Blutdrucks stört mich nicht, ich habe gelernt, damit zu leben, und fühle mich frischer und gesünder als seit Jahren. Und wie steht es bei Dir? Ich bin kein Graphologe, aber ich hatte das Gefühl, als ich Deine Handschrift sah, dass Du einen guten Winter hinter Dir hast und munter bist. Bitte schreib mal, wie es Dir geht![60]

Dieser Bezug zum Alte-Menschen-Thema Krankheit kann als Reaktion auf die entsprechende Bemerkung Remarques auf der Postkarte vom 04.05.1969 verstanden werden: »Ich hoffe, Ihr seid wohlauf und gesund! Heute ist man dessen ja nicht mehr ganz so sicher wie in den Jahren des Sturm- und Drangs.«[61] Dass Remarques körperliches Befinden wie sein schriftstellerisches Schaffen bereits seit 1948 massiv unter der Menierschen Krankheit litt[62] und er 1967 zwei Herzinfarkte überstanden hatte, ist hieraus nicht erkennbar.[63]

Alkohol als Binde- und Betäubungsmittel?

Alkohol hatte, wie sich dem Eingangszitat entnehmen lässt, in den Begegnungen Remarques und Zuckmayers eine große Bedeutung. Darüber hinaus ist er allerdings auch immer wieder Thema in vielen Veröffentlichungen beider Autoren mit Darstellung einer breiten Palette von Konsumformen und Folgewirkungen, vom Renommiergehabe über Enthemmung oder völlige Besinnungslosigkeit bis zur überwältigenden Verzweiflung.[64] Deshalb soll hier der Blick auf die wichtigsten Aspekte gerichtet werden.

Wie und in welcher Form Soldaten zum Alkoholtrinken gebracht wurden, erschließt sich aus einer mehrseitigen Passage in Remarques Roman *Der Weg zurück* über die Einführung von Junglehrern im Dorf:

60 Carl Zuckmayer an Erich Maria Remarque, Brief vom 10.06.1969; New York University, Fales Library, Remarque-Collection (© Katharina Guttenbrunner).

61 Erich Maria Remarque an Carl Zuckmayer, Ansichtskarte vom 04.05.1969; Deutsches Literaturarchiv/Schiller Nationalmuseum Marbach.

62 Remarque, *Das unbekannte Werk*, Band V, 403.

63 v. Sternburg, *»Als wäre alles das letzte Mal«*, 427f.

64 Alleine in Remarques Roman *Der schwarze Obelisk*, Köln 2020, lassen sich 46, z.T. mehrseitige Fundstellen zum Thema Alkohol entdecken. In Zuckmayers Autobiografie *Als wär's ein Stück von mir* fand ich das Thema in 39 Textstellen.

> Abends wollen wir noch den Gemeindevorsteher aufsuchen, denn dazu sind wir ebenfalls verpflichtet. Wir treffen ihn jedoch schon in der Kneipe, die gleichzeitig Poststube ist. Er ist ein listiger Bauer mit verfälteltem Gesicht, der uns als Erstes ein paar Schnäpse anbietet. Wir nehmen an. Augenzwinkernd kommen jetzt zwei, drei andere Bauern dazu, begrüßen uns und laden uns zu einem Glase ein. Höflich stoßen wir mit ihnen an. [...] wir haben natürlich sofort gemerkt, dass sie uns besoffen machen wollen, um ihren Spaß zu haben. [...] bei uns rechnen sie mit einem nicht: dass wir ein paar Jahre Soldaten waren und den Schnaps kochgeschirrweise getrunken haben. Wir nehmen den Kampf auf. [...] »Donnerwetter, nur Schnaps?« fragt der Gemeindevorsteher. »Natürlich, sonst sitzen wir bis morgen früh«, bemerkt Willy ruhig [...] auf das schnelle Kippen sind wir trainiert, und es war unsere Chance, ihnen unser Tempo aufzuzwingen. Taumelnd und stolz überblicken wir das Schlachtfeld. Keiner außer uns steht mehr. [...] Von diesem Tag an gelten wir im Dorf als Männer und werden mit Achtung gegrüßt.[65]

Mit den biografischen Entwicklungen veränderten sich offenbar auch die Formen des Alkoholkonsums, sie wurden kultiviert. In den Schreiben Zuckmayers an Remarque und umgekehrt wird Alkohol am Krankenlager, zur Geselligkeit, zum Feiern eines Erfolges und beziehungsweise des Wiedersehens sowie als »Kur« thematisiert.

Im Brief von Zuckmayer an Remarque vom 30.06.1932 schreibt er nach Schilderung seiner durchaus beunruhigenden Verletzungsgeschichte: »Abends grosse Sauferei an meinem Krankenlager, der Chefarzt besoffen.«[66]

Remarques Auflistung der bestellten Alkoholika für das mit Alice Herdan-Zuckmayer geplante Essen[67] enthält Cognac (Meukow 42), Weißwein (Graves superieure 1920), Rotwein (Chambertin 1921) und Liqueurs. Dies spricht für eine geschmackvolle, allerdings sehr üppige Auswahl.

Für sehr kultivierten Alkoholgenuss steht auch das von Remarque ausgewählte alkoholische Getränk zur Feier des »Schelm-Erfolg(es)«:

> Ich habe eine Flasche 1811 Napoleon zurückgestellt für Dich. Du erinnerst dich an unsere letzte Flasche hier, – das war 1860er. Jetzt habe ich 1811 echten Napoleon. Nur eine Buddel. Wir werden ihn austrinken und dabei von den beiden Büchern reden.[68]

---

65 Remarque, *Der Weg zurück*, 176ff.
66 Vgl. Anmerkung 19.
67 Vgl. Anmerkung 20.
68 Vgl. Anmerkung 23.

In seiner Antwort auf eine Nachricht von Zuckmayer schreibt Remarque am 12.09.1938:

> Es wäre wunderbar gewesen, wenn wir den Rest des alten Napoleon, zu dem sich noch ein geradezu grandioser Barack gesellt hatte, hätten aussaufen können, aber leider Gottes habe ich mich in der weiten Welt, in Paris und an der Riviera herumgetrieben und dort festgestellt, dass für unsere Gurgeln noch ungeheure Reserven in den Kellern Frankreichs lagern. In der Beziehung brauchen wir nicht zu verzweifeln.[69]

Schmelzenden Flaschenvorrat beklagt Remarque in der schon erwähnten Postkarte vom 06.09.1948.[70]

Im Bericht vom 10.06.1969 über die Heilung seiner Frau von Rückenproblemen durch einen Spezialarzt während eines vierwöchigen Aufenthaltes in München schildert Zuckmayer Remarque auch seine »Kur«: »Es gibt da wieder naturreine, junge Moselweine, sodass auch ich eine Kur machen konnte, mit Josephshöfer 1967er.«[71]

In Remarques Tagebucheinträgen wird das Thema Alkohol mit Zuckmayer-Bezug ausschließlich am 16. September 1943, 29. Oktober 1943 und 24. März 1944[72] erwähnt, was die Frage nach der besonderen Bedeutung dieses Zeitraumes aufwirft. Der letzte Tagebucheintrag davor mit Zuckmayer-Bezug stammt vom 19. Januar 1943, die Aufzählung von Gästen bei Werfels, darunter »Lizzie Zuckmayer, eine Bäuerin nun.«[73] Zwei Wochen später kapitulierte die deutsche Wehrmacht bei Stalingrad, womit die entscheidende Wende an der Ostfront im zweiten Weltkrieg eingeleitet worden war. Ob Alkohol dadurch wieder eine größere Bedeutung bekam, kann nur als Frage in den Raum gestellt werden.

Dass Remarque versuchte seinen Alkoholkonsum in den Griff zu bekommen, wird aus anderen Tagebucheinträgen erkennbar. Am 04.08.1938 notierte er: »Dritten Tag nicht getrunken, nicht geraucht. Erträglich, aber langweilig. Werde diese Abstinenz irgendwann wieder aufgeben.«[74] Am 23. Mai 1943 ist dort zu lesen: »Bruder, zieh die Konsequenzen. Trink nur noch mit Freunden. Und nicht in Gesellschaft.«[75] Ähnliche Äußerungen Zuckmayers, die Verzweiflung und

---

69 Vgl. Anm. 23.

70 Vgl. Anm. 46.

71 Vgl. Anm. 58.

72 Erich Maria Remarque, Tagebucheinträge vom 16.09.1943, 29.10.1943, 24.03.1944; New York University, Fales Library, Remarque-Collection.

73 Erich Maria Remarque, Tagebucheintrag vom 19.01.1943; New York University, Fales Library, Remarque-Collection, R-C 4A.12/001.

74 Remarque, *Das unbekannte Werk*, Band V, 287.

75 Zitiert nach v. Sternburg, »*Als wäre alles das letzte Mal*«, 315.

Bemühen ausdrücken, sind nicht bekannt. Das Eingangszitat spricht allerdings dafür, dass beide trotz der Kultivierung des Alkoholgenusses übermäßige Mengen konsumierten.

Diskreditierungen

Mit ihren weite Teile der Bevölkerung erreichenden literarischen Werken und der damit verbundenen Verbreitung ihrer antinationalistischen und antimilitaristischen Überzeugungen weckten Zuckmayer und Remarque gleichermaßen die Wut nationalistischer und militaristischer Kreise, allen voran die der Nationalsozialisten. Goebbels ließ bei Aufführungen des *Fröhlichen Weinbergs* die SA aufmarschieren und Stinkbomben werfen. Der *Völkische Beobachter* agitierte mit Blick auf die in dem Stück dargestellte Übernachtung des betrunkenen Korpsstudenten Knuzius auf einem Misthaufen am 11.02.1926:

> Das Ganze ist eine geist- und witzlose Schweinerei. Import aus Berlin! Was kann aus Berlin Gutes kommen? Dem ärgsten Judennest Europas. D.h., Karl Zuckmayer ist kein Berliner, sondern Halbjude. Daher der Hang zum Schweinigeln. [...] Eine Frage an die Korpsstudenten Münchens: Laßt ihr euch die schamlose Verhöhnung der schlagenden Verbindungen durch den Halbjuden Zuckmayer gefallen?[76]

Mit dieser antisemitischen Abwertung Zuckmayers hatten die Nazis ihr Thema gefunden, ihn zu verhöhnen und in die gewünschte Ecke zu stellen, weil sie argumentativ nicht gegen ihn ankamen.

Remarques Erfolg mit dem Roman *Im Westen nichts Neues*, gegen den die Nazis Stinkbomben erst bei der Filmpremiere als Waffe einsetzen konnten, war argumentativ genauso wenig entgegenzuhalten. Deswegen wurden zu Remarques Diskreditierung die wildesten Behauptungen erfunden und publiziert, u.a. er hätte »eigentlich Kramer« geheißen.[77] Der von seinem Großvater in deutsche Schreibweise, Remark, gebrachte Familienname, den Erich seit 1922 wieder in der ursprünglichen Fassung verwendete, war nach völkischer Legende die Umdrehung des eigentlichen Namens Kramer und wurde publizistisch vielfach aufgewärmt. Trotz Nachweis des Stammbaums, der u.a. im Erich Maria Remarque-Friedenszentrum Osnabrück in der Dauerausstellung allen Besuchern gezeigt wird, wirkt die üble Nachrede auch heutzutage bis in die Gegenwart. Erstaunlich ist allerdings,

76 *Marbacher Katalog* 49, 97f.

77 v. Sternburg, »*Als wäre alles das letzte Mal*«, 148ff.

dass sie sogar im Personenregister der Taschenbuchausgabe von Zuckmayers Autobiografie *Als wär's ein Stück von mir* erschien, in der drei Jahre vorher publizierten gebundenen Ausgabe dagegen nicht.[78]

Es ist nicht sehr wahrscheinlich, dass Remarque und Zuckmayer von dieser Diskreditierung vor Drucklegung Kenntnis bekommen hatten. Ob ein verkappter Nazi damals beim Fischer-Taschenbuchverlag für die Erstellung des Personenregisters zuständig war oder in der Druckerei der herabsetzende Eintrag erfolgte, wird sich wohl nicht mehr klären lassen. Die Gesamtherstellung der gebundenen Ausgabe wurde jedenfalls in Österreich von der Wiener Druckerei Thomas F. Salzer ohne den entsprechenden Eintrag 1966 besorgt, die Taschenbuchausgabe seit 1969 in Deutschland bei Clausen & Bosse in Leck. Offenbar wurde diese herabsetzende Verschriftlichung bei der späteren Vergabe eines Lizenzvertrages an die Europäische Bildungsgemeinschaft für Bertelsmann Reinhard Mohn OHG und die Deutsche Buch-Gemeinschaft übersehen und vieltausendfach weiterverbreitet.[79]

Fazit

Die Freundschaft zwischen Zuckmayer und Remarque, die über vier Jahrzehnte vielgestaltig mit wiederholter Überbrückung großer Entfernungen und Zeiten trotz unterschiedlicher Lebensumstände und Arbeitsschwerpunkte lebendig blieb, wurde von beiden erst zum Lebensende ausdrücklich benannt. Zuckmayer dankte im Brief an Remarque vom 22.05.1967 für die Freundschaft,[80] Remarque schickte auf der Ansichtskarte vom 04.05.1969 an Zuckmayer aus Rom »Tausend Grüße Dir und Jobs von Euren alten Freunden Paulette und Boni«.[81]

Seit der ersten erhaltenen schriftlichen Äußerung wirkten die Kontakte meist locker, für Anreden und Grüße wurden meist Spitznamen gebraucht. Die Ehefrauen, teilweise auch die Geliebten, wurden in diese Kontakte einbezogen.

Unterhaltende Literatur, die beide durchaus als nützlich für aufklärerische Ziele ansahen – obwohl sie eine Instrumentalisierung für solche Zwecke ablehnten – ist als Mittel gesellschaftlicher Veränderung kaum geeignet. Allerdings kann sie gesellschaftliche Widersprüche, Zu- und Misstände offenbaren und damit einen Beitrag zur Entwicklung eines diesbezüglichen Bewußtseins schaffen und Impulse für persönliche und soziale Veränderungen geben. Die Reaktionen

78 Zuckmayer, *Als wär's ein Stück von mir*, 498.
79 Ebd., 571.
80 Vgl. Anm. 53.
81 Erich Maria Remarque an Carl Zuckmayer, Ansichtskarte vom 04.05.1969; Deutsches Literaturarchiv/Schiller Nationalmuseum Marbach.

auf ihre Werke lassen den Schluss zu, dass ihre Romane, Theaterstücke, Essays, Interviews etc. in diesem Sinne eine Wirkung hatten. Der Austausch zwischen Remarque und Zuckmayer über das künstlerische Schaffen wird leider nur in einer schriftlichen Äußerung benannt,[82] die Beschäftigung mit dem Werk des jeweils anderen schon, bisweilen mit entsprechenden öffentlichen Stellungnahmen. Dass wir kaum etwas über die schriftstellerische Kommunikation erfahren ist umso bedauerlicher, als es – bei aller Unterschiedlichkeit – viele Gemeinsamkeiten im Schaffen von Remarque und Zuckmayer gab (siehe oben). Beider Werk liegt eine tiefe Menschlichkeit zugrunde, selbst wenn menschliche Abgründe thematisiert werden. Die Ablehnung inhumaner, militaristischer und nationalistischer Attitüden ist – bei gleichzeitiger hoher Toleranz gegenüber unterschiedlichen menschlichen Lebensformen – in vielfältigen Schattierungen als Triebkraft des literarischen Schaffens von Remarque und Zuckmayer erkennbar. Beiden Autoren war bei der Bearbeitung ihrer Themen ein – meist tiefgründiger, bisweilen schwarzer – Humor[83] eigen, der nicht selten Anfeindungen von sich betroffen Fühlenden zur Folge hatte. Treffend wurde von Remarque im Interview mit Friedrich Luft (vgl. Anm. 4) der Ausgangspunkt seines Schaffens – der ähnliche Gültigkeit für Zuckmayer hatte – so beschrieben: »Mein eigentliches Thema war ein rein menschliches Thema, daß man junge Menschen von 18 Jahren, die eigentlich dem Leben gegenübergestellt werden sollten, plötzlich dem Tod gegenüberstellt.«[84]

Aktualität

Bei der Verleihung der Zuckmayer-Medaille an Rafik Schami im Jahre 2022 zitierte dieser Carl Zuckmayer aus dessen Essay »Über Erich Maria Remarque«: »Wenn Literatur einen Sinn haben soll, so kann es nur der sein, einen Damm zu errichten gegen die Flut des Vergessens.«[85]

82 Vgl. Anm. 66.

83 Remarque verdeutlicht beispielsweise in *Der schwarze Obelisk*, Seite 443ff, die makabre Absurdität von Heldenverehrung durch Schilderung eines Austausches von Leichen mit unterschiedlichen Dienstgraden zwischen drei Soldatenfriedhöfen, um dem Kaiser bei seinem Besuch eine seinen vermuteten Erwartungen entsprechende Belegung von Gräbern vorführen zu können. Zuckmayer legte den *Hauptmann von Köpenick* als »moderne Variante der Eulenspiegel-Geschichte« an, wobei ihm die Darstellung der »menschliche(n) Kreatur« besonders wichtig war; *Marbacher Katalog* 49, 184ff.

84 Remarque, *Ein militanter Pazifist*, 121.

85 Die Minsterpräsidentin des Landes Rheinland-Pfalz (Hg.). *Carl-Zuckmayer-Medaille des Landes Rheinland-Pfalz 2022. Rafik Schami. Eine Würdigung.* 27.06.2022, 19f.

Es wäre zu wünschen, dass weitere Gegenwarts-Schriftstellerinnen und -schriftsteller sich diese Anregung zu eigen machen würden.

Angesichts der Aktualität der Ereignisse lohnt sich die Lektüre der Werke von Carl Zuckmayer und Erich Maria Remarque als – durchaus unterhaltsame – Reflexionshilfe. Insbesondere *Im Westen nichts Neues*, *Der Weg zurück* und *Der schwarze Obelisk* von Remarque illustrieren vielfältig die Traumatisierungen von Kriegsheimkehrern und Zivilbevölkerung. Carl Zuckmayer führt die Lächerlichkeit und Verlogenheit von Nationalisten und soldatischen Uniformträgern im *Fröhlichen Weinberg* und im *Hauptmann von Köpenick* vor.

Dass kein Mensch sich vor der Verantwortung für das eigene Tun drücken kann, ließe sich insbesondere aus Remarques Roman *Zeit zu leben und Zeit zu sterben* und dem Film *Der letzte Akt*[86] genauso lernen wie aus Zuckmayers *Des Teufels General.*

Erich Maria Remarque ist über fünfzig Jahre nach seinem Tod immer noch internationaler Bestsellerautor mit einem weltweiten Verkaufserfolg von etwa 1,5 Millionen Exemplaren jährlich.[87] Durch die in den letzten Jahren erfolgte preisgünstige Edition seiner Werke mit Hintergrundinformationen von Thomas Schneider wird er auch in Deutschland wieder stärker verkauft und gelesen.

Carl Zuckmayer ist von deutschen Bühnen fast verschwunden; es bleibt zu hoffen, dass die zeitlose Gültigkeit vieler seiner Werke wieder verstärkt bei für Theater-Intendanz und Regie Verantwortlichen wahrgenommen wird – zumal hohe Unterhaltungsqualität in den meisten seiner Dramen, in seinen Erzählungen und Gedichten gleichermaßen garantiert ist wie in Remarques Romanen.

---

86 Eine Sendung durch die öffentlich-rechtlichen Fernsehanstalten dieses 1955 in 52 Ländern gezeigten Kinofilms würde sicher deren Unterhaltungs- und Bildungsauftrag mehr entsprechen als die derzeitige Krimi-Überflutung.

87 Sebastian Ritscher. »Mehr als 29 Millionen. Der Verkauf von Remarques Autorenrechten als Forschungsgegenstand«. Alice Caddedu, Claudia Junk, Thomas F. Schneider (Hgg.). *Weltweit – Worldwide – Remarque.* Göttingen 2020 (Erich Maria Remarque Jahrbuch XXX), 18.

Alice Cadeddu

»Wie ein roter Faden«
Ein Werkstattgespräch mit Alessandro Rinaldi

Es ist ein sommerlicher Nachmittag, als ich mich vier Jahre nach der ersten Kontaktaufnahme[1] mit dem norditalienischen Künstler Alessandro Rinaldi in einem Berliner Café treffe, um über seine Gemäldereihe zu Erich Maria Remarques Roman *Im Westen nichts Neues* zu sprechen. Der Einsatz unterschiedlicher Materialien und Werkzeuge im Schaffen seiner Kunstwerke hat Spuren hinterlassen: Rinaldis von Narben gezeichnete Hände sind rau und weisen frische Brandverletzungen auf.

> Ich habe kurz vor meiner Abreise noch ein paar Skulpturen im Brennofen fertiggestellt und wie so üblich kommt es dabei schon einmal zu derartigen Verletzungen. Das bringt ein handwerklicher Beruf nun einmal mit sich. Hätte ich mich nur auf den Einsatz von Leinwand und Farbe reduziert, wären mir zahlreiche Narben erspart geblieben, aber ich probiere leidenschaftlich gerne meine Fähigkeiten aus, alles andere würde mich vermutlich ziemlich schnell langweilen.[2]

Anlass dieses Interviews war insbesondere das Interesse an dem Schaffensprozess, der während der Transformation von Literatur in Kunst vonstatten gegangen ist, sowie die Wirkung, die Remarques Worte in diesem Prozess auf den Künstler ausgeübt haben. Im folgenden Werkstattgespräch mit dem Künstler wird also neben

1 Im Zuge der Recherchen zur Konzeption der Sonderausstellung *Worldwide Weltweit Remarque*, die 2020 anlässlich des 50. Todestages Remarques im Erich Maria Remarque-Friedenszentrum eröffnet wurde, stieß die Autorin auf eine kurz zuvor erschienene Publikation des Künstlers, der dem Friedenszentrum für die Dauer der Ausstellung eines der im Folgenden noch genauer beschriebenen Werke kostenfrei als Leihgabe zur Verfügung stellte. Das Treffen, in dessen Rahmen dieses Interview geführt wurde, fand am 01.06.2024 in Berlin statt.

2 Diese und alle folgenden Aussagen Rinaldis sowie andere italienische Textpassagen wurden von der Autorin aus dem Italienischen ins Deutsche übersetzt.

der Entstehung einiger Werke aus der Reihe vor allem auf die Motive und deren Umsetzung im Zusammenhang mit Remarques Roman eingegangen.

My Monkey Edizioni

Auf der Website des von Andrés David Carrara in Bologna gegründeten Verlages My Monkey Edizioni heißt es in einer der kurzen Vorstellung des Verlags vorangestellten Keynote

> Spielen wir ein Spiel: Unterbreiten wir befreundeten Künstler*innen Klassiker der Weltliteratur und bleiben voller Neugier und Bewunderung ob der Ergebnisse dieser Provokation.[3]

Wenngleich die Annahme nicht durch den Urheber bestätigt ist, erinnert dieses Zitat durchaus an die Affenbande in Rudyard Kiplings *The Jungle Book* (1894). Die Bandar-log, so nennt Kipling die grauen Menschenaffen, widmen ihre Zeit vorwiegend einer Beschäftigung: »play[ing] all day« und zeichnen sich vor allem – zumindest behauptet dies der Bär Balou gegenüber dem Menschenkind Mogli – durch ihren durchtriebenen Charakter aus:[4]

> They have no law. They are outcasts. They have no speech of their own, but use the stolen words which they overhear when they listen, and peep, and wait up above in the branches. […] They are without leaders.[5]

Ob sich der Verleger Carrara hier eines Klassikers der Weltliteratur bedient, um auf nonchalante Art und Weise die Kernaussage seiner Kunstmagazine zu vermitteln, in denen Künstler*innen Klassiker der Weltliteratur in ihrem ganz eigenen künstlerischen Stil wiedergeben, kann nicht mit Sicherheit gesagt werden. Die Parallelen zwischen den freischaffenden Künstler*innen, die sich der Worte anderer bedienen, und den Bandar-log, den »outcasts […] without leaders« sind jedoch nicht von der Hand zu weisen. My Monkey Edizioni widmet sich vorrangig der Herausgabe der *Rivista My Monkey*, die seit Mai 2018 im zweimonatigen Turnus erscheint. Der aus Argentinien stammende Künstler und Grafikdesigner Andrés David Carrara erschuf My Monkey Edizioni aus dem Wunsch heraus, seine eins-

---

3 Andrés David Carrara. »Chi siamo«. *My Monkey Edizioni*, http://www.mymonkeyedizioni.com/ (05.06.2024). Die Übersetzung aus dem Italienischen ins Deutsche erfolgte durch die Autorin.

4 Rudyard Kipling. *The Jungle Book*. Project Gutenberg; 1995. https://search.ebscohost.com/login.aspx?direct=true&db=nlebk&AN=1008700&site=ehost-live&scope=site (05.06.2024).

5 Ebd.

tige Profession als Künstler mit seiner aktuellen Arbeit im Verlagswesen und dem redaktionellen Grafikdesign zu verbinden. Die Adaption klassischer Literatur in Form künstlerischer Beiträge war für Carrara deshalb naheliegend, da er der festen Überzeugung ist, dass Kunst immer von Literatur, Film oder Musik beeinflusst ist:

> I do not think it is possible to conceive of an artist producing any expressive object without having somehow plundered, more or less consciously, from the world of literature, cinema or music.[6]

Mit seinem Projekt verfolgt Carrara jedoch nicht das Ziel einer einfachen grafischen Illustration einer literarischen Vorlage, sondern der Erschaffung eines neuen und eigenständigen Werks der beteiligten Künstler*innen. Das Resultat ist ein quadratisches Papieralbum im Format 29,7 x 29,7 cm, das je Ausgabe auf eine Auflage von 50 Exemplaren limitiert ist, die alle von den Künster*innen persönlich signiert wurden. Das Layout der Doppelseiten folgt stets demselben Prinzip: Links sind kurze Passagen aus dem Originalwerk (in der italienischen Übersetzung) abgedruckt und über die ganze rechte Seite erstreckt sich das Werk der Künstlerin oder des Künstlers. Jedes Album umfasst neun Textpassagen, neun innenliegende Bilder und ein zehntes auf dem Titelblatt, das neben dem Titel des Romans nicht etwa den Namen der Autorin oder des Autors aufweist, sondern den Namen der Künstlerin bzw. des Künstlers. Dadurch wird bestärkt, dass es sich nicht um eine Adaption des Romans handelt, sondern vielmehr ein durch den Roman inspiriertes eigenständiges Kunstwerk. Carrera betont mit Nachdruck, dass im Mittelpunkt der Publikation vor allem das visuelle Werk steht:

> It is not a simple illustration [...] but [...] an entanglement in a single language of two different worlds where it is hoped that the result obtained will surprise both the artist and the viewer.[7]

Die Künstler*innen werden von dem Herausgeber aus einer Art spontanen Eingebung heraus gewählt, die er selbst als »synaesthetic ability« bezeichnet. Carrara, der leidenschaftlich gerne und viel liest, verbindet das Gelesene oftmals intuitiv mit einer künstlerischen Richtung, die er in dem Schaffen ihm bekannter italienischer Künstler*innen wiedererkennt und diese daraufhin einlädt, mit ihm gemeinsam ein Album zu erstellen. Das weitere Vorgehen in der Produktionsphase erfolgt laut Carrara in gegenseitiger Abstimmung und äußerst individuell. In der Regel gibt

6 Emanuela Zanon. »My Monkey Editions. An independent publishing project in Bologna«. *Juliet*, 29.12.2020. https://www.juliet-artmagazine.com/en/my-monkey-editions-an-independent-publishing-project-in-bologna/ (06.06.2024).

7 Ebd.

er die Textpassagen vor, auf deren Basis die Kunstwerke erstellt werden, wobei er keinesfalls eine für die Rezipient*innen nachvollziehbare Korrelation zwischen Text und Bild voraussetzt. Er lässt den Künstler*innen in ihrem Schaffen alle Freiheiten, deren Werke letztendlich immer mit dem Text harmonieren.[8]

Alessandro Rinaldi

Die künstlerische Ausbildung des am 4. Juli 1970 im norditalienischen Padua geborenen Künstlers Alessandro Rinaldi begann bereits zu Schulzeiten, als er die Kunstschule Paduas, die Liceo Artistico Statale A. Modigliani, besuchte, die er 1990 mit dem Erlangen der Hochschulreife abschloss. Er setzte seine Ausbildung an der renommierten Kunsthochschule Accademia di belle arti di Venezia fort, wo er seinen Abschluss auf dem Gebiet der Malerei absolvierte. In diesen Jahren zeichnete sich bereits seine Experimentierfreudigkeit auf zahlreichen Feldern der Kunst aus: Neben der Malerei befasste er sich mit Grafikdesign, digitaler Fotografie und dem Anfertigen von Skulpturen. Bis heute arbeitet er freiberuflich als Illustrator, Restaurateur, Bühnenbildner und Dozent für Kunst und Kunstgeschichte an Schulen und Universitäten sowie als Privatdozent. Seit 1996 stellt er seine Werke in Galerien und Museen weltweit aus, ist auf nationalen und internationalen Kunstmessen zugegen und feiert Erfolge in nennenswerten Einrichtungen, wie der Galleria la Fenice in Venedig (2005), der Biennale von Venedig (1996 und 2011) sowie dem Kunsthaus Tacheles, das viele Jahre die Anlaufstelle der alternativen Kunst- und Kulturszene in Berlin war, wo er 2009 mit einer Ausstellung vertreten war.[9]

Rinaldi lebt und arbeitet in Padua. Seit dem 22. Juni 2023, dem Tag der Ausstellungseröffnung *Networking Remarque*, ist er mit seinem Werk *La continuità delle specie* (2022), das er dem Erich Maria Remarque-Friedenszentrum Osnabrück im Rahmen des Projektes »Ein Geschenk für Remarque«[10] überließ, dauerhaft vertreten. Es ist bereits das zweite Werk, das Rinaldi im Remarque-Friedenszentrum ausstellt: 2020 stellte er dem Friedenszentrum das Werk *Cavalli di Frisia* (Abb. 1), das Teil der Reihe *Niente di nuovo sul fronte occidentale* (Dt.: *Im Westen nichts Neues*) ist, zur Verfügung. Diese Reihe wird im nachfolgenden Werkstattgespräch mit dem Künstler Rinaldi näher betrachtet. Er überließ das Werk dem Friedenszentrum als unentgeltliche Leihgabe im Rahmen der Ausstellung *Worldwide Weltweit*

8 Vgl. ebd.

9 Alessandro Rinaldi. »Biografia«. *Alessandro Rinaldi.* https://www.alessandrorinaldi.net/home/ (07.06.2024).

10 »Die Geschenke«. *Networking Remarque.* https://sites.google.com/view/networkingremarque/home/ein-geschenk-f%C3%BCr-remarque/die-geschenke (07.06.2024).

Abb. 1: Alessandro Rinaldi. *Cavalli di frisia*. Öl und Gravur auf Aluminium, 143 x 143 cm, 2019, im Erich Maria Remarque-Friedenzentrum während der Ausstellung *Weltweit Worldwide Remarque* vom 20.09.2020 bis 22.06.2021.

Remarque,[11] die anlässlich des 50. Todestages Erich Maria Remarques am 22. Juni 2020 eröffnet wurde.

Niente di nuovo sul fronte occidentale

Genau ein Jahr nach Erscheinen der ersten Ausgabe der *Rivista My Monkey* entschied sich der Herausgeber Carrara, das siebte Album erstmals einem deutschen Roman zu widmen. Die Wahl fiel auf Erich Maria Remarques Antikriegsroman *Im Westen nichts Neues* (1928/29). Im Mai 2019, knapp 90 Jahre nach Erscheinen der Buchausgabe des Romans im Januar 1929, sollte das Album *Niente di nuovo sul fronte occidentale* im My Monkey Verlag erscheinen und die Entscheidung, wer das Werk künstlerisch umsetzen sollte, war schnell gefallen:

> Remarques Buch erschien uns sofort der am besten geeignete Klassiker zu sein, den wir Alessandro vorschlagen konnten, da das Thema Krieg und Verwüstung schon immer ein wiederkehrendes Thema in seinen Werken

11 Für weitere Informationen zur Ausstellung *Weltweit Worldwide Remarque* siehe https://www.remarque.de/wwr/ausstell/index.htm.

> war. Seine Zeppeline, die über diesen Orten des Konflikts emporragen, die Härte der von ihm verwendeten Materialien und die Gewalt seiner Bildgesten sind unserer Meinung nach der perfekte Rahmen, um die emotionale Verwüstung darzustellen, die man beim Lesen dieses großartigen Buches empfindet.[12]

Ein Besuch des Künstlers Rinaldi in Berlin bot Gelegenheit, mehr über dieses Projekt und die Motivation des Künstlers zu erfahren.

Alice Cadeddu: Vielen Dank, dass du dir die Zeit für das Gespräch mit mir nimmst, Alessandro. Berlin ist, wie ich gelesen habe, kein unbekanntes Terrain für Dich: Vor 15 Jahren hast du hier gemeinsam mit dem Künstler Pierantonio Tanzola im Kunsthaus Tacheles über mehrere Wochen eine Ausstellung erarbeitet und im Zuge dessen miterleben können, wie die damals noch besetzte Kaufhausruine freischaffenden Künstler*innen wie dir einen Platz in einem Kollektiv, der Künstlerinitiative Tacheles, bot, das sich dem kapitalistischen Wandel der Stadt entziehen wollte. Leider ist auch das Tacheles diesem Wandel erlegen: Nach der Räumung im Jahr 2012 und einer umfassenden Sanierung befindet sich dort heute ein modernes Stadtquartier mit Büros, Shops und Luxuswohnungen.

Alessandro, wie fühlt es sich an, wieder in Berlin zu sein und was empfindest du in Anbetracht der Entwicklungen des Tacheles?

Alessandro Rinaldi: Ich gebe zu, dass meine Gefühle zwiegespalten sind: Ich bin wirklich beeindruckt von der Vielfältigkeit der Stadt und ihrer Bewohner*innen. Außerdem macht es mich als freischaffenden Künstler wirklich glücklich zu sehen, welchen Stellenwert die Kultur und die Kunst hier in Berlin beziehungsweise in Deutschland genießen! Ich würde mir wünschen, dass es in Italien auch nur einen Bruchteil der Anstrengungen im Bereich der Kulturarbeit geben würde.

Auf der anderen Seite muss ich gestehen, dass mich der Anblick des heutigen Kunsthauses Tacheles sichtlich schockiert hat. Dieser einst so magische Ort, an dem ich so viele wunderbare Menschen kennengelernt und bis heute anhaltende Freundschaften geschlossen habe, ist nicht mehr wiederzuerkennen. Ich hatte bereits von dem großen Sanierungs- und Neubauprojekt gehört, dennoch hat mich das Ergebnis – einer gigantischen Ansammlung von Luxusimmobilien – zutiefst erschüttert. Ich werde immer den ehemaligen Ort in Erinnerung behalten, wo ich 2009 mit meinem Künstlerkollegen Tanzola die große Herbstausstellung *Ergo…* eröffnet habe. Sie handelt von Landschaften, dem Leben und dem darin stattfin-

12 Andrés David Carrara. Alessandro Rinaldi. *Niente di nuovo sul fronte occidentale*. Bologna: My Monkey Edizioni, 2019, 2.

denden Kontrollwahn. Ich nähere mich der Kunst fast beiläufig, fast so, als würde ich manchmal auf der Straße ein Rinnsal in der Luft spielen sehen. Es ist immer wieder ein Erstaunen über die anmutige Zufälligkeit, die man findet und vielleicht nur unbewusst sucht. Ich denke, der künstlerische Impuls entsteht durch eine tiefgreifende technische und spirituelle, menschliche und natürliche Suche, die mich findet, und dann ist das Werk das Bedürfnis, all dies zusammenzufügen, wie eine musikalische Komposition, die mit Instrumenten zum Leben erweckt wird.

Cadeddu: Kommen wir auf dein Album *Niente di nuovo sul fronte occidentale* zu sprechen, das du 2019 im My Monkey Verlag veröffentlicht hast. Wie kam es zu der Zusammenarbeit und was war dein erster Gedanke, als du hörtest, dass dir die Konzeption einer Werkreihe zu Erich Maria Remarques Antikriegsroman *Im Westen nichts Neues* angeboten wurde?

Rinaldi: In der historischen Epoche, in der wir uns befinden, schien es fast natürlich, sich mit diesem großen Autor auseinanderzusetzen. Ich habe versucht, mein Bestes zu tun, um den Schriftsteller zu würdigen, der mir viel zu denken gegeben hat und noch immer gibt.

Cadeddu: Wann hast du *Im Westen nichts Neues* das erste Mal gelesen? Haben dich noch andere deutsche Autor*innen fasziniert und vielleicht sogar nachhaltig in deinem Schaffen beeinflusst?

Rinaldi: Die Lektüre von *Im Westen nichts Neues* begleitete mich eine Zeit lang während meines Studiums. Es ist das, was ich ein »Zugbuch« nennen würde: eines der Bücher, die mir auf der Reise von zu Hause zur Akademie der Schönen Künste in Venedig Gesellschaft leisteten. Dieses und Bücher von anderen Autoren, insbesondere von Heinrich Böll, Rainer Maria Rilke, Thomas Mann und Franz Kafka, waren für mich die Theorie dessen, was ich später auf die Leinwand zu bringen versuchte. Sie wirken sich auf meine Psyche aus wie phantastische Drehbücher, sie sind sozusagen die verschriftlichte Schablone dessen, was ich mittels eines anderen Mediums, der Kunst, realisiere.

Cadeddu: In deinem Album *Niente di nuovo sul fronte occidentale* befinden sich, wie es in dieser Reihe des Verlags üblich ist, Auszüge aus dem Roman Remarques, auf die sich deine Werke beziehen. Wie müssen wir uns den Prozess vorstellen? Wurden die Auszüge vom Herausgeber vorgegeben oder hattest du selbst die Möglichkeit, Einfluss darauf zu nehmen?

Rinaldi: Bevor ich mit der Arbeit begann, teilte mir der Verleger in einem Telefongespräch auf sehr freundliche Weise mit, dass ich völlig frei arbeiten könne, die einzige Regel sei das quadratische Format des Albums.

Das hat mich von vielen Zweifeln befreit, da ich in meinem Schaffen vorwiegend unabhängig arbeite. Jede Art von Vorgabe ist ein Eingriff in den Schaffensprozess, der sich in der Regel negativ auf die Kreativität der Kunstschaffenden auswirkt. So kam es letztendlich auch, dass ich mich bei einigen meiner Werke für das Album – sehr zum Ärgernis des Verlegers – nicht an das vorgegebene quadratische Format gehalten habe. Letztendlich war ich jedoch der »Leidtragende«. Ich musste zwar keine neuen Bilder anfertigen, die vorhandenen wurden aber kurzerhand auf ein quadratisches Format reduziert, weshalb nicht alle Bilder im Album dem Original entsprechen.

Cadeddu: Habe ich recht verstanden, dass der Verleger Andrés David Carrara demnach seine übliche Herangehensweise für eure Kollaboration geändert hat? Denn normalerweise werden die Textstellen doch von ihm ausgewählt. Was veranlasste ihn also dazu, dir die Auswahl zu überlassen?

Rinaldi: Ich denke, dass seine Intention war, mich nicht allzu sehr in der Adaption des Werks zu beeinflussen. Er überließ mir sozusagen einen Freibrief. Insbesondere in der Gewissheit, dass ich in Kenntnis des Textes, über den wir zuvor mehrfach gesprochen hatten, auf jeden Fall ein persönliches Werk geschaffen hätte, das aber der Seele des Textes von Remarque treu geblieben wäre.

Cadeddu: Worauf hast du bei der Auswahl der Zitate geachtet? Gibt es bestimmte Passagen in Remarques Roman, die deiner Meinung nach essentiell für dein Album sind? Oder wolltest du vielleicht sogar spezifische Themen gänzlich in der künstlerischen Umsetzung vermeiden?

Rinaldi: Um ehrlich zu sein, habe ich nicht versucht, das geschriebene Wort Remarques zu visualisieren. Vielmehr habe ich mich von dem Gefühl, das die Worte beim Lesen in mir ausgelöst haben, mitreißen lassen. Von den Handlungen und Orten, die sich vor meinem inneren Auge manifestierten, ohne mich zu sehr auf die Beschreibungen Remarques zu konzentrieren. Das war übrigens etwas, das mir mitunter gar nicht so leicht gefallen ist, da Remarque die unverkennbare Gabe besitzt, die Dinge sehr bildlich zu beschreiben.

Aber wenn es etwas Schönes in der Kunst gibt, dann ist es die Freiheit der Interpretation, denn die Synergie entsteht erst in der persönlichen Interpretation der Betrachtenden. Das macht für mich den künstlerischen Ausdruck einzigartig und aktuell.

Abb. 2: Alessandro Rinaldi. *Ritorno a Casa*. Öl und Gravur auf Aluminium, 2019, Anschnitt in Alessandro Rinaldi. *Niente di nuovo sul fronte occidentale*. Bologna: My Monkey Edizioni, 2019.

Cadeddu: Das klingt spannend! Kannst Du mir an einem Beispiel erklären, wie eine solche Visualisierung eines Zitats aus dem Roman abläuft? Erzähle mir doch bitte etwas über das Bild auf Seite 9 (siehe Abb. 2). Das Zitat lautet:

> Abbiamo dietro di noi alcune settimane di pioggia; grigio il cielo, grigia la terra che si scioglie in fango, grigia la morte. Quando ci portano in linea, l'umidità ci penetra già i cappotti e i vestiti e vi rimane finché si sta fuori. Non si è mai asciutti. Quelli di noi che ancora portano stivali li fasciano in alto con sacchetti da terra, perché l'acqua limacciosa tardi alquanto a colar dentro. I fucili arrugginiscono, le uniformi marciscono, tutto è liquido e sfatto; una gocciolante, umida, oleosa massa di terra, in cui si aprono pozzanghere gialle chiazzate da rosse spirali di sangue, e in cui morti, feriti e superstiti lentamente affondano. L'uragano ci flagella, la grandine di schegge strappa da questa confusione di grigio e di giallo i gridi acuti, come di bimbi, dei feriti, e ogni notte la vita straziata geme a lungo, nella sua pena che va verso il silenzio. Le nostre mani sono terra, i nostri corpi fango, i nostri occhi pozzanghere di pioggia. Non sappiamo quasi se siamo vivi ancora.[13]

13 »Einige Regenwochen liegen hinter uns – grauer Himmel, graue zerfließende Erde, graues Sterben. Wenn wir hinausfahren, dringt uns bereits die Nässe durch die Mäntel und Kleider, – und so bleibt es die Zeit vorne auch. Wir werden nicht trocken. Wer noch Stiefel trägt, bindet sie oben mit Sandsäcken zu, damit das Lehmwasser nicht so rasch hineinläuft. Die Gewehre verkrusten, die Uniformen verkrusten, alles ist fließend und aufgelöst, eine triefende, feuchte, ölige Masse Erde, in der die gelben Tümpel mit spiralig roten Blutlachen stehen und Tote, Verwundete und Überlebende langsam versinken. Der Sturm peitscht über uns hin, der Splitterhagel reißt aus dem wirren Grau und Gelb die spitzen Kinderschreie der Getroffenen, und in den Nächten stöhnt das zerrissene Leben sich mühsam dem Schweigen zu. Unsere Hände sind Erde, unsere Körper Lehm und unsere

Abb. 3: Alessandro Rinaldi. *Ritorno a Casa. Öl mit Gravur auf Aluminium*, ein Diptychon, bestehend aus zwei Teilen, jeweils 143 hoch x 100 breit, zusammen 2 Meter breit und 143 hoch 2019. Vollständiges Gemälde, das in dem Album aufgrund der Vorgabe des quadratischen Formats nur teilweise abgedruckt wurde.

Rinaldi: In diesem Werk (das im Album übrigens nicht vollständig abgedruckt wurde, da es im Original nicht quadratisch ist, sondern die Maße 2,5m Länge x 1,5 m Höhe aufweist) herrscht eine ruhige Atmosphäre, die nur durch den in der Ferne aufsteigenden Rauch belebt wird.[14] Der Rauch stellt ein fremdverschuldetes Eindringen in die Stille dar, das die Anwesenheit des Menschen verrät: etwas oder jemand scheint ein Feuer entfacht zu haben, aber wir wissen nicht, wie es entstanden ist. Könnte es vielleicht durch ein Gefecht entstanden sein? Oder ist es besetztes Hinterland? Vorstellbar wäre auch eine von Soldaten entfachte Feuerstelle, die der Erhitzung des Essens oder der Aufwärmung der Unterkühlten dient … Der Diskurs ist und bleibt offen.

Weiter hinten im Bild ist ein kahles Stück Erde zu sehen, ganz in der Nähe eines Sumpfes. Zerfressene, geopferte, zerkaute und verdaute Erde. Am Himmel hängen die grauen Wolken so tief, dass sie sich mit dem aufsteigenden Rauch vermischen.

Augen Regentümpel. Wir wissen nicht, ob wir noch leben.« Erich Maria Remarque. *Im Westen nichts Neues*. In der Fassung der Erstausgabe mit Anhang und einem Nachwort herausgegeben von Thomas F. Schneider. Köln: Kiepenheuer & Witsch, 2014, 252.

14 Der Rauch, von dem Rinaldi hier spricht, ist auf dem zugeschnittenen Bild nicht sichtbar. Abb. 3 zeigt das ganze Bild, auf dem im oberen linken Viertel die Rauchschwade deutlich zu erkennen ist.

Es sind die verbliebenen Spuren des Menschen in einer nicht mehr irdischen und völlig erschöpften Umwelt.

Um dieses Werk zu realisieren, habe ich mich für eine Leinwand aus Stahlblech entschieden, aus der ich mittels einer Gravur- und Glättetechnik die Landschaft herausgearbeitet habe, und zwar auf eine Art und Weise, die eher dem Abtragen als dem Überstreichen einer Oberfläche entspricht, wie man es beispielsweise mit Farbe auf Papier macht. Bei der hauptsächlich verwendeten Farbe handelt es sich um das Mineralölprodukt Bitumen und die Substanz, mittels der die anderen Farben in einem chemischen Prozess erzeugt wurden, war nichts anderes als Benzin. All diese Materialien habe ich gewählt, um der Geschichte Remarques gerecht zu werden: Spricht man vom Krieg, insbesondere vom Ersten Weltkrieg, spricht man auch von den Materialschlachten, die im Verlaufe des Krieges durch den Einsatz technischer Mittel den Menschen immer irrelevanter erscheinen lassen haben. Letztendlich waren die Soldaten nur noch die Bediener der Maschinen, ein Mittel zum Zweck.

Cadeddu: Worin lagen die Schwierigkeiten, den Roman grafisch umzusetzen? Und was ist dir hingegen leicht gefallen?

Rinaldi: Ich erinnere mich, dass beim erneuten Lesen des Romans *Im Westen nichts Neues* meine Gefühle, die ich als junger Mann bei der Lektüre des Buches hatte, erneut bestätigt wurden. Es ist ein Buch, dem es gelingt, seine Zeit zu überdauern, und das (leider) bis heute nicht an Aktualität verloren hat.

Remarque hat mir in einem gewissen zeitlichen Abstand Bilder suggeriert, die ich durch meine Seele gefiltert habe. Vielleicht ist das Wort, das in meiner Erinnerung auftaucht, Pietá und ein starkes Gefühl von Optimismus und Verbundenheit mit dem Leben, verstanden als bedingungslose Liebe.

Cadeddu: Das klingt, als wäre der Roman eine alte bekannte Seele, die dich auf deinem Weg nie richtig verlassen hast. Eine schöne Vorstellung.

Carrara sagte in einem vergangenen Interview einmal, dass er es nicht für möglich hält, dass ein Künstler, der ein ausdrucksstarkes Werk produziert, sich dabei nicht aus der Welt der Literatur, des Films oder der Musik bedient hat. Wie ist es bei dir? Hast Du dich bei der visuellen Gestaltung (abgesehen von der Romanvorlage) von einer der beiden US-amerikanischen Romanverfilmungen von Lewis Milestone (1930) oder Delbert Mann (1979) inspirieren lassen?

Rinaldi: Ehrlicherweise wollte ich die Filme nie sehen. So ergeht es mir oft, wenn ich ein gutes Buch lese, da es leider oft vorkommt, dass ich nach der Lektüre eines Buches von der filmischen Umsetzung enttäuscht bin. Ich dachte daran, mir vielleicht eines Tages eine der Verfilmungen anzusehen, wenn sie mich in einer bestimmten künstlerischen Phase meines Arbeitslebens aufsucht.

Und ich bin froh, dass ich vor dem Projekt mit My Monkey keine der Verfilmungen gesehen habe! Auf diese Weise konnte ich die Visionen und Gefühle, die mir das Buch vermittelt hatte, beibehalten und unverfälscht, beziehungsweise unbeeinflusst von der filmischen Umsetzung, auf meine Leinwände transportieren.

Der Roman diktierte mir während der Lektüre seine Zeit und ich folgte seinem freien konzeptionellen Raum. Ich zog es vor, diesen Raum zu betreten, das Innerste dieser Welt zu begleiten, anstatt sie zu analysieren.

Cadeddu: Tauchen wir nun etwas tiefer in die Gestaltung des Albums *Niente di nuovo sul fronte occidentale* ein. Personen, die Remarques Roman gelesen haben, werden beim Betrachten deines Albums schnell merken, dass du keine spezifischen Szenen aus dem Roman visualisiert hast. Ich würde sogar behaupten, dass du in deinen Bildern vielmehr die Gefühle, Stimmungen und Dynamiken in den Fokus deiner Arbeit stellst, anstatt eine bereits erzählte Geschichte nachzuerzählen? Liege ich richtig in meiner Annahme?

Rinaldi: Genau, ich denke, ich hätte die Bilder, die Remarque durch seine gewaltige Bildsprache in uns hervorzurufen vermag, nicht besser wiedergeben können. Wahrscheinlich wäre ich nur Gefahr gelaufen, sie durch die Illustration einiger markanter Passagen zu trivialisieren. Stattdessen habe ich mit den Atmosphären der Erzählung gearbeitet und bin dem gefolgt, was mir einfiel, als ich vor der leeren Leinwand stand. Es gibt Momente in meinem Schaffensprozess, in denen ich sehnsüchtig darauf warte, dass die Leinwand zu mir spricht, dass sie mir einen Hinweis darauf gibt, mit was ich sie füllen kann. Bei der Visualisierung der Erzählungen Remarques hatte ich dieses Bedürfnis nicht ein einziges Mal. Stattdessen bin ich einer Spur gefolgt, die ich mit einer schnellen Geste sofort auf den Bildträger fixierte; eine Spur wie ein Graben, in den ich mental hinabgestiegen bin.

Cadeddu: Die Gräben sind eines der wiederkehrenden Symbole in deiner Reihe *Niente di nuovo sul fronte occidentale.* Ein anderes ist der Zeppelin, der in Remarques Roman zwar nicht auftaucht, sich aber dennoch kongenial in deine künstlerische Adaption des Werks einfügt. Kannst Du mir etwas zu den beiden Symbolen erzählen? Wofür stehen sie in deinem Werk?

Rinaldi: Was bedeuten sie, was will ich darstellen? Das ist eine interessante Frage, aber ehrlich gesagt, kenne ich die Antwort darauf selbst nicht. Ich erschaffe Maschinen, die – man könnte sagen zum Glück – in der realen Welt nicht zwingend funktionieren müssen, obwohl sie ein Teil von ihr sind. Das Sterbliche lebt mit dem ständigen Bedürfnis, aber auch mit der Angst, etwas sein oder zurücklassen zu müssen. Deshalb liebe ich Remarques Arbeit, er scheint über allem zu stehen und nimmt in seinen Erzählungen nur als Zuschauer teil. So sind auch meine Luftschiffe: Sie schweben in Zeiten und an Orten, wie sphärische Zeugen, die darauf warten, dass etwas passiert. Durch sie kann ich mit meinen Gedanken, meinen Träumen, die sich metaphysisch in meinen Bildern materialisieren, präsent sein.

Die Gräben hingegen sind die Furchen der geschriebenen Worte Remarques. Sie sind das Zeugnis unserer Handlungen, die Erinnerung an unseren Weg. Sie erinnern mich an etwas, das Francis Bacon einst sagte, als er sich selbst mit einer Schnecke verglich, die auf ihren Pfaden eine für andere sichtbare Spur hinterließ.[15] Wenn ich mir dann die Fotos seines Ateliers in seinen aktiven Jahren ansehe, hat sich diese kafkaeske Mutation ohne Zweifel dort vollzogen!

Mein Werk hingegen ist eine ständige Suche nach der Ausarbeitung von Mythen. Meine Schützengräben und meine spanischen Reiter sind Bollwerke, eine Verteidigung meiner selbst und in gewissem Maße auch der Wille, Abstand zum Morgen zu schaffen, um den Pfad der Suche nicht zu verlassen. Es ist ein Pfad, der immerzu aus der Erinnerung an die Vergangenheit schöpft, um aus ihr wiederum die Kraft für neue Horizonte zu schöpfen, die kommen werden.

Cadeddu: Eine der Besonderheiten deiner Kunst ist bei der bloßen Ansicht des Papieralbums leider nicht ersichtlich, sondern kommt erst zum Vorschein, wenn die Originale in Augenschein genommen werden: Du verwendest nicht nur unterschiedliche Materialien zum Malen, sondern auch verschiedene »Leinwände«. Ich habe es am eigenen Leib erlebt, als ich dein Bild *Cavalli di Frisia* (s. Abb. 3), das du dem Remarque-Friedenszentrum als Leihgabe für die Ausstellung *Weltweit Worldwide Remarque* überlassen hast, das erste Mal sah: Als Leinwand diente dir eine riesige Platte aus Aluminium. Wie bist du auf die Idee gekommen, dieses Material für dein Werk *Cavalli di Frisia* zu verwenden? Das daneben gestellte Zitat lautet:

> Gli attacchi si alternano coi contrattacchi e sul terreno devastato, fra le trincee, si ammucchiano i morti. Dei feriti, per lo più siamo in grado di raccogliere quelli che non son caduti troppo lontano; ma gli altri giacciono a lungo abbandonati, e li sentiamo morire.[16]

15 »I'm trying to paint the track left by human beings – like the slime left by snails.« Francis Bacon. »Art: Distort into Reality«. *Time*, 08.06.1962.

16 »Die Angriffe wechseln mit Gegenangriffen, und langsam häufen sich auf dem Trichterfeld zwischen den Gräben die Toten. Die Verwundeten, die nicht sehr weit weg liegen, können wir meistens holen. Manche aber müssen lange liegen, und wir hören sie sterben.« Remarque, *Im Westen*, 112.

Abb. 4: Alessandro Rinaldi. *Cavalli di Frisia*. Öl und Gravur auf Aluminium, 2019.

Rinaldi: In meiner Vorstellung ruft der Krieg bei mir eine Art von Gefühl hervor, das stark mit den natürlichen Elementen verbunden ist. Wenn ich an den Kampf denke, spüre ich den Geschmack von Staub, Erde, Rauch, Kälte, Stahl, Feuer, Holz und Einsamkeit. Von diesen Empfindungen habe ich mich bei der Verwendung von Materialien für die Realisierung dieser Werke leiten lassen. Ich habe starre Materialien wie Metall und Holz verwendet, um jene Geschichten zu erschaffen, die ich interpretieren wollte. Meine Soldaten laufen durch das Land, manchmal sind sie im Himmel und wirken eher wie aufsteigende Engel, wie eine Erinnerung an Menschen, manchmal sind sie völlig seelenlos, nur wir füllen sie und können sie wahrnehmen.

Cadeddu: Welche anderen Materialien hast du darüber hinaus für deine Bilderreihe *Niente di nuovo sul fronte occidentale* verwendet und in welcher Beziehung stehen sie zu den darin abgebildeten Motiven? Gibt es ein Material oder ein Bild, das du als besonders experimentell bezeichnen würdest?

Rinaldi: Manchmal fühle ich mich wie ein Alchemist, der mit der Ernsthaftigkeit eines Meisters Formeln und Materialmischungen ausprobiert, aber ich denke, dass all dies nicht wirklich funktionieren würde, wenn ich dabei nicht die Tür zu meinem kindlichen Ich offen ließe, das sich mit der gleichen Intensität spielerisch nähert.

Das Genie Picasso hat einmal gesagt: »Ich suche nicht, ich finde, und ich denke, ich bin das genaue Gegenteil.« [Rinaldi lacht] Ich versuche, mich kontinuierlich neu zu entdecken, indem ich das, was ich finde, nutze oder besser gesagt, nach meinem Geschmack zurechtbiege. Und manchmal ist das Werk, um einen sehr hässlichen Begriff zu verwenden, ein »Misserfolg«, aber wenn ein Misserfolg zu einer neuen Veränderung und einem neuen Bewusstsein führt, dann ist mir das stets sehr willkommen.

Cadeddu: Remarques Roman handelt von dem jungen Soldaten Paul Bäumer und seinen Klassenkameraden, die sich, animiert durch die flammende Ansprache ihres Lehrers Kantorek, freiwillig zum Kriegsdienst melden und an der Front angekommen erleben müssen, dass die Realität alles andere als ruhm- und ehrenvoll ist. Wo bei Remarque der Mensch im Vordergrund steht, taucht er in deinem Album kaum auf. Wolltest Du vermeiden, bestimmte Romanfiguren bzw. den deutschen Soldaten zu visualisieren?

Rinaldi: Der Soldat oder die Figur des Soldaten ist und bleibt meiner Meinung nach zu allen Zeiten und in allen Ländern der Welt so, wie Remarque ihn beschrieben hat. Damit will ich sagen, dass das, was mich jedes Mal am meisten erschüttert, wenn ich mir eine Geschichtsdokumentation über den Krieg ansehe, die Gesichter der Sieger und der Besiegten sind: Ich muss immer wieder feststellen, dass es dieselben leeren Gesichter auf beiden Seiten sind. Ich kann in ihnen dieses gewisse Etwas lesen, das nicht geschehen ist, das ich »die Wahrheit« nenne. Ihre Gesichter sind durch das Ungesehene, das Ungeschriebene verzerrt, in ihren Augen steht nur die Sehnsucht nach einer wahren, vertrauten Umarmung, nach ihrer Heimat, die sich mit jeder Faser ihres Seins ganz und gar dem Frieden hingeben wollen.

Die Verteidigung der Heimat, etwas, das für mich recht abstrakt klingt, ist dem Begriff der Gerechtigkeit sehr ähnlich, die meiner Meinung nach jedoch ausschließlich in wirtschaftlichen, nicht aber in humanitären oder humanistischen Begriffen gemessen werden kann.

Die Figur des Lehrers verdient eine eigene Betrachtung im Roman. Es ist kein Zufall, dass Remarque von einem Erzieher spricht, der die Jungen mit großem Eifer auf der Suche nach einem epischen Leben antreibt. Ich denke, es ist ein typisches Verhaltensmuster frustrierter Mentalitäten, die dazu neigen, ihre unerfüllten

Abb. 5: Alessandro Rinaldi. *I 17 Re*, 2019. Titelbild des Albums *Niente di nuovo sul fronte occidentale*.

Sehnsüchte durch andere Individuen zu erfüllen, weil sie nicht in der Lage sind, den Grund für ihre eigene Existenz verstehen und einordnen zu können.

Der Mensch, um die Frage abschließend zu beantworten, ist kaum vorhanden, denn ich lasse vor allem der Spur des Menschen, die auch dort in Form der Erinnerung vorhanden ist, reichlich Raum.

Cadeddu: Das erklärt natürlich, dass in deiner Adaption auf nur drei von insgesamt elf Bildern Soldaten abgebildet sind, und das sogar nur als Silhouetten. Dennoch erwecken deine Bilder – zumindest in meiner Wahrnehmung – nicht den Eindruck der Abwesenheit von Menschlichem. Wie erklärst du das?

Rinaldi: Die Betrachtenden vermenschlichen in der Regel die Dinge. Alles wird in einem menschlichen Maßstab wahrgenommen.

In einem Traum sehe ich, dass meine Werke von Maschinen hergestellt werden, aber nicht aus einer Frage der Entmenschlichung heraus, sondern aus der Idee heraus, einen möglichst gleichen Abstand zu den Dingen zu wahren, präsent zu sein als nicht urteilende Seele. Aus dem Traum aufgewacht, stelle ich dann fest, dass eine Maschine kein kritisches Gedächtnis hat. Was ich damit meine ist, dass Maschinen, anders als wir Menschen, keine weltlichen oder kollektiven Erfahrungen gemacht haben.

So verhält es sich auch in meinem Gemälde *I 17 Re* (Die 17 Könige), auf dem siebzehn Soldaten zu sehen sind, die von der Front nach Hause zurückkehren (siehe Abb. 6). Auf dem Weg dorthin kommen sie an einem See vorbei, in dem sich nicht ihre Silhouetten spiegeln, sondern ihre Gedanken. Und zwar nicht in einer erträumten oder vielleicht auch nur idealisierten Version ihrer selbst, sondern sie

Abb. 6: Vollständiges Gemälde *I 17 Re*, 100 x 70 cm. Hier erkennt man auch die 17 Soldaten, die auf dem Cover des Albums aufgrund des Anschnitts zu einer Truppe aus nur noch 14 Soldaten zusammengeschrumpft sind.

verwandeln sich nach und nach zu Bäumen, entstanden aus den Wurzeln, die sie selbst dort geschlagen haben. Es ist eine überwältigende Rückkehr zur Natur im engsten Sinne: man ist Natur in Gemeinschaft und in Frieden mit dem Ganzen; man ist keine Maschine, keine Zahl, keine Ordnung, sondern Chaos, ein natürlich gereiftes Chaos.

Cadeddu: Welchen Stellenwert hat der Roman Erich Maria Remarques für dich in der heutigen Zeit? Siehst du einen Bezug zum aktuellen Geschehen?

Rinaldi: Das aktuelle Geschehen ist die Theatralik des Remarque'schen Drehbuchs. Wenn ein Volk oder mehrere, die soziale Ziele erreicht haben, in einen Konflikt zurückfallen, gibt es meiner Meinung nach offensichtlich keine wirkliche bewusste Freiheit, keine individuelle Gerechtigkeit, die verstanden und zum Gemeinschaftsbewusstsein erweitert wird. Wahrscheinlich gibt es in der menschlichen Natur einen starken Willen zum Handeln, der durch eine trügerische Veränderung im Namen der Moderne verdeckt wird, die einen notwendigen kritischen Prozess einschließlich eines historischen Gedächtnisses nicht berücksichtigt. In der

Geschichte gibt es diesen roten Faden, der sich durch die Menschheit zu ziehen scheint und in dem auch Remarques Werke verwoben sind.

Die Philosophie des roten Fadens begleitete mich auch in dieser Arbeit und holte insbesondere bei der Illustration der Luftschiffe die Erinnerung an eine Geschichte wieder in mir hervor, die ich vor einigen Jahren las: Es ist eine Geschichte, die von einem italienischen Luftschiff handelt, das mit einer Gruppe von wagemutigen Männern zu einer epischen Mission zum Nordpol aufbrach, um dort als erste eine Forschungsexpedition durchzuführen. Es passierte in der Zeit, in der der Faschismus in Italien immer mehr an Einfluss gewann, weshalb die folgenden Ereignisse nachdenklich stimmen. Um es kurz zu machen: Die Expedition endete in einer Katastrophe, sie stürzen im Eis ab und das Einzige, was sie am Leben hielt, war der Schutz eines behelfsmäßigen roten Zeltes, das sie aus den Überresten ihres Luftschiffs bergen konnten. Außerdem gelang es ihnen, mit einem Funkgerät, das wie durch ein Wunder den Absturz unbeschadet überstand, ein SOS-Signal auszusenden, das von einem sowjetischen Amateurfunker aufgefangen wurde und so die Rettungsmission ermöglichte. Die überlebenden Besatzungsmitglieder wurden von einem sowjetischen Eisbrecher gefunden und gerettet. Zwar gelang es ihnen, nach Hause zurückzukehren, aber der einstige Nationalheld Umberto Nobile, der Kapitän des Luftschiffs, wurde nach seiner Rettung zu einer »unangenehmen Gestalt«.[17] Die Geschichte erinnert mich an die Luftschiffe in meinen Bildern, aber auch an Remarques Erzählung und Gedanken. Er erzählt von »Helden«, die für ihr Land in den sicheren Tod ziehen und nur als Helden zurückkehren, wenn sie von Erfolg gekrönt waren. Er erzählt von dem tragischen Ende, das die Soldaten ereilte, die trotz ihres Überlebens kein Glück mehr in ihrer Heimat finden konnten. Und sie erinnert mich immer wieder daran, dass sich die Geschichte zwar nicht im Detail wiederholt, aber dass in ihr ein roter Faden verwoben ist, der leider noch immer nicht abgerissen ist.

17 Anm. der Autorin: Umberto Nobile (1885–1978) überflog 1926 gemeinsam mit dem norwegischen Polarforscher Roald Amundsen (1872–1928) und deren Besatzung als erste Menschen in einem Luftschiff den Nordpol. Nobile wurde deshalb in seiner Heimat als Held gefeiert und von Mussolini im jungen Alter von nur 41 Jahren zum General befördert, was ihm zahlreiche Neider insbesondere aus den Reihen der italienischen Luftwaffe einbrachte. Nach der Tragödie, die sich 1928 am Nordpol ereignete, wurde Nobile in Italien zunächst mit Bewunderung begrüßt. Die Zerstörung des Luftschiffs und Nobiles Zustimmung, sich als erster retten zu lassen, führten nur kurze Zeit später dazu, dass die Untersuchungskommission ihm ein fehlerhaftes Manöver, begrenzte technische Qualitäten als Pilot und mangelnde Führungsqualitäten vorwarf. Mussolini bezeichnete ihn als Feigling und als Schande für Italien. Gedemütigt und verbittert, trat Nobile aus der Aeronautica Militare aus und wanderte in die UdSSR aus. Vgl. »La (tragica) avventura di Umberto Nobile al Polo Nord.« *Focus*, 25.05.2023, https://www.focus.it/cultura/storia/tragica-avventura-umberto-nobile-polo-nord (14.09.2024).

Cadeddu: Eine letzte Frage: Hat dich die Arbeit an dem Album *Niente di nuovo sul fronte occidentale* etwas gelehrt?

Rinaldi: ›Gelehrt‹ ist vielleicht nicht das passende Wort. Sie hat mir vielmehr ein großes Geschenk bereitet. Ihr verdanke ich, dass ich einen Ort und Menschen, die ich im Laufe der Zeit immer in mir getragen habe, wiedertraf beziehungsweise überhaupt erst kennenlernen durfte.

Nachklapp

Zugegebenermaßen erwartete ich vor dem Treffen mit Alessandro Rinaldi klarere, ausführlichere Antworten auf meine Fragen. Schnell erkannte ich allerdings, dass Rinaldi seinen eigenen Anspruch, nämlich vollständig frei und unbeeinflusst von äußeren Einflüssen in seinem Schaffensprozess zu sein, auch an die Betrachtenden seiner Kunst stellt. Es sei nicht seine Aufgabe, so sagte er im Laufe des Interviews, mir zu erklären, was ich in seinen Bildern zu sehen habe. »Natürlich«, teilt Rinaldi mir mit einem verschmitzten Lächeln mit,

> könnte ich Dir erzählen, was ich mir bei meinen Werken gedacht habe und warum ich Remarques Worte auf eben jene Art und Weise auf die Leinwand transportiert habe, wie ich es in meinem Album getan habe. Das widerspräche aber in allen Aspekten meiner ganz persönlichen Meinung über die Aufgabe der Kunst, nämlich Welten zu erschaffen, in die man sich vollends verlieren kann. Weder in der Musik, noch in der Literatur und der Kunst werden Fakten geschaffen. Die Assoziationen und Gefühle, die kreative Erzeugnisse in uns auslösen, sind in jedem Menschen andere, da niemand von uns dieselben Erfahrungen gemacht hat. Das macht Kunst so besonders: Sie ist individuell wahrnehmbar und entwickelt sich in ihrer Wahrnehmung mit der Entwicklung des Menschen weiter. Deshalb vermeide ich es in der Regel auch, bei der Beschreibung meiner Bilder zu sehr ins Detail zu gehen.

Trotz der mitunter vagen Antworten Rinaldis auf meine Fragen hat mir das Gespräch einen tiefen Einblick in seine Arbeitsweise eröffnet, denn einmal in die Welt des Künstlers eingetaucht, erschließt sich mir das Album *Niente di nuovo sul fronte occidentale*, das ich zuvor bereits viele Male betrachtet habe, mit ganz anderen Augen. Insbesondere das Titelbild, das als einziges Bild in dem Album keiner Textstelle des Romans zugeordnet ist, erschließt sich unter Einbeziehung des Titels *I 17 Re* in einem völlig neuen Licht. Die Szene, in der siebzehn Soldaten, die auf dem Weg in ihre Heimat an einem See vorbeikommen und sich darin als aus Wurzeln erwachsene Bäume spiegeln, gewinnt vor dem Hintergrund des Romans *Im Westen nichts Neues* deutlich an Gewichtung. Zwar ist darin nie die Rede von einer Gruppe von siebzehn Soldaten, die Zahl taucht jedoch in zwei einschneidenden und Paul Bäumers Einstellung zum Krieg massiv verändernden Erlebnissen auf. An dem Tag, an dem Bäumers Freund und Klassenkamerad Frank Kemmerich seinen an der Front erlittenen Verletzungen im Lazarett erliegt, ist er der siebzehnte Soldat, der stirbt:

> Plötzlich stöhnt Kemmerich und fängt an zu röcheln.
>
> Ich springe auf, stolpere hinaus und frage: »Wo ist der Arzt? Wo ist der Arzt?«
>
> Als ich den weißen Kittel sehe, halte ich ihn fest. »Kommen Sie rasch, Franz Kemmerich stirbt sonst.« [...] Der Mann sieht mich an und sagt: »Eine Operation nach der andern, seit morgens fünf Uhr – doll, sage ich dir, heute allein wieder sechzehn Abgänge – deiner ist der siebzehnte. Zwanzig werden sicher noch voll –«[18]

Der Tod Kemmerichs vermittelt Paul Bäumer den ersten desillusionierenden Eindruck vom Krieg, der nichts als Krankheit, Leid und Verlust mit sich bringt. Das Leid des im Sterben liegenden Kemmerichs führt seinen Kameraden das ganze Ausmaß des Krieges vor Augen. Letztendlich wird ihnen bewusst, dass sie alle nichts weiter als eine anonyme Zahl in der Bilanz des Krieges sind.

Das zweite Erlebnis steht in direkter Verbindung zu Rinaldis Gemälde *I 17 Re*, das die Soldaten auf ihrem Weg nach Hause zeigt. Als Paul Bäumer zu seinem Kompanieführer in die Schreibstube gerufen wird, überreicht er ihm den Urlaubsschein, auf dem 17 Tage vermerkt sind.[19] Zuhause angekommen stellt Paul jedoch fest, dass der Krieg ihm seiner Heimat und seiner Wurzeln beraubt hat:

> Ich habe mir den Urlaub anders vorgestellt. Vor einem Jahr war er auch anders. Ich bin es wohl, der sich inzwischen geändert hat. Zwischen heute und damals liegt eine Kluft. Damals kannte ich den Krieg noch nicht, wir hatten in ruhigeren Abschnitten gelegen. Heute merke ich, daß ich, ohne es zu wissen, zermürbter geworden bin. Ich finde mich hier nicht mehr zurecht, es ist eine fremde Welt. [20]

18 Remarque, *Im Westen*, 34.
19 Vgl. ebd., 136.
20 Ebd., 151.

Abb. 7: Truppen der 1. australischen Division, die auf einem Feldweg bei Hooge im Sektor Ypern laufen, bilden eine Silhouette vor dem Himmel, als sie im Oktober 1917 zur Ablösung ihrer Kameraden an die Front gehen. Bild: Frank Hurley/Hulton Archive/Getty Images.

> Ein fürchterliches Gefühl der Fremde steigt plötzlich in mir hoch. Ich kann nicht zurückfinden, ich bin ausgeschlossen; […].[21]

Diese beiden folgenschweren Erlebnisse vereint Rinaldi kongenial in seinem Gemälde *I 17 Re*, das darüber hinaus an eine existierende Fotografie[22] angelehnt ist, die eine Truppe australischer Soldaten zeigt (vgl. Abb. 7). Statt sich jedoch wie in der Originalaufnahme im Wasser zu spiegeln, verwachsen die Soldaten in Rinaldis Interpretation mit der Erde, auf der sie schreiten. Sie gehen eine tiefe Verbindung mit dem Boden ein, indem sie auf ihrem Weg Wurzeln schlagen und mit der Erde verwachsen.

Rinaldi veranschaulicht die Metamorphose der Soldaten in seinem Werk auf eine den Worten Remarques äußerst treffende Weise, indem er dessen Motive aufgreift und so die Entmenschlichung der Soldaten an der Front sowie die Unmöglichkeit der Heimkehr künstlerisch umsetzt:

21 Ebd., 155.

22 Die Fotografie stammt aus folgendem Beitrag: »Foreign soldiers who fought alongside the British in the First World War.« *The Telegraph*, 01.07.2014, https://www.telegraph.co.uk/expat/expatpicturegalleries/10936189/Foreign-soldiers-who-fought-alongside-the-British-in-the-First-World-War.html (16.09.2024).

> Erde – Erde – Erde –!
>
> Erde, mit deinen Bodenfalten und Löchern und Vertiefungen, in die man sich hineinwerfen, hineinkauern kann! Erde, du gabst uns im Krampf des Grauens, im Aufspritzen der Vernichtung, im Todesbrüllen der Explosionen die ungeheure Widerwelle gewonnenen Lebens! Der irre Sturm fast zerfetzten Daseins floß im Rückstrom von dir durch unsre Hände, so daß wir die geretteten in dich gruben und im stummen Angstglück der überstandenen Minute mit unseren Lippen in dich hineinbissen! – [23]

> Wären wir 1916 heimgekommen, wir hätten aus dem Schmerz und der Stärke unserer Erlebnisse einen Sturm entfesselt. Wenn wir jetzt zurückkehren, sind wir müde, zerfallen, ausgebrannt, wurzellos und ohne Hoffnung. Wir werden uns nicht mehr zurechtfinden können.[24]

Wie in der Fotografie von 1917 verschwindet auch in Rinaldis Gemälde[25] die Grenze zwischen Wirklichkeit und Abbild. Die Spiegelung der Soldaten im Wasser legt uns das Innere der Soldaten offen: Sie sind nichts weiter als verlorene Seelen, die vom Krieg entwurzelt und entmenschlicht wurden.

23 Remarque, *Im Westen*, 52f.
24 Ebd., 257.
25 Alle Arbeiten aus dem Album *Niente di nuovo sul fronte occidentale* sind auf der Website des Künstlers Alessandro Rinaldi einsehbar: https://www.alessandrorinaldi.net/.

Nina Nowara-Matusik

Die polnische *Traumbude* von Erich Maria Remarque
Versuch einer übersetzungskritischen Analyse

Remarques Übersetzungen ins Polnische liegen in einer beachtlichen Anzahl vor, wobei selbstverständlich sein Bestsellerroman *Im Westen nichts Neues* (1929) die Spitzenposition bekleidet. Der deutsche Autor ist aber dem polnischen Lesepublikum nicht nur als Romancier bekannt; auf Polnisch wurde auch seine Korrespondenz mit Marlene Dietrich publiziert, sowie seine Kurzprosa, Zeitungsartikel und Interviews.[1] Die polnische Literaturwissenschaftlerin Renata Dampc-Jarosz, die Remarques Rezeption im Polen des 21. Jahrhunderts untersucht hat, gibt hierbei zu bedenken, dass man mit »vielen Übersetzungsvarianten«[2] zu tun habe. Dies ergibt sich womöglich daraus, dass Remarque nicht nur e i n e n polnischen Übersetzer hatte (zu nennen sind hier etwa, in chronologischer Reihenfolge, Stefan Napierski, Wanda Melcer und Ryszard Wojnakowski), und dass manche Übertragungen als veraltet angesehen werden können.[3] Fest steht, dass man insgesamt über ein beachtliches Textkorpus verfügt, das sich für eine translatorische Untersuchung des ›polnischen‹ Remarque sehr wohl eignen würde. Dies ist aber nach wie vor, sieht man von einem Beitrag des Posener Germanisten Roman Dziergwa ab, ein Desiderat der Forschung. Dziergwa ist bis heute der einzige polnische Forscher, der sich der Leistungen der polnischen Übersetzer von Remarques ausgewählten Romanen angenommen hat. Den Schwerpunkt seines Beitrags bildet allerdings eine kontrastive Analyse zweier Übersetzungen

1 Eine vollständige Liste ist hier einzusehen: https://www.remarque.uni-osnabrueck.de/ausgaben/polnisch.html [letzter Zugriff 13.11.2023].

2 Renata Dampc-Jarosz. »›Noch ist Polen nicht verloren‹. Erich Maria Remarque im Polen des 21. Jahrhunderts«. Alice Cadeddu, Claudia Junk, Thomas F. Schneider (Hgg). *Weltweit – Worldwide – Remarque. Beiträge zur aktuellen internationalen Rezeption von Erich Maria Remarque.* Göttingen: V&R unipress, 2020, 213–224, hier 214.

3 Wie etwa die Übertragung von *Im Westen nichts Neues* von Stefan Napierski, die sich laut Ryszard Wojnakowski einfach durch eine schlechte Qualität auszeichne, was u. a. aus einem Übermaß an Germanismen sowie Sprachfehlern resultiere. Vgl. Piotr de Bończa-Bukowski, Paweł Zarychta. *Między literaturami. Rozmowy z tłumaczami o pisarzach języka niemieckiego.* Kraków 2021, 238.

von *Im Westen nichts Neues*, wobei ansatzweise auch andere Romane in Hinblick auf deren translatorische Qualität ausgewertet werden. Richtungsweisend sind freilich die Stimmen der polnischen Literaturkritiker, nicht Dziergwas eigenes Analysekonzept. Vor diesem Hintergrund ist das von dem Forscher formulierte Postulat, »die einzelnen Produkte der polnischen Translatoren verstärkt detaillierten übersetzungswissenschaftlichen […] Analysen«[4] zu unterziehen, auch heute, gute zwanzig Jahre später, von höchster Aktualität.

Dieser Forderung soll nun anhand der polnischen Übersetzung der *Traumbude*, des Debütromans (1920) von Remarque, nachgegangen werden, welche von Andrzej Zawilski angefertigt wurde. Dem ins Polnische als *Dom marzeń* (Haus der Träume) übersetzten Roman liegt die deutsche Ausgabe von 1998 zugrunde. Der polnische Verlag Rebis nahm das Jugendwerk Remarques in die Serie *Mistrzowie Literatury* (Meister der Literatur) auf, in der u. a. solche Autoren wie Salman Rushdie oder Truman Capote vertreten sind. Auch wenn das Buch nicht zu den allerbesten Werken dieses Autors gehört, gelang es so, einen gewissen Erwartungshorizont zu kreieren, der das polnische Lesepublikum zum Kauf verleiten sollte. Da der Roman inzwischen drei unveränderte Auflagen (2000, 2003 und 2004) erfahren hat, ist damit zu rechnen, dass diese Werbestrategie erfolgreich war. Die deutsche Neuausgabe der *Traumbude* von 2020, mit den erstmals vollständig edierten Tagebucheinträgen von Remarque aus der Entstehungszeit, bleibt aber bis dato dem polnischen Lesepublikum vorenthalten, sodass Zawilskis Übersetzung immer noch die polnische Rezeption des deutschen Autors wesentlich mitprägt.

Die Eigenart der polnischen Übertragung der *Traumbude* lässt sich dabei wohl am besten in Hinblick auf das bewährte Äquivalenzmodell von Werner Koller erfassen, wobei gerade der Aspekt der denotativen, konnotativen und formalen Äquivalenz als besonders erkenntnisversprechend erscheint. Unter der denotativen Äquivalenz versteht Koller »de[n] außersprachliche[n] Sachverhalt, der in einem Text vermittelt wird […]«.[5] Gemeint ist damit die inhaltliche Ebene eines Textes, was sich in Bezug auf einen literarischen Text als dessen Handlungsgerüst, Fabel, das Motivgefüge etc. konkretisieren lässt. Die konnotative Äquivalenz umfasst dagegen »Konnotationen bezüglich Stilschicht, soziolektale und geographische Dimension, Frequenz etc.«.[6] Zieht man nun wieder einmal nicht bloß eine beliebige Textsorte, sondern einen literarischen Text heran, so kann die konnotative Äquivalenz als das Interpretationsangebot bezeichnet werden, das ein literarischer Text entfaltet bzw. entfalten kann. »Bestimmte formal-ästhetische, sprachspielerisch-

4 Roman Dziergwa. »Aus welcher Sprache? Zu den Übersetzungen von Remarques Romanen in der polnischen Literaturkritik«. Thomas F. Schneider, Roman R. Tschaikowski (Hgg.). *In 60 Sprachen. Erich Maria Remarque: Übersetzungsgeschichte und -probleme.* Osnabrück 2002, 33–46, hier 45.

5 Werner Koller. *Einführung in die Übersetzungswissenschaft.* Heidelberg 1983, 186.

6 Ebd., 187.

sprachthematisierende und individual-stilistische Eigenschaften des AS-Textes«,[7] wie etwa Metaphorik, Reime oder Rhythmus, machen schließlich laut Koller die formale Äquivalenz aus.

Analysiert man nun *Die Traumbude* unter diesen drei Aspekten, so lassen sich im Allgemeinen zunächst folgende Schlüsse ziehen:

Die denotative Ebene des Ausgangstextes enthält keinerlei Phänomene oder Sachverhalte, die dem polnischen Leser fremd wären bzw. in der polnischen Kultur nicht existieren würden. Es lassen sich keine kulturspezifischen Bezeichnungen, Jargon etc. feststellen, die dem Übersetzer als problematisch erscheinen könnten. Vereinzelt tauchen nur musische Begriffe auf, die zur Charakterisierung einiger musikalischer Auftritte und Kompositionen der Hauptfiguren herangezogen werden. Die Handlung ist nicht kompliziert und lässt sich mit einigen Sätzen umreißen: Ein Osnabrücker Maler, Fritz Schramm, versammelt in seiner Dachwohnung, der titelgebenden Traumbude, junge, künstlerisch talentierte und engagierte Leute, um sie über den Sinn des Lebens zu belehren. Vor dieser Kulisse entwickelt sich die Liebesgeschichte zwischen einer jungen Bürgertochter (Elisabeth Heindorf) und einem angehenden Komponisten (Ernst Winter). Zunächst muss aber Ernst die Kleinstadt verlassen und in der großen Welt zu einer selbstständigen Persönlichkeit reifen, wobei er sich auf eine Affäre mit einer bekannten Opernsängerin, Lanna Reiner, einlässt. Als Fritz stirbt, reißt sich Ernst vom Einfluss Lannas los, und verbindet sich glücklich mit Elisabeth, die ihm alle seine Fehler, gemäß der verinnerlichten Lehre von Fritz, gütig verzeiht.

Die konnotative Ebene des Romans ist dagegen viel komplexer: *Die Traumbude* gilt zwar in der Forschung vor allem als ein autobiographisches Werk, das die Irrungen und Wirrungen des jungen Remarque dokumentieren soll,[8] es handelt sich aber auch um einen Künstlerroman,[9] in dem die Frage der künstlerischen Entwicklung eine wichtige Rolle spielt. Darüber hinaus evoziert Remarque modernistische und polar angelegte Frauenbilder, die am Beispiel von Lanna und Elisabeth sehr plastisch veranschaulicht werden. Diese Auslegungsmöglichkeiten des Romans sind dabei eng an dessen poetologische Eigenart gekoppelt.

---

7 Ebd.

8 Dieses Deutungsparadigma findet sich u.a. bei Richard Arthur Firda. »Young Erich Maria Remarque: *Die Traumbude*«. *Monatshefte* 71 (1979), 49–55, sowie ebenfalls in der neueren Forschung, etwa bei Thomas F. Schneider. »Ein Denkmal. Erich Maria Remarques erster Roman *Die Traumbude*«. Erich Maria Remarque. *Die Traumbude. Ein Künstlerroman.* In der Fassung der Erstausgabe mit Anhang und einem Nachwort hg. von Thomas F. Schneider. Köln 2020, 295–312.

9 Vgl. hierzu Nina Nowara-Matusik. »*Die Traumbude* von Erich Maria Remarque. Versuch einer gattungsorientierten Annäherung«. Alice Cadeddu, Renata Dampc-Jarosz, Claudia Junk, Paweł Meus, Thomas F. Schneider (Hgg.). *Erich Maria Remarque aus heutiger Sicht.* Göttingen 2021, 35–46.

Die formale Ebene des Ausgangstextes zeichnet sich durch einen impressionistischen Stil aus sowie eine märchenhafte Modellierung der erzählten Welt: Einen konsequenten Einsatz des Wunderbaren, das mit dem Realen (im Sinne einer ästhetischen Kategorie) eine subtile Symbiose eingeht.[10] Dadurch schreibt sich der Roman zwar in eine neuromantische Ästhetik ein, wie sie in der deutschen Literatur der Zwanziger Jahre von solchen prominenten Autoren wie Hermann Hesse oder Ricarda Huch vertreten wurde, er erhält aber auch eine doppelbödige Färbung, die die Palette von Interpretationsmöglichkeiten noch erweitert.[11]

Betrachtet man nun die genannten Problemfelder etwas genauer, so muss man überraschenderweise konstatieren, dass die polnische Übersetzung bereits auf der denotativen Ebene vom Originaltext abweicht, wobei sich allerdings die größten Unterschiede in Bezug auf die konnotative und formale Äquivalenz feststellen lassen. Ausgewählte Abweichungen vom Originaltext sollen jetzt im Einzelnen analysiert und kommentiert werden.

Besonders hervorstechend ist in Bezug auf die denotative Äquivalenz die falsche Wiedergabe eines literaturwissenschaftlichen Fachbegriffs, wohl des einzigen im ganzen Text, der zur Charakterisierung eines modernen Dichtertypus herangezogen wird. In einem zwanglosen Gespräch über die Kunst, das sich zwischen einer Kommerzienrätin und Fritz Schramm entfaltet, der sich leidenschaftlich für eine traditionelle Poesie im Sinne von Eichendorff und Goethe einsetzt, taucht nämlich die Frage auf, ob die Rätin einen gewissen jungen Wolfram meine, den »mit den roten Krawatten und den freien Rhythmen« (TB, 25). Es handelt sich hier bekanntlich um solch eine Art der Dichtung, die reimlos und metrisch ungebunden ist, was sich im Polnischen als *wiersz wolny* oder *biały* (freies bzw. weißes Gedicht) wiedergeben lässt. In der polnischen Übersetzung fragt Fritz dagegen, ob seine Gesprächspartnerin den Dichter »mit

10 Vgl. hierzu: Nina Nowara-Matusik. »Das Wunderbare in *Die Traumbude* von Erich Maria Remarque«. Alice Cadeddu, Claudia Junk, Thomas F. Schneider (Hgg). *Das Wunderbare, die Idylle und der Krieg. Aufsätze zu Erich Maria Remarque und zur Lyrik des Ersten Weltkriegs.* Göttingen 2023, 7–16.

11 Zu untersuchen wären etwa die Anspielungen auf Goethes *Faust* (Leipzig als ein modernisierter Keller Auerbachs, Affäre mit der diabolischen Lanna Reiner als Pakt mit dem Teufel, Elisabeth als Sinnbild des Ewig-Weiblichen, das den Irrenden hinanzieht etc.), sowie die Bedeutung der Psychoanalyse. In dem lebensphilosophischen System von Fritz spielt nämlich »das große Es« eine Rolle, auf welches der Protagonist immer wieder zu sprechen kommt, wie etwa in Bezug auf den Weg, den jeder Mensch zu gehen habe: »zum Großen Es!« (Erich Maria Remarque. *Die Traumbude. Ein Künstlerroman.* Erich Maria Remarque. *Das unbekannte Werk. Frühe Romane.* Hg. von Thomas F. Schneider und Tilman Westphalen. Köln 1998, 19–173, hier 82. Weiter im Text und in den Fußnoten unter dem Kürzel TB mit Seitenzahlen geführt). Leider wird dieses Interpretationsangebot dem polnischen Lesepublikum vorenthalten, weil der Übersetzer das »Es« als »das große Etwas« (Erich Maria Remarque. *Dom marzeń.* Poznań 2004, 72. Weiter im Text unter dem Kürzel DM mit Seitenzahlen geführt) wiedergibt.

der rhythmischen Musik« (DM, 10) meine, was nicht bloß ein falsch übersetzter Fachbegriff ist, sondern auch überhaupt nicht zu der Charakterisierung des jungen Poeten passt. Ob er sich darüber hinaus mit der Musik beschäftigt, ist eher unwahrscheinlich. Dieser Fehler mag bei einer oberflächlichen Lektüre übergangen werden und verändert nicht die inhaltliche Grundgestaltung des Romans, weil es sich hierbei um eine unwesentliche Nebenfigur handelt. Da es aber gleich in der Eröffnungsszene erscheint, mag es als ein beunruhigendes Signal gelten, auf weitere inhaltliche Unstimmigkeiten zu achten.

Schwerwiegender ist in dieser Hinsicht eine weitere Unrichtigkeit, die diesmal am Ende des Zieltextes zu erkennen ist. Wie bereits gesagt, endet *Die Traumbude* mit einem bedeutungsträchtigen Happy End: Der lange Zeit irrende Ernst findet schließlich zu sich selbst und zu Elisabeth, wodurch die Grundidee der Bildung von Fritz, der Weg vom Ich zum Du, also vom selbstzentrierten, sinnlosen Leben zu einer altruistischen Lebenshaltung, anschaulich dargestellt wird. Der polnische Übersetzer lässt dagegen diese Episode des Romans aus, um dafür ein offenes Ende zu gestalten: Als der zusammengebrochene und durch den Tod seines Freundes erschütterte Ernst seine Geliebte Elisabeth um Verzeihung bittet, mit der Hoffnung, ihre Gunst trotz allem zurückgewinnen zu können, bricht das Gespräch unentschieden und abrupt ab: Der polnische Leser erfährt nur, dass Elisabeth Ernst keiner Antwort würdigt und blass wird. Aus schwer nachvollziehbaren Gründen wird so eine der Grundaussagen des Romans wesentlich verändert. Wenn man nämlich davon ausgeht, dass Elisabeth sich nicht mit Ernst wiedervereinigen wird, wird die Leitidee des Romans, dass sich der Mensch immer und trotz allem zum Guten wendet (was an das altgriechische Ideal der Kalokagathia denken lässt), in Frage gestellt.

Die Problematik der Menschlichkeit und der menschlichen Entwicklung zum Guten hängt dabei eng mit der Frage des Künstlertums zusammen. Nicht zufällig bezeichnet Remarque sein Werk im Untertitel als einen *Künstlerroman*.[12] Allerdings spielen hier nicht so sehr allgemeine Kunstprobleme eine Rolle, sondern das Künstler-Sein als solches, das an den Figuren Fritz und Ernst exemplifiziert wird. Dabei werden diese Künstlerfiguren konträr angelegt: Während Fritz ein erfüllter und mit sich selbst versöhnter Künstler ist, stellt Ernst den Typus des zerrissenen, ungestümen Künstlers dar, der sich faustisch durch das Leben schlägt. Zentral für diese Problematik scheint mir im Roman diejenige Stelle zu sein, die ein im Entstehen begriffenes Gemälde von Fritz darstellt, bei dem Elisabeth und Ernst ihm Modell standen. Das Bild verbindet nämlich zwei wichtige Handlungsstränge, in dem es die Kondition von Ernst als Mensch und Künstler symbolisch veranschaulicht:

12 In der polnischen Fassung wurde der Untertitel einfach weggelassen.

> Es soll den Augenblick darstellen, wo der Mensch vom Ich zum Du kommt, wo der Egoismus zusammenbricht, wo er auf sich verzichtet und seine Arbeit der Allgemeinheit gibt. Der Jugend. Oder der Menschheit. Und wie er für sein Glückverzichtenmüssen dennoch einen gewissen Trost und den großen Ausgleich bekommt, soll das lichtvolle Mädchen darstellen. Die Tragödie des Schaffenden –. [TB, 32]

Der Weg vom Ich zum Du, hier konkret von Ernst zu Elisabeth, stellt in markanter Weise die Tragödie des Schaffenden, also des Künstlers, dar. In dem selbstlosen Aufgehen im Menschlichen verschwindet nämlich der Künstler selbst.[13] Diese Tragödie des Künstlers wird aber in der polnischen Übersetzung zu einer »Tragödie des Schöpfungsprozesses« (DM, 17). Zugunsten der Person des Künstlers rückt nun in den Mittelpunkt des Gemäldes der Kreationsprozess, von dem im Original keine Rede ist. Diese Interpretationsspur, die der polnische Übersetzer vorschlägt, scheint unberechtigt zu sein, zumal der Schaffensprozess als solcher an keiner einzigen Stelle als ein mühevolles Unterfangen oder ein Störfaktor in der künstlerischen Entwicklung der Figuren evoziert wäre. Ganz im Gegenteil: Sowohl Fritz als auch Ernst sind durchaus kreativ und künstlerisch produktiv.

Das auf dem Gemälde von Fritz dargestellte »lichtvolle Mädchen« wird, wie gesagt, durch Elisabeth verkörpert. Deutlicher wird ihre Funktion noch in einer anderen Passage gezeigt. Als die Protagonistin dem Maler Modell steht, breitet ihr dieser sein künstlerisches Konzept aus:

> Sie stellen sich am besten vor diesen blauen Vorhang. Nun denken Sie an den verzweifelten Maler in der Wüste, dem Sie wie ein Himmelsbote das erlösende Wasser des Lebens bringen […]. [TB, 37]

Eindeutig wird hier also die Protagonistin als eine Heilige dargestellt, die den irrenden Mann zu erlösen habe. Dies ist ein gängiges Darstellungsmuster des Weiblichen, das sich gerade in der Moderne einer großen Beliebtheit erfreute und als dessen Gegenpol die Darstellung der Frau als Hure erscheint.[14] Die polnische Übersetzung übernimmt grundsätzlich dieses Modell, auch wenn der Übersetzer die Bezeichnung »erlösend« in der zitierten Passage auslässt (vgl. DM, 24). Diese Auslassung wird aber an einer anderen Stelle kompensiert (vgl. DM, 70), sodass

13 Vgl. hierzu: Nowara-Matusik, »*Die Traumbude*«, 35–46.

14 Zur Geschichte dieser Darstellungsstrategie des Weiblichen in der Literatur und deren Implikationen für die Gegenwart siehe vor allem den Beitrag von Andrea Geier. »Logik und Funktion von Misogynie. Probleme und Perspektiven«. *Ethik und Gesellschaft* 2 (2020), https://open-journals.uni-tuebingen.de/ojs/index.php/eug/article/view/2-2020-art-1 [letzter Zugriff 13.11.2023].

man in dieser Hinsicht ein ähnliches Interpretationsangebot bekommt wie im Original.

In der Charakterisierung der Protagonistin tauchen aber auch solche Hinweise auf, die sie nicht bloß als eine Frauenfigur, sondern auch als Bestandteil eines umfassenden, gedanklichen Systems wahrnehmen lassen, laut dem der Mensch eine wesentliche Rolle in der kosmischen Ordnung zu spielen hat. Dies lässt sich etwa der folgenden Passage entnehmen:

Originaltext	Translat	Rückübersetzung ins Deutsche
Ernst war fast verzaubert. Ihm war, als ob eine Elfe, ein Waldkind in das Zimmer gekommen sei. So verschwistert erschien sie ihm mit der Natur. Ein Allkind, ganz unberührt von Zweifel und Denken, Kausalität und Notwendigkeit – ganz reines, der Natur hingegebenes Gefühl – Weltgüte in einen Menschen gebannt (TB, 67).	Ernst słuchał [Elisabeth] jak urzeczony. Miał wrażenie. że ogląda jakąś leśną boginkę – dziecię natury, które nie wie, co to zwątpienie (DM, 55).	Ernst hörte [Elisabeth] wie gebannt zu. Er hatte den Eindruck, eine Waldgöttin zu sehen – ein Naturkind, das nicht weiß, was Zweifel ist.

Man sieht also eine starke translatorische Reduzierung, und dies auf der lexikalischen wie auf der syntaktischen Ebene. Die Protagonistin wird so ihrer gleichsam transzendenten Beschaffenheit beraubt, wobei dieser Verlust an keiner anderen Stelle nachgeholt wird. Schlimmer noch: Die deutschen Komposita mit dem Präfix »All-«, wie etwa »Allkind« (TB, 67), »Allnatur« (TB, 95), »Alleinfühlung« (TB, 82), die im Roman regelmäßig erscheinen, werden ebenfalls nicht einmal durch eine Paraphrase oder eine Substitution in der Übersetzung wiedergegeben. Und dabei spielen sie ja eine nicht unbedeutende Rolle, weil sie möglicherweise auf eine neoromantisch zugespitzte Pansophie hinweisen, die dem polnischen Leser so vorenthalten wird.

Wie bereits gesagt, kreiert Remarque im Original polare Weiblichkeitsbilder: Gemäß dieser Logik erscheint nun Lanna Reiner, die verführerische Opernsängerin, an der Ernst fast zugrunde geht, als eine moderne femme fatale bzw. eine Hure. Stellt Elisabeth den Inbegriff des Guten dar, so ist Lanna das Böse per se. Dieses Interpretationsangebot wird auch in der Übersetzung konsequent verbreitet. Man kann sich jedoch des Eindrucks nicht erwehren, dass auch diese weibliche Figur ihrer Mehrdimensionalität beraubt wird. So heißt es in markanter Weise im Original:

Originaltext	Translat	Rückübersetzung ins Deutsche
– und dennoch stand hinter all diesen Ausflüchten und Auswegen drohend und betörend: Das Weib (TB, 90).	przy każdej jednak próbie tłumaczenia z obezwładniającą oczywistością powracało wciąż to samo: pragnął kobiety (DM, 91).	Bei jedem Erklärungsversuch kam jedoch immer wieder dasselbe mit überwältigender Selbstverständlichkeit zurück: Eine Frau wollte er haben.

Lanna ist in der Übersetzung ein Objekt der männlichen Begierde, was sie auch im Original ist, es fehlt ihr jedoch die zusätzliche Dimension: Bei Remarque ist sie nämlich als Weib das Sinnbild einer verkehrten Weiblichkeit, quasi einer Frau auf Abwegen. Sind nämlich die Begriffe »Frau« und »Fraulichkeit« eng an die ›Hingabe an den Mann‹ sowie das selbstlose Aufgehen im Kinde gekoppelt – Frau-Sein im Sinne Remarques bedeutet im Roman so viel wie für den Mann/mit dem Mann und Mutter sein –, so wird die Bezeichnung »Weib« eindeutig negativ besetzt und als der Inbegriff einer egozentrischen, ausschweifenden Lebenshaltung evoziert, die um sich selbst und nicht um das »Du« zentriert ist.

Die Mehrdimensionalität der Frauenfiguren geht einher mit einer Poetik der Mehrdeutigkeit, die man wohl am besten als eine Poetik des Wunderbaren bezeichnen kann. Diese Kategorie – als eine grundlegende, ja die neuromantische Färbung des Romans konstituierende Textkomponente –, manifestiert sich bereits in dem mehrdeutigen Titel: Die Traumbude mag ja nicht bloß zum Träumen und Phantasieren dienen bzw. eine erträumte Wohnung darstellen, sondern auch eine traumhafte und wunderbare Welt. Der Evozierung solch einer Welt dienen viele farbige Epitheta sowie Verben, die eine malerische Wirkung entfalten und den Raum impressionistisch ausschmücken, wie etwa in der Leitphrase »Und es war, als ob die schönen Augen schimmerten und leuchteten und der rote Mund lächelte« (TB, 44). Auch dem polnischen Übersetzer gelingt es, eine entsprechende, wunderbare Stimmung zu evozieren, die im Atelier des Malers herrscht, wenn er etwa konsequent und abwechselnd die Adjektive »magisch« (DM, 71) und »märchenhaft« (DM, 53) einsetzt. Auch der polnische Titel (Haus der Träume) spielt mit der Ambiguität des Originals. Impressionistische Farb- und Lichteffekte werden ebenfalls adäquat übersetzt. Die doppeldeutige Poetik des Wunderbaren wird aber dadurch abgeschwächt, dass der Übersetzer auf die rhetorische Figur der Personifikation grundsätzlich verzichtet, die Remarque seinerseits mit Vorliebe einsetzt. Dieses rhetorische Verfahren manifestiert sich besonders deutlich bei stimmungsvollen Schilderungen, in denen von der Dämmerung die Rede ist. Hier einige Beispiele:

Original	Translat	Rückübersetzung ins Deutsche
Die Dämmerung träumte im Rosenduft des braunen Dachzimmers, als sie eintraten (TB, 40).	Brązowe, pachnące różami poddasze pogrążało się w mroku (DM, 26).	Der braune, rosenduftende Dachboden versank in Dunkelheit.
Die Dämmerung wob ganz tief durch den Raum […] (TB, 42).	Zrobiło się już całkiem ciemno (DM, 28).	Es wurde inzwischen recht dunkel.
In dem tiefblauen Raum wob die Dämmerung (TB, 24).	Wnętrze tonęło w mroku (DM, 9).	Der Raum versank in Dunkelheit.
Das Feuer glimmt, der Wind singt, die Dämmerung träumt (TB, 93).	O zmroku, gdy za oknem śpiewa wiatr, w kominku pali się ogień… (DM, 84).	In der Abenddämmerung, wenn der Wind vor dem Fenster singt, lodert ein Feuer im Kamin.
Das erste leichte Träumen der Dämmerung fiel durch die hohen Fenster des Ateliers (TB, 114).	W wysokich oknach pracowni pojawiły się pierwsze, ledwo zauważalne cienie (DM, 108).	Die ersten kaum wahrnehmbaren Schatten erschienen in den hohen Fenstern des Ateliers.

Die Personifizierung der Dämmerung ist nicht ohne Bedeutung: Suggestiv wird hier nämlich das Bild einer webenden Frau evoziert, womöglich einer römischen Parze oder germanischen Norne, einer Schicksalsgöttin also, die Menschenschicksale zusammenweben oder auch zerreißen kann. Diese Koinzidenz sieht man deutlich in einer Traumvision des Malers Fritz, in der der Protagonist eine Wiederbegegnung mit seiner verstorbenen Geliebten Lu imaginiert:

> Über uns das weiße Windsegel, unter uns unergründbare Tiefe. Wir fliegen über die weißgekrönten Wogen. Jetzt sehen wir nur Meer, Bläue und Glanz! Fern ein dunkler Streifen: Unsere Sonneninsel. Da liegen wir im weißen Sand und sind nichts als Sonne und Welle. Der weiche Sommerwind weht uns alle Gedanken aus den Seelen […]. Auf grünen Wiesen webt die Dämmerfrau. Ich halte dich fest im Arm. Wir schreiten langsam und versunken unserm Hause zu. [TB, 95]

Evident wird hier die Dämmerung als eine »Dämmerfrau« apostrophiert. Und auch diesmal ist ihr der Gestus des Webens eigen. Im Translat wird diese bildliche Vorstellung nicht verwendet. Es heißt bloß, dass die Schatten des Vorabends die grünen Felder streifen (»Po zielonych polach snują się przedwieczorne cienie« [DM, 85]). Die unkonventionelle Metapher wird einfach getilgt, wodurch das sich an dieser Stelle abzeichnende Interpretationsangebot nicht mehr erkennbar wird.

Fazit

Resümierend lässt sich sagen, dass sich interpretatorisch die polnische Übersetzung der *Traumbude* an der Oberfläche des Originaltextes bewegt, ohne tiefergreifende Interpretationsangebote zumindest anzudeuten. Im Vordergrund steht eindeutig der kommunikative Aspekt der Übersetzung, während die konnotative, denotative und formale Äquivalenz nur teilweise erzielt wird. Als eine vorherrschende, translatorische Strategie zeigt sich die Reduktion bzw. Auslassung, die sich in Bezug auf alle drei Äquivalenztypen verzeichnen lässt. Wenn man aber den Originaltext außer Acht lassen würde, könnte man die polnische Fassung als eine akzeptable Übersetzung betrachten, da sich gravierende sprachliche wie logische Fehler nicht feststellen lassen. So gesehen mag die polnische *Traumbude* Anhänger von konventionellen Liebesgeschichten dazu animieren, zu dem Original zu greifen. Und dies ist laut Ireneusz Kania, einem bekannten polnischen Translator, gerade der Hauptsinn der Arbeit eines Übersetzers.[15]

15 Anna Goc. »Piękny umysł«. *Tygodnik Powszechny* 44–45 (2023), 90–94, hier 91.

Khanim Zairova

Zur Remarque-Rezeption in Aserbaidschan

Die Rezeption von Erich Maria Remarque in Aserbaidschan ist bislang nur unzureichend erforscht. Im Rahmen dieses Beitrags erfolgt eine Darstellung der Rezeption der Werke von Erich Maria Remarque in Aserbaidschan.

Die Übersetzung deutscher Prosa in die aserbaidschanische Sprache begann in den späten 1920er-Jahren des 20. Jahrhunderts. Es kann als unbestrittene Tatsache betrachtet werden, dass während der Sowjetzeit vor allem Werke deutscher Schriftsteller, die im Stil des sozialistischen Realismus schrieben und gestalteten, übersetzt wurden. In dieser Zeit wurden Werke wie *Im Westen nichts Neues* von Erich Maria Remarque, *Der Aufstand der Fischer* von Anna Seghers und *Der 9. November* von Bernhard Kellermann ins Aserbaidschanische übersetzt.

Die Übertragung deutscher Literatur ins Aserbaidschanische erfolgte in zwei Varianten: einerseits über eine zweite Sprache, andererseits direkt vom Original. Seit den 1930er Jahren erfolgte die Übersetzung vornehmlich über die Zweitsprache Russisch. Während in den europäischen Ländern »auch keine ideologischen Barrieren«[1] dafür bestanden, gab es in unserem Land genügend Gründe dafür, d.h. nur ausländische Schriftsteller, die die »Zensur« passierten, wurden ins Aserbaidschanische übersetzt.

Im Westen nichts Neues

Wie bereits dargelegt ist, erschien das erste Werk des weltberühmten deutsch-amerikanischen Schriftstellers Erich Maria Remarque in der aserbaidschanischen Presse zu Beginn des 20. Jahrhunderts. Im Jahr 1929 verfasste Remarque den

1 Denis Bousch. »Zur Übersetzungsgeschichte der Romane Remarques in Frankreich im Kontext der deutsch-französischen Beziehungen«. Thomas F. Schneider, Roman Tschaikowski (Hgg.). *In 60 Sprachen. Erich Maria Remarque: Übersetzungsgeschichte und -probleme*. Osnabrück: Universitätsverlag Rasch, 2002, 76–88.

Roman *Im Westen nichts Neues*, der »ein kritisch-realistisches Bild der Hässlichkeit des Ersten Weltkrieges«[2] widerspiegelt.

Die erste aserbaidschanische Übersetzung des Romans erschien 1929 in der Literaturzeitschrift *Ingilab vä mädäniyyät*. Der Roman wurde von dem aserbaidschanischen Schriftsteller Mämmäd Arif nach der russischen Übersetzung bearbeitet und in die aserbaidschanische Sprache übersetzt.[3] Es war die erste Remarque-Übersetzung, die in Aserbaidschan erschienen ist:

> [...] dieser Roman ist eines der schönsten Werke, das alle Schrecken und Katastrophen des Weltkrieges in aller Offenheit und Deutlichkeit enthüllt. Einer der beeindruckendsten Aspekte des Werkes ist die wahrheitsgetreue und natürliche Darstellung des Kriegsgeschehens. Der Roman erschien in einer Auflage von einer Million Exemplaren in Europa und wurde in alle Kultursprachen übersetzt.[4]

Eine weitere Übersetzung des Romans erschien ein Jahr später, 1930, im Aserneschr-Verlag. Das Werk wurde von Iskändär Näfisi aus einer russischen Übersetzung vollständig ins Aserbaidschanische übertragen. Die Ausgabe wurde von Ä. Äfändizadä redigiert und herausgegeben. Aber eine Analyse der von Dr. Thomas F. Schneider veröffentlichten Tabelle der Remarque-Veröffentlichungen in verschiedenen Sprachen[5] sowie der Beitrag »Remarque Bibliographie« von Galina P. Kromina[6] legen dar, dass das Werk *Im Westen nichts Neues* nicht in der Liste der ins Aserbaidschanische übersetzten Werke enthalten ist. Unter den aufgeführten Werken findet sich lediglich *Arc de Triomphe*. 2019 erschien die Übersetzung von Näfisi erneut bei den Verlagen Ganun und Ali und Nino. Der Titel auf Aserbaidschanisch lautet *An der Westfront gibt es keine Änderungen*. Der Roman wird 2012 von der Übersetzerin Pärvanä Mämmädova aus dem Original ins Aserbaidschanische übersetzt und von den Verlagen Ganun und Ali und Nino veröffentlicht. Der aserbaidschanische Titel des Buches lautet *An der Westfront nichts Neues*. Auf der

2 Gorchmas Guliyev. »Remark vä onun Zäfär tağı romanı«. Ön söz. *Erich Maria Remark. Zäfär tağı*. Bakı: Jasytschy, 1986, 4 (»Remarque und sein Roman *Arc de Triomphe*«. Vorwort in Erich Maria Remarque. *Arc de Triomphe*. Baku: Jasytschy-Verlag, 1986, 4).

3 Khanim Zairova. *Azärbaycan-alman ädäbi älaqäläri müasir filoloji kontekstdä*. Bakı: Mütärdschim, 2018, 98. (Deutsch-Aserbaidschanische literarische Beziehungen in dem modernen philologischen Kontext. Baku: Mutarjim-Verlag, 2018, 98).

4 Erich Maria Remark. »Gärb dschäbhäsindä täbäddülat jochdur«. *Ingilab vä Mädäniyyät*, Nr. 10, 1929, 12–19. (Erich Maria Remarque. *Im Westen nichts Neues*. Vorwort in *Revolution und Kunst*.)

5 Thomas F. Schneider. »Einige Beobachtungen zu den Übersetzungs- und Ausgabenzahlen der Werke E. M. Remarques«. Schneider, Tschaikowski (Hgg.), *In 60 Sprachen*, 145–158.

6 Galina Kromina. »Remarque und seine Werke in der Sowjetunion. Bibliographie«.Thomas F. Schneider, Dieter Voigt, Tilman Westphalen. *Erich Maria Remarque Jahrbuch/Yearbook* 1 (1990), 87–116.

ersten Seite des Buches findet sich eine kurze Zusammenfassung des Inhalts. Am Ende des Buches steht eine Übersetzung des Nachwortes »Ein Simplicissimus des 20. Jahrhunderts« von Tilman Westphalen.

Arc de Triomphe

Erst gegen Ende der 1960er Jahre begann die Anzahl der Übersetzungen direkt aus dem Deutschen ins Aserbaidschanische zu steigen. In dieser Zeit wurden Werke sowohl ost- als auch westdeutscher Schriftsteller in aserbaidschanischer Sprache veröffentlicht. Die 1970er- und 1980er Jahre waren die produktivste Zeit für direkte Übersetzungen vom Deutschen ins Aserbaidschanische.

Es gibt in Aserbaidschan zwei Generationen von Übersetzern: die alte Generation, die das Original in die literarische Tradition Aserbaidschans übersetzt und die junge Generation von Übersetzern, die darauf hinarbeiten, in der Übersetzung möglichst eng am Original zu bleiben.[7]

Im Bereich der Übersetzung der deutschen Literatur ins Aserbaidschanische aus dem Original ist die Rolle von Literaturkritiker und Übersetzer Dr. Wilajät Hadschijev, Übersetzer Dr. Tschärkäs Gurbanly, Dichter-Übersetzer Jussif Ssawalan und Übersetzerin Dr. Nilufär Mämmädzadä von besonderer Bedeutung.

Nach dem Zweiten Weltkrieg wurden in Aserbaidschan, wie in allen ehemaligen Sowjetrepubliken, ausländische Autoren, die sich mit dem Thema Faschismus-Hass beschäftigten, am häufigsten übersetzt. Erich Maria Remarque, der den Krieg in einer eindringlichen Art und Weise beschrieb, zählte in den 1980er Jahren zu den meistgelesenen Schriftstellern in Aserbaidschan. Nach 1930 wurde das nächste Werk von Remarque in Aserbaidschan im Jahr 1986 veröffentlicht.

Der Roman *Arc de Triomphe* von Remarque, der in 36 Sprachen übersetzt wurde, ist 1986 – etwa 40 Jahre nach seiner Entstehung – in einer Auflage von 30.000 Exemplaren in aserbaidschanischer Sprache im Jazytschy-Verlag erschienen. Das Buch wurde vom Übersetzer Dr. W. Hadschijev aus dem Deutschen übertragen. Es wurde von Prof. Dr. G. Gulijev mit einem ausführlichen Vorwort »Remarque und sein Roman ›Arc de Triomphe‹« begleitet. In diesem Vorwort wurde Remarques Werk als »die tiefste und aufrichtigste künstlerische Widerspiegelung des moralischen Leidens seines Volkes«[8] beschrieben.

7 Uli Rothfuss. *Aserbaidschan – Land der Feuer*. Bern/München: Hans Erpf, 1997, 245.

8 Gorchmas Gulijev. »Müharibä mövzusunun qüdrätli bädii tädschässümü«. Ön söz. Erich Maria Remark. *Setschilmisch äsärläri*. Baku: Schärg-Gärb, 2009, 10 (»Eine mächtige künstlerische Widerspiegelung des Kriegsthemas«. Vorwort in Erich Maria Remarque. *Ausgewählte Werke*. Baku: Schärg-Gärb-Verlag, 2009, 10).

Ähnlich wie in einigen »sozialistischen Ländern«[9] hat das Werk des Schriftstellers in Aserbaidschan keine politische und literarische Würdigung erfahren, obwohl das Verständnis und die Wertschätzung für Remarque das eines antifaschistischen Schriftstellers war. Bis heute ist Remarque in Aserbaidschan eher als Autor von *Arc de Triomphe* bekannt und weniger als Autor von Antikriegsliteratur. *Arc de Triomphe*, geschrieben im Jahr 1946 und ein bedeutendes Werk von Remarque, erfreut sich bei den Lesern in Aserbaidschan großer Beliebtheit. Denn

> der Übersetzer hat versucht, die gesellschaftspolitischen, intensiv individuell-psychologischen Schattierungen, die mal intim-zerbrechlich, mal feurig und voller bitterem Sarkasmus sind, nicht wörtlich zu übersetzen. Stattdessen hat er versucht, sie mit gleicher Aufrichtigkeit, Zerbrechlichkeit und Sarkasmus in der Muttersprache lebendig neu zu gestalten.[10]

Die Übersetzung von W. Hadschijev wurde 2014 zum zweiten Mal von den Verlagen Ganun und Ali und Nino veröffentlicht.

Die Nacht von Lissabon und *Drei Kameraden*

Im Jahr 2009 hat der Scherg-Gerb-Verlag eine Auswahl von Werken Remarques veröffentlicht, zu denen die Romane *Arc de Triomphe* und *Die Nacht von Lissabon* zählen. Die Übersetzung des letztgenannten Werkes stammt von Dr. Tsch. Gurbanly. Professor G. Gulijev hat ein Vorwort mit dem Titel »Eine kraftvolle künstlerische Widerspiegelung des Themas Krieg« zu dieser Sammlung verfasst.

Die russische Originalausgabe von Remarques Roman *Drei Kameraden* wurde von Äyyub Giyas ins Aserbaidschanische übersetzt und ist in den Jahren 2013, 2019 und 2020 im Ganun-Verlag erschienen.

9 Mariana Parvanova. »Die Darstellung der Deutschen und des deutschen Militarismus in Remarques Werken«. Thomas F. Schneider (Hg.). *Erich Maria Remarque Jahrbuch/Yearbook* XIV (2004), 69–101.

10 Gorchmas Gulijev. »Remark vä onun Zäfär tağı romanı«. Ön söz. Erich Maria Remark. *Zäfär tağı*. Bakı: Jasytschy, 1986, 6. (»Remarque und sein Roman *Arc de Triomphe*«. Vorwort in Erich Maria Remarque. *Arc de Triomphe*. Baku: Jasytschy-Verlag, 1986).

Veröffentlichungen in Zeitungen, Zeitschriften sowie in Sammelbänden

In den vorliegenden Artikeln erfolgt eine knappe Darstellung der biografischen Daten zur literarischen Persönlichkeit Remarques sowie Analysen seiner Werke.

Im Artikel »Remarque und Remarqueismus« analysiert die Kritikerin Irada Musayeva den Roman *Arc de Triomphe*, insbesondere die Hauptfigur Ravic. In seiner Abhandlung »Es ist so dunkel, dass der ›Arc de Triomphe‹ nicht zu sehen ist«, widmet sich Mirmehdi Agaoglu der Analyse des Romans *Arc de Triomphe* von Erich Maria Remarque. Im Rahmen dessen erfolgt eine detaillierte Betrachtung der darin vorkommenden Figuren, darunter Ravic, Joan Madu und Janno. In ihrem Beitrag »Im Westen nichts Neues« analysiert Khanim Ajdyn den gleichnamigen Roman. Der Artikel »Entschlossenheit im Kampf« von Eldschan Salman gysy thematisiert den Roman *Drei Kameraden*. Der Artikel »Ein Schriftsteller kämpft mit drei Freunden gegen die faschistische Armee« von Schafiga Schäfa präsentiert eine kurze Zusammenfassung des Romans *Drei Kameraden*.

Auch in Sammlungen wie *Geschichte der Weltliteratur des 20. Jahrhunderts* von Gülschän Agabäy, *Geschichte der ausländischen Literatur des 20. Jahrhunderts* von Ismayil Schychly und *Geschichte der Literatur fremder Länder des 20. Jahrhunderts* von Hibabä Sadychova finden sich Artikel über Remarque. In der Monografie *Deutsch-aserbaidschanische literarische Beziehungen im modernen philologischen Kontext* von Kh. Zairova erfolgt eine Analyse der aserbaidschanischen Übersetzungen von Werken Remarques, welche zwischen 1929 und 2010 publiziert wurden.

Schlusswort

Es lässt sich konstatieren, dass Remarques Werke in Aserbaidschan seit nahezu einem Jahrhundert rezipiert werden. Dies erfolgt in Form von Lektüre, Studium und Rezeption. Wie Professor G. Gulijev feststellte,

> [...] erfreut sich der umstrittene Erich Maria Remarque nach wie vor großer Beliebtheit und wird aller Wahrscheinlichkeit nach auch in Zukunft eine wichtige Rolle spielen. Dies ist auf verschiedene Faktoren zurückzuführen, darunter seine Aufrichtigkeit, Herzlichkeit, Fähigkeit, über die körperlichen und seelischen Traumata eines Menschen zu sprechen, sowie seine unendliche Liebe zu einem einfachen, »kleinen« Menschen.[11]

11 Gulijev, »Müharibä mövzusunun«, 10.

Übersetzungen von Werken Remarques, Beiträge zum Werk

Die Übersetzungen wurden sowohl von staatlichen als auch von privaten Verlagen publiziert. In der Folge werden die Erscheinungsjahre sowie die Verlage, die Übersetzer und die Werke aufgeführt.

Jahr	**Titel (ins Deutsche übersetzt)**	**Gattung**	**Übersetzer(in)/ Verfasser(in)**	***Zeitschrift/Zeitung*** **Verlag**
1929	*Im Westen nichts Neues*	Roman	Mämmäd Arif	Baku: *Inqilab vä mädäniyyät*, Nr. 10, Nr. 11, Nr. 12
1930 2019	*Im Westen nichts Neues*	Roman	Iskändär Näfisi	Baku: Aserneschr Baku: Ganun; Baku: Ali und Nino
2012	*Im Westen nichts Neues*	Roman	Pärvanä Mämmädova	Baku: Ganun; Baku: Ali und Nino
1986 2014	*Arc de Triomphe*	Roman	Wilayät Hadschiyev	Baku: Jazytschy Baku: Ganun; Baku: Ali und Nino
1988	*Ein Tag in Lissabon*	Ein Teil des Romans	Vagif Hüsseynov	Baku: *Aserbaidschan*, Nr. 4
2009	*Ausgewählte Werke:* *Arc de Triomphe;* *Die Nacht von Lissabon*	 Roman Roman	 Wilayät Hadschiyev Tschärkäz Gurbanly	Baku: Schärg-Gärb
2013 2019 2020	*Drei Kameraden*	Roman	Äyyub Giyas	Baku: Ganun
17.09. 2015	»Es ist so dunkel, dass der ›Arc de Triomphe‹ nicht zu sehen ist«	Beitrag	Mirmehdi Ağaoğlu	Baku: *Ädäbiyyat gäseti*
20.07. 2016, 30.07. 2016	»Remarque und Remarqueismus«	Beitrag	Irada Musayeva	Baku: *Ädäbiyyat gäseti*
18.03. 2017	»Das seltsame Schicksal des Johann Bartok«	Erzählung	Hatira Nurgül	Baku: *Ädäbiyyat gäseti*
27.–29. 04. 2019	»Ein Schriftsteller kämpft mit drei Freunden gegen die faschistische Armee«	Beitrag	Schäfigä Schäfa	Baku: *Kaspi*

18.–20. Mai 2019	»Entschlossenheit im Kampf«	Beitrag (Übersetzt aus dem Englisch)	Eldschan Salmanqyzy	Baku: *Kaspi*
2019	»Erich Maria Remarque«	Beitrag	Sümrüd Ähmädova	Baku: *Aserbaidschan*, Nr. 5
18.–20. Juli 2020	*Im Westen nichts Neues*	Beitrag	Khanim Aydin	Baku: *Kaspi*
2021	»Erich Maria Remarque. Aus den Briefen«	Beitrag		Baku: *Khazar*, Nr 3.
24. Juli 2023	»Zeit zum Leben, Zeit zum Lieben, Zeit zum Sterben«	Beitrag	Anar[12]	Baku: *Ädäbiyyat gäseti*

12 Anar (Rzayev, 1938, Baku) ist ein moderner aserbaidschanischer Schriftsteller, Dramatiker, Drehbuchautor und Vorsitzender des Schriftstellerverbandes Aserbaidschans.

Javida Mammadova

Der Einfluss von Erich Maria Remarque auf die aserbaidschanische Literatur

Die aserbaidschanische Literatur hat im Laufe der Geschichte verschiedene Entwicklungswege durchlaufen. In den 1960er Jahren des 20. Jahrhunderts ist sie in eine neue Phase eingetreten. Dieser literarische Prozess wird in der Literaturgeschichte als »Literatur der 1960er Jahre« bezeichnet. Er präsentiert eine einzigartige Sichtweise, ein neues Thema, einen neuen Inhalt, einen neuen Stil sowie neue künstlerische und philosophische Gedanken zum menschlichen Problem. Ein Teil der Faktoren, die die »Prosa der 60er Jahre« von der traditionellen Prosa unterscheiden, ergibt sich aus dem ernsthaften Interesse der jungen Schriftsteller an der europäischen Literatur des 20. Jahrhunderts. Der Einfluss Europas, insbesondere der deutschen Lyrik und Prosa, ist in der »Literatur der 60er Jahre« deutlich spürbar. Unter diesem Gesichtspunkt ist der Einfluss von Erich Maria Remarque auf die aserbaidschanische Prosa in diesem Zeitraum von großem Interesse. Diese Frage wird in dem Artikel anhand der Kreativität von Anar[1], einem der Hauptvertreter der »Generation der 60er Jahre«, erläutert. Auf der Grundlage einer vergleichenden Analyse von Remarques *Arc de Triomphe* und Anars *Georgischer Name* wird die wichtige Rolle von Remarques Werk bei der Entstehung einer neuen aserbaidschanischen Prosa erläutert.

1 Anar (Rzayev, 1938, Baku) ist ein moderner aserbaidschanischer Schriftsteller. Seine Werke wurden in zahlreiche Sprachen übersetzt und erschienen unter anderem in der Türkei, den USA, Japan, Ungarn, Finnland, Frankreich, Deutschland, Polen, Kanada und anderen Ländern. Zu den bekanntesten Werken des Autors, die in deutscher Übersetzung vorliegen, zählen: *Die letzte Nacht des Jahres* (1969), *Der Lift fährt vorbei* (1979), *Der Kontakt* (1986), *Der sechste Stock eines fünfstöckigen Hauses* (1989, 1992), *Die rote Limousine* (2000), Anar: *Kurzgeschichten aus Aserbaidschan* (2012) (Inhalt: »Der Morgen jener Nacht«; »Ich, du, er und das Telefon«; »Georgischer Name«; »Dantes Jubiläum«; »Die Geschichte vom gütigen Padischah«). Des Weiteren übertrug er Shakespeares Schauspiel *Der Sturm*, Brechts Theaterstück *Galileo Galilei*, Gedichte von R. Tagore, A. Blok, V. Majakowski, S. Jessenin und B. Pasternak ins Aserbaidschanische.

Das Werk des deutschen Schriftstellers Erich Maria Remarque nimmt in der Weltliteratur einen besonderen Platz ein, aufgrund seiner einzigartigen Darstellung der menschlichen Existenz, Gefühlswelt und Gedankenwelt. In seinen Werken wird die Sinnlosigkeit von Kriegen, die trotz ihrer Schrecken nur Leid und Zerstörung für Menschen auf der Welt bringen, vor dem Hintergrund moralischer Krisen der Gestalten verdeutlicht. Die innere Welt, die Natur, die Gedanken und Entscheidungen der Figuren des Autors, die mit alltäglichen Sorgen leben, erläutern den Lesern tiefgehend die sozialen und politischen Realitäten. Das moralische Leiden der Helden von Remarque spiegelt in Wirklichkeit auf künstlerische Weise die moralische Krise wider, die die Menschheit damals durchlebte. Remarques Werke erlangten aus dieser Perspektive nicht nur die Sympathie der Leser in Aserbaidschan, sondern übten auch Einfluss auf die Literatur aus. In der zweiten Hälfte des 20. Jahrhunderts zeigt sich der Einfluss dieses Autors in Werken einiger junger Schriftsteller deutlich. Obwohl Erich Maria Remarques Roman *Im Westen nichts Neues* sein berühmtestes Werk ist, erfreut sich *Arc de Triomphe* in Aserbaidschan größerer Beliebtheit. In den 60er Jahren des 20. Jahrhunderts wurden einige Schriftsteller von diesem Roman und der Gestalt von Ravic beeinflusst. Vielleicht deshalb:

> Ravic ist ein Übergang zwischen den Helden von Remarques früheren Romanen und den Figuren, die in seinen nach dem *Arc de Triomphe* entstandenen Werken auftreten. Er vereint die gegensätzlichen Eigenschaften der vorherigen und folgenden Figuren.[2]

Es ist bekannt, dass die Werke von Remarque politische Prozesse, Kriege und interethnische Konflikte kritisch betrachten, da sie für die Menschheit Tragödien und Katastrophen bringen. Obwohl viele Schriftsteller in ihren Werken Motive des Protests gegen gesellschaftliche und politische Prozesse aufgreifen, hat Remarque dieses Thema auf einzigartige und innovative Weise behandelt. Remarque beschreibt anhand der moralischen Krise seiner Helden, ihres veränderten Wesens und ihrer verlorenen Zukunft das Wesen des Krieges und des aktuellen sozialen Regimes, die die Menschen zu lebenden Toten macht. Remarques Darstellung der gesellschaftspolitischen Nachteile ist charakteristisch für Anars Schaffen. »Anar, der die dringendsten Probleme und heikelsten Punkte der Gesellschaft auseinandersetzt«,[3] ist einer der Schriftsteller, der zur

2 Gorchmas Gulijev. »Müharibä mövzusunun qüdrätli bädii tädschässümü«. Ön söz. Erich Maria Remark. *Setschilmisch äsärläri.* Bakı: Schärg-Gärb, 2009, 7 (»Eine mächtige künstlerische Widerspiegelung des Kriegsthemas«. Vorwort in Erich Maria Remarque. *Ausgewählte Werke.* Baku: Schärg-Gärb-Verlag, 2009, 7).

3 Rahid Ulusel. »Asärbajdschan mädänijjätinin Anary«. Ön söz. Anar. *Äsärläri.* Baku: Nurlan, 2003, 5 (»Anar von der aserbaidschanischen Kultur«. Vorwort in Anar. *Werke.* Bakı: Nurlan, 2003, 5).

»Generation der 60er Jahre« des 20. Jahrhunderts gehört. In den 1960er Jahren eröffneten junge aserbaidschanische Schriftsteller einen neuen Weg in der nationalen Literatur, indem sie verschiedene Stile und kreative Qualitäten in die Prosa einführten. Die Werke der sogenannten ›60er‹-Autoren zeichnen sich durch die Darstellung der Mängel des totalitären kommunistischen Regimes, der körperlichen und geistigen Sklaverei sowie des tragischen Schicksals der Menschen in der sowjetischen Gesellschaft aus. In den Werken von Anar stehen die Entlarvung sozialer und politischer Missstände sowie Motive des Protests gegen das ungerechte Sowjetregime im Mittelpunkt. Es ist bemerkenswert, dass Anars Werke auf eine Art und Weise geschrieben sind, die Remarques Stil ähneln. In Anars Werk *Georgischer Name* wird das Zusammentreffen von Äsmär und Ogtay beschrieben. Bei einer ersten Betrachtung scheint es, als würden beide in einer freien Gesellschaft leben. Erzählt wird von der unerwarteten Wiederbegegnung zweier Jugendfreunde und ihrer Reise zurück in die Vergangenheit. Das Werk entlarvt anhand der Gefühle und Gedanken der Helden, insbesondere Ogtays, die negativen Auswirkungen des Sowjetregimes und thematisiert das Problem der Freiheit. Wie auch in seinen anderen Werken möchte Anar »Menschen verstehen und von anderen verstanden werden«.[4] Damit bringt er sein eigenes berühmtes Konzept »von Verstehen und Verstandenwerden« zum Ausdruck.

Georgischer Name von Anar und *Arc de Triomphe* von Remarque sind formal und inhaltlich völlig unterschiedlich und die Ereignisse spielen sich doch in scheinbar verschiedenen Milieus ab. Die Hauptideen, die in beiden Werken zum Ausdruck kommen, und die Methoden, um diese Ideen zu präsentieren, sind jedoch die gleichen. Die moralische Sklaverei, zu der die Helden verdammt sind, die Gefahr, die sie verfolgt, alles, was sie verloren haben, lässt beide Helden dasselbe empfinden. Beide sind von endloser Unruhe, geplünderten Innenwelten geprägt, die hinter ihrer ruhigen, stillen und zurückhaltenden Erscheinung stehen. Insofern sind sie von gleicher Natur. Anars Held, Ogtay, reagiert auf die Ereignisse ähnlich wie Ravic. Manchmal wirkt er nachlässig und gleichgültig, während er zu anderen Zeiten in sensiblen und fragilen Emotionen gefangen ist. Wie Ravic vertraut er seinen Gefühlen nicht, wenn es um Liebe geht.

In beiden Werken erfolgt eine detaillierte Darstellung der Gefühls- und Gedankenwelt der Charaktere im Kontext einer unerwarteten Begegnung zwischen einem Mann und einer Frau sowie der darauffolgenden Ereignisse. Die Autoren vermitteln dem Leser das Verständnis für die sozialen und politischen Ereignisse durch die Offenlegung der Gefühle und Gedanken der Figuren. Tatsächlich widmen sich beide Werke der Aufdeckung gesellschaftspolitischer Ereignisse und

4 Vagif Sämädoglu. »›Dantenin jubileji‹ *haggında düschündschälär*«. *Ädäbijjat gäseti,* 14.03.2021, 5 (»Überlegungen zu ›Dantes Jubiläum‹«. *Ädäbijjat gäseti,* 14.03.2021, 5).

politischer Regime, die körperlich und geistig zerstörerisch auf den Menschen wirken. Sowohl Ravic als auch Ogtay sind entfremdete Menschen. Sie führen kein Leben, das ihren eigentlichen Wünschen entspricht, sondern ein Leben, das durch gesellschaftspolitische Prozesse vorbestimmt ist.

Die politische Konfrontation führt letztlich zum Verlust von Ravics beruflicher Reputation und Nichtanerkennung als Chirurg. Er führt Operationen durch, die eigentlich von einem anderen Chirurgen durchgeführt werden müssten, da er über keine offizielle Registrierung in Paris verfügt. Er gibt es zu, wenn er über sich selbst spricht:

> Ravic ist bereits mein dritter Name. Ich habe ihn seit fast zwei Jahren. Nichts passiert seitdem. Scheint mir Glück zu bringen. Gewinne ihn täglich lieber. Meinen wirklichen habe ich schon fast vergessen.[5]

In der Tat führte die gesellschaftspolitische Situation, die ihn dazu zwang, unter einem anderen Namen zu leben, auch zu einer Veränderung seiner Träume, Ziele und seines Namens.

Ogtay träumte in seiner Jugend davon, moderne Städte auf der Grundlage nationaler Architekturtraditionen zu errichten. Allerdings wurde ihm in der von Einschränkungen der Menschenrechte geprägten sowjetischen Gesellschaft die Möglichkeit verwehrt, als Ingenieur an städtischen Projekten zu arbeiten. Sein Auftrag vom Staat umfasste nur die Vorbereitung eines Projekts für den Hotelbau in verschiedenen Regionen. Denn die Kontrolle des sowjetischen Staates über die nationalen Kulturen und Wissenschaften anderer Nationen verhinderte deren freien Entwicklung. Sie haben die Begabung junger Menschen wie Ogtay auf unterschiedliche Weise beeinflusst. Die Helden von Remarque und Anar dürfen nicht ihr eigenes Leben führen, sondern das Leben einer Person, die sie nicht kennen. Ravic gehört zu der Generation, die den Zweiten Weltkrieg und den Faschismus erlebt hat, während Ogtay zur Generation gehört, die vom sowjetischen Imperium zerstört wurde. Ravic nimmt eine zentrale Rolle in aktuellen gesellschaftspolitischen Ereignissen ein. Im Gegensatz dazu lebt Ogtay in der Sowjetunion, die äußerlich ruhig und glücklich wirkt, jedoch in Wirklichkeit Nationen hinter dem Vorhang dieser »glücklichen Gesellschaft« versklavt und Methoden des politischen Terrors anwendet. Das Umfeld Ravics ist von politischen Spannungen geprägt, während Ogtays Gesellschaft als ruhig und komfortabel erscheint und eine erfolgreiche Entwicklung von Wirtschaft und Industrie aufweist. Dennoch werden auch hier Menschenrechte und Meinungs-

5 Erich Maria Remarque. *Arc de Triomphe.* Mit einem Nachwort von Tilman Westphalen. Köln: Kiepenheuer und Witsch, 1988, 71.

freiheit verletzt, und es existieren verschiedene Formen des Terrorismus sowie Repressionen. Ogtays Spannungen, seine verborgenen Sorgen und die Gefühle, die ihm entgegengebracht werden, erinnern an Ravics seelischen Zustand und an die Ereignisse um ihn herum. Sowohl Ravic als auch Ogtay werden in den Werken als realistische, zurückhaltende, jedoch innerlich aufgewühlte Personen dargestellt. Während das Verstecken vor der Verfolgung seitens Ravics evident wird, wird demgegenüber die Verfolgung des kommunistischen Regimes in Ogtays Gesellschaft auf symbolische Weise zum Ausdruck gebracht. In anderen Worten bedeutet dies, dass die Protagonisten bis zum Ende der Werke Angst vor Verfolgung haben und befürchten, von jemandem gesehen zu werden.

Manchmal zeigt sich die innere Unruhe beider Figuren in der Beschreibung zufälliger Szenen, die keine direkte Verbindung zu den Ereignissen haben. Diese Szenen helfen jedoch, den psychologischen Zustand und die Innenwelt der Figuren besser zu verstehen. Zum Beispiel zeigen Ravics Eindrücke von den verschiedenen Menschen oder Sehenswürdigkeiten, die er auf der Straße sieht, und seine unmittelbaren Gedanken dazu, die Spannung und Einsamkeit in ihm:

> Er trat in ein Bistro an der Ecke der Rue La Boissiere. Ein paar Arbeiter und Lastwagenchauffeure standen an der Theke. Sie tranken heißen, schwarzen Kaffee und tunkten Brioches hinein. Ravic sah ihnen eine Weile zu. Da war sicheres, einfaches Leben, ein Dasein, mit Fäusten anzupacken, auszuarbeiten, Müdigkeit abends, Essen, eine Frau und ein schwerer, traumloser Schlaf.[6]

Die Tatsache, dass er sich die Familie dieser Menschen ohne Verbindung vorstellt, deutet darauf hin, dass Ravic Einsamkeit empfindet; die Traurigkeit, kein Zuhause und keine Familie zu haben, zeigt, dass er unbewusst Schmerz empfindet, der aus der Einsamkeit entsteht. Obwohl er sich dieser Einsamkeit und des damit verbundenen Leids nicht bewusst ist, ist er immer auf der Hut vor den Überraschungen des Lebens und vor Operationen, weil er ohne Registrierung lebt. Die Traurigkeit und der Schmerz, die seine Einsamkeit verursacht, sind seine größten Sorgen.

Unter dem Eindruck des Geschehens schaut sich Ogtay um und betrachtet das erste, was ihm ins Auge fällt: den Boulevard. Dabei vergisst er sein eigentliches Thema und denkt nach:

> Nach einer Weile kommen Rentner hierher, alte Männer mit Rosenkränzen. Sie tragen alte Jacken auf den Schultern und halten neue Zeitungen in den Händen. Sie sprechen endlos miteinander, Jahr für Jahr, Tag für Tag. Viel-

6 Ebd., 28.

> leicht haben sich die Gespräche nie verändert, sondern nur die Menschen, die daran teilnehmen. Einer der älteren Herren, die täglich hierherkommen, fehlt eines Tages. Der Ort ist von neuen Gesichtern besetzt... An seiner Stelle nimmt jemand anderes Platz. Jemand kommt, jemand geht. Jemand kommt, jemand geht.[7]

Ogtay ist sich der verlorenen Lebensjahre, der verschwendeten Jahre, der unerfüllten Träume, der unvollendeten Pläne und der zerbrochenen Hoffnungen bewusst. Er glaubt unbewusst, dass das Leben vergeht, ohne wirklich gelebt zu werden. Obgleich er sich dessen nicht bewusst ist, führt dieses Gefühl zu einer ernsthaften Beeinträchtigung seiner Seele, seines Lebens sowie seiner Beziehungen zu anderen Menschen. Die daraus resultierende Ungewissheit bezüglich des Verlusts der Gefühle führt zu einer allgemeinen Unfähigkeit, mit großer Begeisterung und Hoffnung zu leben. In diesem Kontext offenbart der Autor die Rücksichtslosigkeit des Sowjetregimes. In einer weiteren Überlegung Ogtays manifestiert sich der Despotismus im Sowjetstaat wie folgt:

> Wie alle Jungen dachten wir über Seeabenteuer nach, schauten auf das Kaspische Meer und träumten von fernen Häfen, Stürmen und Ozeanen. In solchen Momenten haben wir jedoch die Geographie vernachlässigt und vergessen. Vergessen, dass das Kaspische Meer lediglich ein großer See ist. Ein ungewöhnlicher See, abgeschieden von anderen Meeren und Ozeanen der Welt – ein faszinierendes Naturphänomen. Es handelt sich um den größten See der Welt, das größte Schwimmbad und das größte Aquarium.[8]

Hier verweist der Autor auf die Tatsache, dass das Kaspische Meer ein See ist. Damit thematisiert er auch die Einschränkungen für Sowjetbürger, die Welt zu bereisen, die Verletzung von Menschenrechten und die Isolation dieser Länder von der Welt. Oder

> Baku grenzt an das Meer, als ob ein Zug an der Endhaltestelle anhält. Baku endet im Meer [...] es scheint, als ob es sich ins Meer ergießt, ins Meer überläuft, es zusammen mit den Spiegelungen dieser Küstenhäuser und Bäume ins Wasser fällt.[9]

---

7 Anar. *Äsärläri.* I cild. Bakı: Nurlan, 2003, 368 (*Werke.* Bd. I. Baku: Nurlan, 2003, 368).
8 Ebd., 366.
9 Ebd., 369–370.

In seiner Beschreibung der Stadt Baku vermittelt der Autor den Eindruck, dass diese in der Welt isoliert zu sein scheint. Ein Versuch, die Grenzen zu überschreiten, wird mit dem Begriff »Selbstmord« assoziiert. Der Autor beschreibt den Boulevard und demonstriert damit die Monotonie der Stadt sowie die Verwandlung der Menschen zu Lebzeiten in einen Toten oder Roboter. Die Innenstadt symbolisiert hier die Geschichte und Kultur Aserbaidschans. Der Begriff »Zerstörung der Innenstadt« bezeichnet die Zerstörung nationaler Werte durch die kommunistische Regierung sowie die bewusste Verfälschung der nationalen Geschichte. Ogtay scheint, wie Ravic, den Ereignissen gegenüber gleichgültig zu sein, er ist auch die Figur eines Menschen, der sich vom sozio-politischen Milieu entfremdet hat. Ravic ist ein Emigrant. Aber Ogtay fühlt sich als Emigrant:

> Äsmär erzählte von Emigranten. Er hat sie in verschiedenen Ländern getroffen. Einige von ihnen hatten kein schlechtes Leben, aber alle hatten den gleichen Ausdruck in ihren Augen – den Ausdruck der Fremdheit, der Einsamkeit. Ich dachte, dass wir, Asmar und ich, wären Emigranten. Emigranten, die aus dem Land ihrer Kindheit in das Land der Erwachsenen gekommen sind. Emigranten, denen die Rückkehr für immer verwehrt ist. Einwanderer, die ihre Heimat vermissen.[10]

Der Begriff »Land der Kindheit« hat hier eine symbolische Bedeutung. Hier wird die Hoffnung der Menschen in der sowjetischen Gesellschaft auf die Zukunft, der Glaube an die sowjetische Regierung sowie der Wunsch, mit Reinheit und Aufrichtigkeit ihrer Nation zu dienen, wie es in der Kindheit gewünscht wurde, vom Autor symbolisiert. Ein Bürger, der in seiner Kindheit von großen Träumen beseelt war, sieht sich beim Eintritt in das öffentliche Leben mit der Erkenntnis konfrontiert, dass er in der despotischen sowjetischen Gesellschaft keinerlei Möglichkeit hat, sich für seine Nation einzusetzen, und dass es ihm nicht gestattet ist, normale Dokumente in seiner Muttersprache zu verfassen. In der Tat wird in diesem Text die Aberkennung der Rechte eines aserbaidschanischen Bürgers thematisiert, der mit positiven Erwartungen aufgewachsen ist. Der Text beschreibt die Verbannung der Bürger aus eigener Kindheit, also aus eigenen Glaubensvorstellungen und Träumen, sowie die Einwanderung in seinem eigenen Land.

Es lässt sich mit hinreichender Sicherheit annehmen, dass Anars künstlerische und philosophische Gedanken über den Menschen in ihrer Ausgestaltung dem Menschenbild Remarques in hohem Maße entsprechen. Gleichzeitig haben die Methoden, menschliche und soziale Probleme sowie die Auswirkungen sozialer und politischer Faktoren auf das menschliche Schicksal auszudrücken, einen

10 Ebd., 381.

nachhaltigen Einfluss auf die Kreativität von Anars ausgeübt. So lässt sich der Einfluss Remarques auf die aserbaidschanische Literatur am Beispiel von Anars Werken deutlich beobachten.

Wie bereits erwähnt, hat die »Generation der 60er Jahre« eine neue Seite in der aserbaidschanischen Literatur aufgeschlagen. Sie brachte neue Themen, Inhalte, Stile sowie künstlerische und philosophische Ideen hervor. Die Schriftsteller in Aserbaidschan, darunter Anar, haben eine neue Prosatradition geschaffen, die von europäischer Literatur beeinflusst wurde. Vor diesem Hintergrund lässt sich feststellen, dass Remarques Werk einen bedeutenden Einfluss auf die Entstehung neuer Prosa in Aserbaidschan hatte.

Neue Remarque-Publikationen

Wichtige Ausgaben / Übersetzungen in Auswahl

Deutsch

Im Westen nichts Neues. Murine Publications LLC, 2024.

Armenisch

Kyank'i kaycə. Tr.: Vanuhi Baghmanyan. Erevan: E'dit' Print, 2024.

Neue Übersetzung von *Der Funke Leben.*

Englisch

All Quiet on the Western Front. Tr.: Brian Murdoch. Nachwort von Brian Murdoch. London: Penguin House, 2024.

Neuausgabe von *Im Westen nichts Neues*

All Quiet on the Western Front. Tr.: Katharina Rout. Kommentierte Ausgabe mit einer Einführung, Materialien zur Rezeption und Abbildungen. Ontario: Broadview Press, 2024.

Neue Übersetzung von *Im Westen nichts Neues*

Estnisch

Arc de Triomphe. Tr.: Viktor Tomberg. Tallinn: Sinisukk, 2024.

Aeg antud elada, aeg antud surra. Tr.: Viktor Tomberg. Tallinn: Sinisukk, 2024.

Neuausgabe von *Zeit zu leben und Zeit zu sterben.*

Rumänisch

Obeliscul Negru. Tr.: Sanda Munteanu. Iasi: Polirom, 2024.

Neuausgabe von *Der schwarze Obelisk.*

Slowakisch

Noc v Lisabone. Tr.: Anna Bertová. Bratislava: Ikar, 2024.

Neuausgabe von *Die Nacht von Lissabon*

Wissenschaftliche Publikationen

Renata Asali-van der Wal. »Romanübersetzungen unter die Lupe genommen. Ein Vergleich von E. M. Remarques Roman *Der Himmel kennt keine Günstlinge* und dessen litauischer Übersetzung«. Alice Cadeddu, Claudia Junk, Thomas F. Schneider (eds.). *Networking Remarque. Zum 125. Geburtstag Erich Maria Remarques.* Göttingen: V&R unipress/Universitätsverlag Osnabrück, 2024 (Erich Maria Remarque-Jahrbuch/Yearbook XXXIII/2023), 193–209.

Vanuhi Baghmanyan. »›Remarquismus oder Aktivismus‹«. Alice Cadeddu, Claudia Junk, Thomas F. Schneider (eds.). *Networking Remarque. Zum 125. Geburtstag Erich Maria Remarques.* Göttingen: V&R unipress/Universitätsverlag Osnabrück, 2024 (Erich Maria Remarque-Jahrbuch/Yearbook XXXIII/2023), 83–96.

Monika Blidy. »Milczący świadkowie historii. Architektura i przestrzenie miejskie Europy w powieściach *Łuk triumfalny* i *Noc w Lizbonie* E. M. Remarque'a«. Renata Dampc-Jarosz, Michał Skop (eds.). *O »najsprawniesjzym beletryście literatury światoweij«. Erich Maria Remarque w 125. rocznicę urodzin.* Warschau: Uniwersytet Warszawski, 2024 (Studia Niemcoznawcze / Studien zur Deutschkunde 71), 125–136.

Alice Cadeddu, Claudia Junk, Thomas F. Schneider (eds.). *Das Wunderbare, die Idylle und der Krieg. Aufsätze zu Erich Maria Remarque und zur Lyrik des Ersten Weltkrieges.* Göttingen: V&R unipress/Universitätsverlag Osnabrück, 2023 (Krieg und Literatur/War and Literature XXIX), 180 pp.

Alice Cadeddu, Claudia Junk, Thomas F. Schneider (eds.). *Networking Remarque. Zum 125. Geburtstag Erich Maria Remarques.* Göttingen: V&R unipress/Universitätsverlag Osnabrück, 2024 (Erich Maria Remarque-Jahrbuch/Yearbook XXXIII/2023), 263 pp.

Alice Cadeddu. »›Ein populärer Roman ist ein bewundernswertes Mittel, um die große Masse der Menschen zu erreichen …‹. Erich Maria Remarques Selbstverständnis eines internationalen Autors im Bemühen um eine humanistische Völkerverständigung«. Alice Cadeddu, Claudia Junk, Thomas F. Schneider (eds.). *Networking Remarque. Zum 125. Geburtstag Erich Maria Remarques.* Göttingen: V&R unipress/Universitätsverlag Osnabrück, 2024 (Erich Maria Remarque-Jahrbuch/Yearbook XXXIII/2023), 27–50.

Alice Cadeddu. »›Es ist erstaunlich, wie ähnlich sich die Ereignisse sind, obwohl ein ganzes Jahrhundert dazwischen liegt‹. Erich Maria Remarque im aktuellen politischen Kontext am Beispiel des Ukraine-Krieges«. Alice Cadeddu, Claudia

Junk, Thomas F. Schneider (eds.). *Networking Remarque. Zum 125. Geburtstag Erich Maria Remarques.* Göttingen: V&R unipress/Universitätsverlag Osnabrück, 2024 (Erich Maria Remarque-Jahrbuch/Yearbook XXXIII/2023), 97–112.

Renata Dampc-Jarosz, Michał Skop (eds.). *O »najsprawniesjzym beletryście literatury światoweij«. Erich Maria Remarque w 125. rocznicę urodzin.* Warschau: Uniwersytet Warszawski, 2024 (Studia Niemcoznawcze / Studien zur Deutschkunde 71), 179 pp.

Renata Dampc-Jarosz. »Steiner – bohater na miarę czasów? Kreacja bohatera drugoplanowego na przykładzie powieści *Kochaj bliźniego* Ericha Marii Remarque'a«. Renata Dampc-Jarosz, Michał Skop (eds.). *O »najsprawniesjzym beletryście literatury światoweij«. Erich Maria Remarque w 125. rocznicę urodzin.* Warschau: Uniwersytet Warszawski, 2024 (Studia Niemcoznawcze / Studien zur Deutschkunde 71), 37–53.

Stefan Felix. »›Die Schönheit der Jugend kann nicht einmal der Krieg zerstören‹. Idyllische Motive in Erich Maria Remarques *Im Westen nichts Neues* und *Der Weg zurück*«. Alice Cadeddu, Claudia Junk, Thomas F. Schneider (eds.). *Das Wunderbare, die Idylle und der Krieg. Aufsätze zu Erich Maria Remarque und zur Lyrik des Ersten Weltkrieges.* Göttingen: V&R unipress/Universitätsverlag Osnabrück, 2023 (Krieg und Literatur/War and Literature XXIX), 17–35.

Daniel Lopez Fernandez. »La experiencia bélica en *Sin novedad en el frente*: deshumanización y (re)humanización de la muerte«. *Revista de Fiologia Alemana* 31 (2023), 47–64.

Michael Geheran, Mark Gagnon. »Not So Quiet on the Western Front: German Reaction to Netflix's 2022 Remake«. *Central European History* 56 (2023), 4, 603–608.

Sven Jürgensen. »Osnabrück hat Remarque nie verlassen«. Alice Cadeddu, Claudia Junk, Thomas F. Schneider (eds.). *Networking Remarque. Zum 125. Geburtstag Erich Maria Remarques.* Göttingen: V&R unipress/Universitätsverlag Osnabrück, 2024 (Erich Maria Remarque-Jahrbuch/Yearbook XXXIII/2023), 11–26.

Sven Jürgensen. »Das Heimweh des Weltbürgers (1)«. Alice Cadeddu, Claudia Junk, Thomas F. Schneider (eds.). *Networking Remarque. Zum 125. Geburtstag Erich Maria Remarques.* Göttingen: V&R unipress/Universitätsverlag Osnabrück, 2024 (Erich Maria Remarque-Jahrbuch/Yearbook XXXIII/2023), 211–234.

Claudia Junk. »Kunst ist Zivilisation. Remarques Netzwerke zur Kunst(Rettung)«. Alice Cadeddu, Claudia Junk, Thomas F. Schneider (eds.). *Networking Remarque.*

Zum 125. Geburtstag Erich Maria Remarques. Göttingen: V&R unipress/Universitätsverlag Osnabrück, 2024 (Erich Maria Remarque-Jahrbuch/Yearbook XXXIII/2023), 65–82.

Claudia Junk. »›Hilfsbereit, aber diskret‹. Erich Maria Remarques Unterstützung von Emigranten und Verfolgten«. Alice Cadeddu, Claudia Junk, Thomas F. Schneider (eds.). *Networking Remarque. Zum 125. Geburtstag Erich Maria Remarques.* Göttingen: V&R unipress/Universitätsverlag Osnabrück, 2024 (Erich Maria Remarque-Jahrbuch/Yearbook XXXIII/2023), 51–64.

Krzysztof Kłosowicz. »Literackie obrazy wroga w wybranych opowiadaniach wojennych Aronalda Zweiga oraz Erich Marii Remarque'a«. Renata Dampc-Jarosz, Michał Skop (eds.). *O »najsprawniesjzym beletryście literatury światoweij«. Erich Maria Remarque w 125. rocznicę urodzin.* Warschau: Uniwersytet Warszawski, 2024 (Studia Niemcoznawcze / Studien zur Deutschkunde 71), 57–88.

Julia Koopmann. »Erich Maria Remarques Essay zu Displaced Persons (1947). Historischer, biographischer und werkgeschichtlicher Kontext«. Alice Cadeddu, Claudia Junk, Thomas F. Schneider (eds.). *Networking Remarque. Zum 125. Geburtstag Erich Maria Remarques.* Göttingen: V&R unipress/Universitätsverlag Osnabrück, 2024 (Erich Maria Remarque-Jahrbuch/Yearbook XXXIII/2023), 163–192.

Marek Krisch. »Abstinenz von Ambivalenz? Ein Vergleich zwischen Erich Maria Remarques Romanvorlage und Edward Bergers neuer Filmadaption *Im Westen nichts Neues*«. Alice Cadeddu, Claudia Junk, Thomas F. Schneider (eds.). *Networking Remarque. Zum 125. Geburtstag Erich Maria Remarques.* Göttingen: V&R unipress/Universitätsverlag Osnabrück, 2024 (Erich Maria Remarque-Jahrbuch/Yearbook XXXIII/2023), 235–254.

Marek Krisch. »Zbyt wiele zmian? Rozważania na kanwie pierwszej niemieckojęzycznej ekranizacji powieści *Na Zachodzie bez zmian* Ericha Marii Remarque'a w reżyserii Edwarda Bergera«. Renata Dampc-Jarosz, Michał Skop (eds.). *O »najsprawniesjzym beletryście literatury światoweij«. Erich Maria Remarque w 125. rocznicę urodzin.* Warschau: Uniwersytet Warszawski, 2024 (Studia Niemcoznawcze / Studien zur Deutschkunde 71), 87–103.

Delphine Le Bras. »*Im Westen nichts Neues*« *van Erich Maria Remarque (Boekanalyse).* MustRead (NL), 2023, 24 pp.

Paweł Meus. »›[...] o pokoleniu, które wojna zniszczyła – nawet gdy uchroniło się przed jej granatami‹. Przedstawiciele straconego pokolenia w powieściach wojennych Ericha Marii Remarque'a i Alfreda Heina«. Renata Dampc-Jarosz, Michał

Skop (eds.). *O »najsprawniesjzym beletryście literatury światoweij«. Erich Maria Remarque w 125. rocznicę urodzin.* Warschau: Uniwersytet Warszawski, 2024 (Studia Niemcoznawcze / Studien zur Deutschkunde 71), 69–85.

Sorin Mocanu. » Imposibilitatea comunicării ororii războiului în Nimic nou pe frontul de vest de Erich Maria Remarque«. AIC 33 (1924), 1, 137–145.

Nina Nowara-Matusik. »Kobiety i obrazy. Kilka uwag na marginesie powieści *Dom marzeń* Ericha Marii Remarque'a«. Renata Dampc-Jarosz, Michał Skop (eds.). *O »najsprawniesjzym beletryście literatury światoweij«. Erich Maria Remarque w 125. rocznicę urodzin.* Warschau: Uniwersytet Warszawski, 2024 (Studia Niemcoznawcze / Studien zur Deutschkunde 71),11–19.

Patriarkh Viktoriia Oleksandrivna. »Functions of Topopoetonyms in the Artistic Works (Based on the Novel By Erich Maria Remarque ›Im Westen nichts Neues‹)«. *Topical Aspects of Modern Scientific Research. Proceedings of VIII International Scientific and Practical Conference, Tokyo, Japan 18–20 April 2024.* Tokyo: Scientific Publishing Center, 2024, 424–428.

Domagoj Polanščak. *Die Darstellung des Ersten Weltkrieges in Erich Maria Remarques Roman »Im Westen nichts Neues«.* Zagreb (KRO): Sveučilište u Zagrebu, Filozofski fakultet, 2023 (Examensarbeit).

Olimjonov Sarvarbek Abdusalom ogli, Obidjonova Nozimakhon A'zamjon qizi. »Heldenrede als Schaffensmittel des literarischen Charakters«. *International Multidisciplinary Research in Academic Studies* 7 (2024), 6, 167–170.

Tanja Schürmann. *»Im Westen nichts Neues« – Die erschreckenden Parallelen zwischen Film, Buch und dem Krieg in der Ukraine.* Resonanz Buchverlag, 2023, 122 pp.

Michał Skop. »Erich Maria Remarque w prasie śląskiej 1945–2022«. Renata Dampc-Jarosz, Michał Skop (eds.). *O »najsprawniesjzym beletryście literatury światoweij«. Erich Maria Remarque w 125. rocznicę urodzin.* Warschau: Uniwersytet Warszawski, 2024 (Studia Niemcoznawcze / Studien zur Deutschkunde 71), 153–167.

Joanna Rawik. »Mój Remarque«. Renata Dampc-Jarosz, Michał Skop (eds.). *O »najsprawniesjzym beletryście literatury światoweij«. Erich Maria Remarque w 125. rocznicę urodzin.* Warschau: Uniwersytet Warszawski, 2024 (Studia Niemcoznawcze / Studien zur Deutschkunde 71), 177–179.

Patricia Schindéle. *Leben im Spannungsfeld Exil. Untersuchung narrativer Verfahren zur Darstellung von Exil und Exilerfahrung im Roman »Liebe DeinenNächsten« von Erich Maria Remarque*. Bielefeld: Univ. Bielefeld, 2024, 36 pp. (Examensarbeit).

David Swoboda. *Parallelen und Unterschiede der Filme »Im Westen nichts Neues« und »Wege zum Ruhm«. Eine vergleichende Analyse von Spielfilmen zum Ersten Weltkrieg*. Graz: Karl-Franzens-Universität, 2021, 124 pp. (Examensarbeit).

Anna Szóstak. »Siła miękkich wartości. Triumf życia kontra trium voli w *Łuku triumfalnym* Ericha Marii Remarque'a«. Renata Dampc-Jarosz, Michał Skop (eds.). *O »najsprawniesjzym beletryście literatury światoweij«. Erich Maria Remarque w 125. rocznicę urodzin*. Warschau: Uniwersytet Warszawski, 2024 (Studia Niemcoznawcze / Studien zur Deutschkunde 71), 109–123.

Bożena Turzyniecka. »W poszukiwaniu siebie. Tytułowa bohaterka powieści Ericha Marii Remarque'a *Gam* w ujęciu genderowym«. Renata Dampc-Jarosz, Michał Skop (eds.). *O »najsprawniesjzym beletryście literatury światoweij«. Erich Maria Remarque w 125. rocznicę urodzin*. Warschau: Uniwersytet Warszawski, 2024 (Studia Niemcoznawcze / Studien zur Deutschkunde 71), 21–35.

Ryszard Wojnakowski. »Remarque i Mascha Kaléko«. Renata Dampc-Jarosz, Michał Skop (eds.). *O »najsprawniesjzym beletryście literatury światoweij«. Erich Maria Remarque w 125. rocznicę urodzin*. Warschau: Uniwersytet Warszawski, 2024 (Studia Niemcoznawcze / Studien zur Deutschkunde 71), 171–175.

Uwe Zagratzki. »Obraz Ameryki w późnej twórczości Ericha Marii Remarque'a«. Renata Dampc-Jarosz, Michał Skop (eds.). *O »najsprawniesjzym beletryście literatury światoweij«. Erich Maria Remarque w 125. rocznicę urodzin*. Warschau: Uniwersytet Warszawski, 2024 (Studia Niemcoznawcze / Studien zur Deutschkunde 71),137–149.

Sonstiges

Thomas Hüetlin. *»Man lebt sein Leben nur einmal«. Marlene Dietrich und Erich Maria Remarque – die Geschichte einer grenzenlosen Leidenschaft.* Köln: Kiepenheuer & Witsch, 2024.

Sven Jürgensen. *Osnabrück: Rathaus, Erich Maria Remarque-Friedenszentrum und Felix-Nussbaum-Haus.* Lindenberg: Kunstverlag Josef Fink, 2023, 60 pp.

Irene Kreker, Irina Webster (eds.). *Ein Treffen unter dem Arc de Triomphe.* [Deutsche und russische Ausgabe]. Selbstverlag, 2023, 380 pp.

Edgar Rai. *Ascona. Erich Maria Remarque v emigraci.* Tr.: Jana Pecharová. Bukarest: ikar, 2023.

Bernd Stegemann, Andrea Willen (eds.). *»Bin ich denn da?« Zum 125. Geburtstag von Erich Maria Remarque.* Oldenburg: Florian Isensee, 2023, 95 pp.

Norbert Wollschläger. *Wetterleuchten. Das Jahrzehnt der verspielten Freiheit.* München: SALONLiteraturVERLAG, 2024.

Autor*innen und Herausgeber*innen

PROF. EM. DR. MATTHIAS BLEYL, war Professor an der Weissensee-Kunsthochschule in Berlin.

ALICE CADEDDU, M.A., Mitarbeiterin im Bundesministerium für Kultur und Medien; ehemalige Mitarbeiterin im Erich Maria Remarque-Friedenszentrum.

DR. SVEN JÜRGENSEN, Leiter des Erich Maria Remarque-Friedenszentrums.

CLAUDIA JUNK, M.A., Mitarbeiterin im Erich Maria Remarque-Friedenszentrum.

JAVIDA MAMMADOVA, PhD, Associate professor, Nizami-Ganjavi Institut für Literatur der Nationalen Akademie der Wissenschaften Aserbaidschans.

PROF. DR. HABIL. NINA NOWARA-MATUSIK, Professorin am Instytut Literaturowznawstwa der Universität Slaski (Polen).

DR. HANS PETERSE, Lehrbeauftragter am Zentrum für Niederlande-Studien an der Universität Münster.

MARTIN SIEMSEN, M.A., Mitarbeiter im Erich Maria Remarque-Friedenszentrum.

KHANIM ZAIROVA, PhD, Associate professor, Nizami-Ganjavi Institut für Literatur der Nationalen Akademie der Wissenschaften Aserbaidschans.

DR. KONRAD ZAISS, Literaturbiograf, ehemaliger Kita-Leiter für Integrationspädagogik und Fachberater der DRK in Bremen.